新自由主義批判の再構築

企業社会・開発主義・福祉国家

赤堀正成＋岩佐卓也［編著］

法律文化社

新自由主義批判の再構築

目次

第Ⅱ部 開発主義と福祉国家

序章

新自由主義批判の再構築のために

1　民主党政権の成立と新自由主義をめぐる動向

二〇〇九年八月末の総選挙で、民主党が地すべり的に大勝し、民主党、社会民主党、国民新党による三党連立政権が誕生した。この背景に、小泉政権時代に急速に進んだ新自由主義改革がワーキング・プア、格差社会と呼ばれる状況を生み出したことへの不満や批判が伏在していることは明らかだ。

しかし、鳴り物入りで行われた事業仕分けは終わってみると小泉構造改革を引き継ぐものであったことがしだいに明らかになっているし、新自由主義改革に対する批判票を大いに吸収したはずの労働者派遣法改正、後期高齢者医療制度の廃止、障害者自立支援法の改正等々の帰趨については未知数、というよりは、むしろ、新自由主義改革に対する批判を込めて民主党に投票した人々にとってはきわめて不満足なものになろうとしている。

新自由主義改革は、いわゆる先進国における政治過程への登場に着目すれば、イギリスにおけるサッチャー政権、アメリカにおけるレーガン政権、日本における中曽根政権を嚆矢とする。これら三つの政権が新自由主義改革を推進するにあたって共通の特徴としたことは、ほとんど見せしめともいえるような、労働運動に対する猛烈な弾圧であった。これらは、それぞれの国において新自由主義改革を実行するうえで最大の抵抗力を破壊することを狙ったものであるが、それと同時に、見せしめ効果を狙ったものでもあり、労働運動を萎縮させるその効果はてきめんだった。サッチャー政権の炭鉱労働組合に対する、レーガン政権の航空管制官労働組合に対する、中曽根政権の国鉄労働組合に対する弾圧がそれである。中曽根自身が後年ＮＨＫのインタビューに応えて、国鉄分割民営化の真の目的は総評左派の主力であった国労を叩くことにあったと明言している。

このように、新自由主義改革を導入する過程で、真っ先に、それと対立する労働運動に激しい攻撃を仕かけたことは、新自由主義改革にとっての敵を早期に打倒して、その後の改革をスムーズに行うための下準備をする以上の意義があった。社会民主主義をめざすにせよ、社会主義をめざしていたにせよ、変革主体としてそれなりの成果を収めてきた労働運動の力を著しくそいだことは、運動次元のみならず、イデオロギー次元においても大きな悪影響を残した。

たとえば、戦後民主主義の代表的な論客の一人である故加藤周一氏は一九九〇年代に入ると、国労をはじめとする労働運動の衰退状況を指摘して、労働運動はもうダメになった、あとは市民運動に頼るほかない、という発言を繰り返した。もしそうだとすると、現状に対する批判とそれに基づくより民衆的な将来社会のための課題の担い手から労働運動は姿を消して、もっぱら市民運動に依拠していくことになるし、同時に、将来社会のための課題そのものも市民運動が担えるようなものに限定されていくことになる。つまり、労働運動の弱体化は現状への批判と将来の課題、より民衆的な将来への構想を争うイデオロギー次元の思考にも明らかにマイナスの影響をもたらしたのである。

新自由主義改革が先行的に進展した諸国では、その後、多少の揺れ戻しが起きた。イギリスではブレアの「ニュー労働党」政権の「第三の道」路線が台頭し（今では衰退しているが）、アメリカではブッシュ前のクリントン政権が成立し、ブッシュ後には、アメリカ史上初めての黒人大統領となったオバマの政権が発足した。しかし、新自由主義批判をしながら登場してきたこれらの政権は、新自由主義を多少マイルドにするだけで、本格的に新自由主義から離脱するにはいたっていない。それどころか、クリントン政権の福祉改革のように、いっそう新自由主義を推し進めた場合さえあった。日本の民主党政権も同様の事態になる懸念はきわめて大きいし、冒頭で述べたように、すでにその徴候ははっきりと示されている。新自由主義からの本格的な脱却は、今後、労働者民衆による運動の盛り上がりとその帰趨にかかっているといえるだろう。

日本とアメリカで起きた今回の政権交代の背景に、この両国で数十年にわたって実施されてきた新自由主義に対する国民的な怒りがあったことは疑いない。日米のみならず世界全体でこの間に進行した格差の拡大と貧困の深刻化、さらに二〇〇八年の世界金融恐慌が、新自由主義への批判を世界でも日本でも広げつつある。ラテンアメリカでは今世紀になって次々と反新自由主義を掲げる政権が成立している。現在は、新自由主義の時代から脱新自由主義の時代への過渡期にあるといっても過言ではない。

2　日本における新自由主義批判の混乱

しかし、日本における新自由主義批判（あるいは現状からの改革案）のなかには、方向性を著しく見誤ったものが少なからずみられる。日本の特殊性、ひいては日本における新自由主義の特殊性を重視するあまり、新自由主義の本質を見失ってしまっているように思われる。この方向性を誤るならば、新自由主義批判の流れそのものが、別の形態の（あるいは、より過酷でさえある形態の）新自由主義へと回収されてしまうかもしれない。新自由主義というのは実にしぶとく、「フレキシブル」であり、新自由主義や格差社会に対する批判そのものをさらなる新自由主義化と格差社会化に利用することさえ辞さない（典型的には八代尚宏氏の議論）。特に日本の特殊性を過度に強調する議論のなかに、そうした危険な傾向が顕著にみられる。

そうした傾向をもった新自由主義批判は大別すると二つある。第一は日本の企業社会の特殊性を重視するものであり、第二は日本の国家体制の特殊性、非福祉国家に着目するものである。

第一の企業社会の特殊性を重視する議論は、年功賃金や長期雇用をひたすら否定的に捉えて、その解体こそが労働者にとって有利な改革につながると期待する。これは実は、一九九五年に旧日経連が『新時代の「日本的経営」』で述べた内容そのものである。この新自由主義批判と新自由主義が共闘する状況すら存在している（典型的には『朝日ジャーナル』二〇〇九年四月二〇日号における木下武男氏と八代尚宏氏との対談)。たしかに、年功賃金と終身雇用は高度経済成長期における企業社会の不可欠のシステムとして機能してきたし、企業社会に特有の性差別とも深く関連してきた。しかし、それと同時に、この両制度には戦後初期の労働運動における階級闘争の成果もまた刻み込まれているのであり、労働者の権利保護と地位向上に決定的な役割を果たしてきた。それらは、より多くの労働者諸階層(女性労働者や非正規労働者)を包摂するように再編したうえで堅持すべきものであって、解体するべきものではない。

戦後長らく続いてきた年功賃金と終身雇用はたしかにおおむね正規労働者に限定されたものであったが、しかしそれでもこの規範が厳然と存在するからこそ、非正規労働者であっても、労働契約が複数回更新されれば「雇用の定めのない労働者」とみなされ、その解雇を制限することができたのである。また年功賃金の規範があるからこそ、その恩恵から排除された女性労働者がそのことを差別だと告発することができ、男女平等の賃金を勝ち取る重要な手がかりにすることができたのである。年功賃金と終身雇用はいわば労働者全体を守る社会的・経済的バリケードであり、その解体は労働者全体の著しい地位低下と賃下げをもたらすだろう。そして正規労働者ですらその既得権を守れないような状況下では、非正規はなおさらその権利も賃金も守れないだろう。「正社員ですらこんなに犠牲を払っているんだから君たちも……」と言われて、いっそうの労働強化と賃下げを飲まされるだろう。これこそまさに「底辺に向かっての競争」にほかならない。

第二の議論は、戦後日本が福祉国家の一特殊形態であることを看過して、これを基本的に非福祉国家=開発主義体制=官僚主導国家とみなすものである。たしかに、戦後日本の福祉国家レベルはヨーロッパの先進福祉国家に比べれば著しく見劣りがするし、また戦後日本のシステムに「開発主義」と呼べるような側面が存在したのも事実であるが、だからといって、一方で日本以上に福祉の貧困なアメリカを福祉国家に数え入れながら、他方で日本を非福祉国家＝開発主義国家に分類するのは無理がある。戦後日本はほぼ一貫して保守党政権のもとにあったにもかかわらず、戦後労働運動と戦後民主主義運動の持続的な闘いや都市部を中心とした革新自治体の成果などのおかげで、曲がりなりにも一定水準の福祉国家を実現してきたからである。それを開発主義体制（しばしば明治以来の開発主義とさえいわれている）として総括することは、戦前戦後の断絶や戦後民主主義運動の意義を決定的に過小評価することになってしまう。このような一面的な立場からは必然的に、日本における新自由主義改革の「主要な敵」が、福祉国家的諸制度でも労働者の重要な既得権でもなく、日本の開発主義的諸制度や官僚主導の側面であるとする議論が出てくる。これも、福祉国家の解体を開発主義国家の解体と同一視することになってしまい、新自由主義に対する闘いを著しく弱め、場合によっては、新自由主義へと回収されてしまうことになるだろう。

これら二つの議論は、日本における新自由主義改革の本質を見誤り、結果として、新自由主義改革を容認し、時にはそれを促進する役割を果たしている。しかも、このような二つの傾向が論壇やアカデミズムの一部に現れているだけでなく、反新自由主義を標榜する知識人や労働運動や市民運動にも無視できない影響をもつようになっている。

近年、ワーキング・プアや格差社会が社会的関心となっていることに示されるように、今日の日本の国家・社会はたしかに改編期にある。しかし、問題は、企業社会の核心というべき企業の職場支配力ならびに社会的支配力はいっそう強化されていることである。ほかでもないその企業の支配力が梃子となって、企業社会をより過酷な方向で改編させつつあるのだ。新自由主義改革は資本の要請であり、その権力回復・強化のためのプロジェクト（デヴィッド・ハーヴェイ）なのだから、それも当然である。

また、格差社会化が、古き良き強固な階級意識をもったイギリス労働社会の前提となる社会状態を生み出すかのように期待する議論も一部にみられるが、これにも首をかしげざるをえない。アメリカですでにみられたように、格差社会化はしばしば、不利益層における排外主義とエリートへの過剰な期待、自分より少し恵まれた、あるいは恵まれていると思われている層（正社員や公務員や福祉受給層）に対する憎悪を生み出すのであり、それは新自由主義をむしろ底辺から支える役割を果たす。新自由主義エリートは常にこうした感情を、福祉国家のさらなる解体、労働者の既得権剥奪とさらなる賃下げ、国家の帝国主義的再編へと動員しようとするし、実際に動員している（典型的には、戦争待望論を唱えたり、正社員の条件を非正規並みに引き下げろと主張している赤木智弘氏の議論）。

また、新自由主義改革は必ずしも開発主義と矛盾するわけでもない。新自由主義の本質は、大企業と政治・経済エリートによる権力回復・強化にあるのだから、その権力回復・強化に役立つのであれば、開発主義的な政策や制度であってもそれを平然と利用する。一九九〇年代以降、声高に「脱官僚」や「官主導国家の転換」などが財界や主流マスコミや新自由主義政治家・知識人などによって唱えられてきたが、それは本当に開発主義を解体したいからではなく、それを口実に福祉国家的諸制度と労働者の既得権とを破壊し、企業のいっそうの蓄積欲を満足させたいからである。開発主義はけっして新自由主義改革の「主要な敵」ではない。それは、時に利用し、時に再編し、時に強化し、そして時に市場的な（したがってより過酷な）システムに代替するべき対象にすぎない。

それゆえ、「企業社会ないし開発主義を壊す」という一致点で新自由主義改革に事実上同調し、あるいはそれへの警戒心を弱め、場合によっては共闘さえしうるという発想は、日本社会の抱える困難や矛盾を解決するどころか、問題をいっそう深刻なものにするだろう。また、その過程で「新しい福祉国家」の担い手が陶冶され生まれてくるといった展望も非現実的なものである。新自由主義改革を食い止め、新自由主義国家に代わる「新しい福祉国家」（あるいはそれ以上のもの）を構築する担い手が陶冶・形成されるのはただ、日本になお残されている福祉国家的諸制度と労働者の既得権とを防衛し、それを基盤にしてより平等で公正で民主的な制度と権利とを勝ち取っていく過程においてでしかない。

したがって、新自由主義に対する批判の声が大きくなりつつある今日においてこそ、新自由主義批判にみられるさまざまな混乱を解きほぐし、本来あるべき新自由主義批判を再構築することが求められている。本書はまさにこのような問題意識に基づいて編集されている。

本書に収録された論文の執筆者たちの考えは多様であり、個々の論点については必ずしも意見が一致しているわけではない。だが、新自由主義が企業社会や開発主義を「壊す」（実際には壊さないのだが）ことに何ら積極的な意義を認めない、という点では一致している。企業社会や開発主義を変革する主体が、同時に新しい国家・社会の担い手でなければならないと考えるからだ。

新自由主義に対抗すべき課題と主体をめぐる議論は、新自由主義改革によって民主党政権が登場した今日、特別に重要になっている。民主党政権をどう評価するか、民主党を新自由主義改革の線からどれくらい引き離すことができるかという問題とそれは結びついているからだ。とりわけ、民主党政権は、官主導から脱するとか制度の一元化を図るとか称して、より大規模な新自由主義改革を実行しかねないからである。

3 本書の構成と課題Ⅰ——新自由主義と企業社会

本書の構成は以下のとおりである。まず全体として二部に分かれている。第一部「新自由主義と企業社会」は、新自由主義改革のもとで進行している労働改革の問題について多角的に論じており、次の五本の論文で構成されている。

第1章　新自由主義改革と「野蛮な労働市場」——木下武男『日本人の賃金』の検討……赤堀正成

第2章　日本的経営は解体したのか——『新時代の「日本的経営」』における構想と実践……赤堀正成

第3章　格差問題を逆手にとる『労働ビッグバン』推進論——八代尚宏氏の主張を読み解く……岩佐卓也

第4章　男女賃金差別と年功賃金――森ます美『日本の性差別賃金』の検討……岩佐卓也
第5章　首切り容易な社会の方が労働者は幸せ？――脱格差の名のもとに解雇自由化を唱える「労働ビッグバン論」……平井治郎

第1章の赤堀第一論文は、木下武男『日本人の賃金』を検討したものである。同書は、新自由主義改革が進行するなかでいち早く労働運動に対する大胆な課題提起を行ったことで大いに注目され、かつ広く賞賛されたものであり、今日もその影響力を失っていない。赤堀論文は同書の現状認識とそれに基づく課題提起を批判的に検討している。『日本人の賃金』は事実上、新自由主義改革によって「野蛮な横断的労働市場」が登場することが労働者・国民にとって積極的な意味をもつかのように主張している。そこでは、第一に、電産型賃金、すなわち査定のない男女平等の年功賃金が戦後初期における労働運動の成果である事実が否定され、第二に、そのことと結びついて、かつて総評はもとよりフランス労働総同盟やイタリア労働総同盟などもその導入に反対して闘った職務給が高く評価されている。第三に、その結果、「新しい福祉国家」戦略の担い手として女性労働者および非正規労働者が想定され、男性正規労働者、既存労働組合がそれと敵対するものと一面的に捉えている。こうした主張に対して、赤堀論文では、「新しい福祉国家」の担い手は新自由主義と「共闘」するのではなく、新自由主義と闘う過程で陶冶されてくることが論じられている。

第2章の赤堀第二論文は、旧日経連が一九九五年に発表した『新時代の「日本的経営」』およびその後の日経連自身のフォロー調査等を題材に、『新時代の「日本的経営」』の構想と実践の乖離、さらにそれが生じた根拠を論じている。その中で、『新時代の「日本的経営」』が企業社会を解体しようとしていることは「新しい福祉国家」のための地ならしになるという議論に対して、『新時代の「日本的経営」』が企業社会を解体するものではなく、むしろ企業社会を強化するものであることを強調している。年功賃金と終身雇用については、前者は、当初男女平等で査定なしであったものが労働運動の弱化に伴い、しだいに人事考課が強化されてきたものであり、今日では人事考課を規制していくことが必要であること、また終身雇用は「労働者を企業に縛りつける」ものではなく、むしろ終身雇用慣行の強化が必要であると論じている。年功賃金も終身雇用も、たしかに企業社会に組み込まれたものだが、これらは労働運動の成果として、労働運動が経営に強制したものでもあった。この論文は、こうした企業社会の成立過程における葛藤を看過した議論が、『新時代の「日本的経営」』の主張する終身雇用慣行の廃止（当然に整理解雇四要件も否定される）、年功賃金の廃止に唱和することになってしまうと論じている。

第3章の岩佐第一論文は、二〇〇六年の安倍内閣発足以降大きな話題となった「労働ビッグバン」について、その代表的論客である八代尚宏氏の主張を検討・批判したものである。八代氏の議論は、労働者同士（とりわけ、男性正規労働者と女性非正規労働者）の対立関係を強調することで、男性正規労働者の既得権を破壊する新自由主義的な労働政策があたかも正当なものであるかのように議論を展開するという、実に巧妙なものである。岩佐論文は、そうした論理の欺瞞性を指摘するとともに、それが労働者の権利や現実の運動と鋭く対立せざるをえないことを明らかにしている。「労働ビッグバン」の攻勢は、周知のようにその後失速してゆくことになるが、しかし、その内容は新自由主義的な労働政策を突き詰めたものとして、依然として重要な意味をもっていると思われるし、また八代氏の論理そのものは今日も広くみられるので、本論文の重要性はいささかも減じていない。

第4章の岩佐第二論文は、男女賃金差別と年功賃金の関係について考察したものである。日本の年功賃金は「属人基準」であり、仕事に対応していないがゆえに性差別的であるとの見解は今日広く共有されている。しかし、代表的な男女賃金差別是正運動を検討するならば、是正の基準または根拠としての年功賃金の重要な役割が明らかとなる。属人基準か仕事基準かという問題は、男女賃金差別の強弱とは別次元の問題であり、年功賃金は本質的に性差別的との主張は実証的にも理論的にも誤っている。また、この年功賃金に対する誤った評価によって、成果主義が歓迎されるという危険性も存在する。本論文は、以上の点を森ます美氏の『日本の性差別賃金』(有斐閣)に即して検討している。

第5章の平井論文は、最近流布している次のような見解、すなわち、「正社員の解雇を規制したりさまざまな非正規雇用の活用に制約を加える『雇用保護制度』は、使用者の採用意欲を減退させ雇用に悪影響をおよぼす。その制度により恩恵をこうむるのは、日本では、終身雇用・年功賃金のもとにある正社員(とりわけ大企業中高年男性正社員)のみであり、若年労働者、女性労働者、各種非正規労働者はこれらの制度によって不利益をこうむっている。それゆえ今日問題となっている雇用不安と格差社会化を食い止めるためにはそうした規制を緩和する必要がある」という見解を取り上げている。こうした主張を端的に示しているのが、福井・大竹編著『脱格差社会と雇用法制』であるが、まず第一に、雇用保護制度が雇用に対して悪影響を及ぼしていることは実証されていないこと、第二に、日本ではそもそも雇用保護制度による十分な規制はなされていないことを平井論文は明らかにしている。そのうえで、むしろ労働者と経営者とのあいだにある根本的な格差にこそ目を向けるべきであると提起している。

4　本書の構成と課題Ⅱ——開発主義と福祉国家

第二部「開発主義と福祉国家」は、開発主義論の問題性と福祉国家の展望を論じており、次の四本の論文で構成されている。

第6章　日本における新自由主義の性格規定について……岩佐卓也
第7章　官僚主導国家観の大いなる幻想——日本は「開発主義国家」か?……菊池信輝
第8章　開発主義論と新自由主義との政治的親和性——『情況』新田論文の教訓……森田成也
第9章　新自由主義に対抗する福祉国家論の前提——社会政策学と「新福祉国家」論をめぐる批判的考察……兵頭淳史

第6章の岩佐第三論文は、日本の新自由主義を全体としてどう規定すべきかについて論じたものである。日本の新自由主義について、個々の政策を分析した文献は多いが、全体を鳥瞰するものは少ない。その中にあって有力な議論を展開しているのが、後藤道夫氏の開発主義論であり、また「資本独裁」論である。後藤氏は、戦後日本が福祉国家ではなく開発主義体制という特殊な支配類型に属するとし、したがって、欧米の新自由主義が福祉国家を攻撃しているのに対し、日本の新自由主義は日本独特の「開発主義」を攻撃しているのだと規定する。しかし、これは日本の特殊性を極端に強調したのであり、日本においても存在する新自由主義と福祉国家との対抗関係という本質的な側面を過小評価する危険性をもっている。また、それによって新自由主義を実体的に批判する根拠を見失うことにもなるという意味で、実践的にも問題をはらんでいる。

第7章の菊池論文は、本書収録の論文の中では最も古く、橋本龍太郎自民党政権による「橋本六大改革」が壮大な経済破綻を招いていた一九九八年に発表されたものである。バブル経済の形成と崩壊は、一九八〇年代の新自由主義改革（中曽根改革）の成果、すなわち「市場の失敗」にほかならなかった。しかしながら、本論文が執筆された当時、その責任は、「一九四〇年体制論」に典型的にみられたように、かつては経済成長に貢献したものの、その後桎梏と化したとされた大蔵省（現在の財務省）その他中央官庁による規制に負わされていた。橋本はその仮説に忠実に改革を行い、失脚したのである。本論文はその橋本の失敗の原因を、新自由主義改革によって官僚主導型国家を「破壊しきれなかった」ことに求めるのではなく、そもそも官僚機構にはいわれているほど民間企業を規制する力はなく、むしろ「必要な規制をしてこなかった」こと、すなわち福祉国家化が不完全だったこと、そのうえに新自由主義改革を行ったこと、に求めている。中曽根改革、橋本六大改革に加え、さらに小泉構造改革まで経た今日、いまだに官僚主導型国家モデルを前提にすることの問題点について、改めて考えさせられる論稿である。

第8章の森田論文は、雑誌『情況』に掲載された新田滋氏の新自由主義論を批判したものである。戦後の日本の国家体制を「開発主義」とみる見方は、戦後日本にそれなりに存在した福祉国家的側面を無視ないし著しく軽視するものであり、その意味で事実と合致していないだけでなく、一九八〇年代半ばから政治的に重要な流れとなってきた新自由主義との対決軸を曖昧にするものである。開発主義論に基づくなら、日本の新自由主義はこの開発主義を解体するものであるから、それほど悪いものではない（むしろ相対的に進歩的である）という結論になりかねない。開発主義体制という前提により忠実に議論を展開したらどうなるのかの見本を示しているのが、宇野派の中堅学者である新田滋氏が『情況』に発表した新自由主義論である。森田論文は、この新田論文の検討を通じて、開発主義論が陥りかねない危険な方向性を明らかにしている。

第9章の兵頭論文は、「新自由主義対開発主義」を日本の対抗軸と捉える潮流が唱えるオルタナティブ構想である「新福祉国家」論の問題点を析出している。「新福祉国家」論は、もっぱら労働者階級の周辺（底辺）部分を、新福祉国家の実現へ向けての中心的な政治的担い手たる社会集団として想定し、事務・管理的労働を担う中上層労働者、さらには民間大企業男性正規雇用の「年功労働者」をそこから排除している。本論文では、福祉国家の（再）構築をめざす運動主体をめぐるこうした議論を、制度論・運動論の両面にわたる問題性を取り上げて批判し、新自由主義に対抗する福祉国家的オルタナティブをめざす社会的多数派の形成へ向けた前提条件として、「中間層」とされる労働者のおかれた位置の正確な認識と「生存権」原理の再構成を提唱する。

以上が本書の全体像とその要約である。本書の諸論文の中には、執筆者たちが大いにその理論的恩恵に浴した人々の議論をも批判の俎上に載せているものがある。このことは、だからといって、われわれがこの理論的恩恵を否定したり割り引いたりすることを意味しない。むしろ、その恩恵に応えるものだと思っている。

また、本書が新自由主義批判を行う論者にも批判の矛先を向けていることについて、それが批判派の内部分裂をもたらして運動にマイナスの影響を与えるのではないかと懸念する向きもあるかもしれない。しかしわれわれは、むしろ逆ではないかと考える。忌憚のない論争を続けてゆくことこそ、運動の前進に資するものであるとわれわれは考える。

最後に、本書が、新自由主義的攻勢と対峙している労働者、市民、研究者によって批判的に検討され、新自由主義批判の論理をよりいっそう鍛えるうえで一つのたたき台として役立つことを願っている。

二〇一〇年七月

執筆者を代表して　赤堀正成

岩佐卓也

第Ⅰ部

新自由主義と企業社会

第1章

新自由主義改革と「野蛮な労働市場」

■木下武男『日本人の賃金』の検討

はじめに：日本的経営と労資関係

◉「社会の安定帯」としての労資関係

一九七四年一月、当時日経連会長だった桜田武は「日経連タイムス」の年頭の辞で次のように語った。「私は社会不安というようなものが、仮りに心配されたとしても日経連傘下の企業経営者とそれぞれの企業の労働組合員約一、〇〇〇万人および家族を合わせた人たちが『われわれこそ国の安定帯となるのだ』という使命感を持っておれば、日本の国がどうこうなるということはないと信じます」(1)。桜田の発言は、覚束ない期待感を表明するようで今日ではいくらか大仰にも響くが、それには相応の理由があった。七三年秋に石油ショックに見舞われ日本経済が「狂乱インフレ」に揺れるなか、桜田は、総評が賃上げばかりではなく「国民春闘」として年金などの社会保障を含む一五大要求を掲げ、三〇％の賃上げを勝ち取ることになった七四年春闘の昂揚を、目のあたりにしていたのである。

つとに一九六二年に「労働運動における使命感の欠落[2]」を慨嘆し批判していたかつての総評ブレインの清水慎三は、この七四年春闘で総評が掲げた課題の戦略論的意義を高く評価して、そのアプローチの不十分さに力点をおきながらも、「『国民春闘』を戦略とすることによってはじめてときの課題から逃避することなく、六〇年安保以来まったく久しぶりに、社会的組織としての労働組合の地位を浮揚させることができた[3]」と評して、労働運動の先行きに期待を示しさえしたのだった。

ところが翌七五年春闘は、「総評、同盟、中立労連のいかんを問わず、資本の言い値である一五％以内におさえられている。そのように労働組合本来の賃金闘争が資本の言い値で終わっているのに、賃金闘争が生活闘争、国民春闘に発展し、運動は体制変革にむかってすすんでいるといってみたところで、……その中味は現実の問題を解決することからの逃避としかいいようがない[4]」として、春闘方式を編み出した当の太田薫をして「春闘の終焉」を宣言させる結果となった[5]。

そして桜田は、この七五年秋のスト権ストに「勝利」すると、翌七六年春闘を八・八％の賃上げ率で乗り切った七月、今度は参院選における自民党の敗北、田中角栄逮捕に政界が揺れるさなか、日経連トップセミナーにおいて次のように語った。「ステーツマンシップを失ったとか、名利権勢の私利私欲に明け暮れするとか、派閥だ金だと末梢的な現象だけを捉えて応急手当を施した位で立ち直るものでしょうか。／今の政治家諸公は国民の投票によって代議士となられたという原点を忘れ勝ちであります。国益を守る使命に生きることに対して国民は投票したのです」。このようにあからさまに自民党に対する憤懣を表明しながら桜田は、「ところで政治が混迷している間の日本には安定帯がなければなりません。／私は企業の職場を中心とする労使が安定帯となり得ると信じます」[6]と七四年の年頭の辞をここで繰り返したのである。二年余を経て二度目に「安定帯」に言及したとき、桜田は、自民党への不信の裏返しとして、己こそ国益を守らんという財界人の自負をもって、今度はかつてのように裏切られることになった期待感でなく、確信を表明していたようにもみえる。

さて、この四半世紀、桜田の要請に逆らう運動は小さくても断片的でも執拗に続いてきたのだが、大勢をみれば、日本の労資は桜田の「『安定帯』となる使命感をもて」という要請によく応えてきてしまったということになる。

社会の「安定帯」としての労資関係とは、民間大企業における労働者間の競争を槓杆《こうかん》として労働者を企業に物心両面で従属させる能力主義管理によって職場を律し、それを支配の要として社会全体を編成するものだった。ここにおいて労資関係は、職場を基礎に、社会の強固な「安定帯」として機能することになった[7]。

もちろん、その「使命」は労資のみならず、桜田のいうとおり、労働者の「家族」にも割り振られた。そして、この「安定帯」を支えざるをえなかった労働者とその家族の生活は、たとえば「企業戦士」「家庭崩壊」「受験戦争」「サービス残業」「過労死」等々の、この時代の労働者とその家族のありようを形容した言葉を想起すれば明らかなように、安定どころではなかったことはいうまでもない。

◉『日本人の賃金』の独自性

ところが、一九九五年に出された日経連『新時代の「日本的経営」』は自らこの「安定帯」の改編に着手しようという意思を宣明したものだった。曰く、「日本的経営の特質は、終身雇用や年功賃金制度といった制度・慣行ではなくて、そうした運営の根本にある『人間中心（尊重）の経営』、『長期的視野に立った経営』というのが日本的経営の理念である」[8]。曰く、「企業偏重型生活スタイルからの脱却の困難が社会や家庭のバランスを崩しているのではないか」[9]。曰く、終身雇用は「国際的には理解されにくい雇用慣行とみなされ、貿易黒字と合わせてわが国企業の独善ではないか」[10]。曰く、「従来の比較的一本調子の右肩上がりの賃金カーブから、これからは、ある一定資格以上は業績によって上下に格差が開く、いわばラッパ型の賃金管理を志向すべきである」[11]、云々という具合である。

矛先は、「企業偏重型生活スタイル」に対する批判、そして終身雇用および年功賃金を見直す決意等々に示されるように、これまでの「日本的経営」を特徴づける主要な要素に向けられており、そのうえで「日本的経営」が再定義されていることが注目された。

一九九〇年代後半、財界の「日本的経営」見直し論を合図に、日本的経営をめぐる論説はあたかも百家争鳴の様相をなしたが、ヴァリエーションはそれほど多くはなかった。第一に、従来型の日本的経営を擁護する立場に立って『新時代の「日本的経営」』に批判的なもの（高梨昌、小池和男）。第二に、従来型の日本的経営はもとより『新時代の「日本的経営」』にも批判的なもの（熊沢誠）。第三に『新時代の「日本的経営」』を肯定するもの（八代尚宏、今野浩一郎）。

だが、これから検討する木下武男『日本人の賃金』[12]（以下、本書からの引用は頁数のみを［○○］として記す）はこのいずれにも属さない。『日本人の賃金』は、『新時代の「日本的経営」』を指針とする資本の実践が「規制なき一九世紀型の野蛮な横断的労働市場」を「形成・拡大」することと［一三〇以下］を不可避とみて、そのことがこれまで「社会の安定帯」として機能してきた既存の労資関係を動揺させることに着目する。そして、それが労働者にとって既存の社会のあり方を変えていく好機だ、と主張するのである。

しかし、「野蛮な横断的労働市場」とは、すでに存在する横断的労働市場への労働組合と国家の規制を現状よりも拡充することを目標としたときには、現状を後退させるものであるから、その意味で「野蛮な横断的労働市場」に向かう過程に積極的な契機はない、というのが本稿の仮説である。

1　『日本人の賃金』の現状認識

『日本人の賃金』の議論は次のように展開する。グローバル経済化によって年功賃金と終身雇用が崩され、「規制なき一九世紀型の野蛮な横断的労働市場」が形成されようとしている→そこで「アメリカ型職務給」に日本的経営から引き継いだ属人的評価を加味する「日本型職務給」が導入されようとしている→しかし、その「日本型職務給」でさえこれまでの年功賃金よりは労働者にとって「まし」である→「新しい福祉国家」を展望しつつ「アメリカ型職務給」によって「野蛮な横断的労働市場」を規制していこうというもので、文字どおり起承転結の構成になっている。『日本人の賃金』は一九九八年以降の事態を「労働の戦後史を画するもの」として、次のように捉える。

一九九八年から生じている事態は、労働の戦後史を画するものであり、その曲がり角を今曲がりつつあることはたしかなように思われます。そのことを実感し始めたのは、九八年ころから、経営者団体の文書や企業の新しい人事制度の提案から「能力主義」という言葉が姿を消しつつあること、また、「日本型仕事給」や「日本型職務給」などの欧米流の賃金制度を提唱する書物が並び、実際に、そのような新しい賃金・人事制度がいくつかの会社で運用されるようになったことによります。〔七〕

そして、新古典派経済学に立つ議論が日本型の年功賃金・長期雇用を「『社会的公平性』と性別役割分業の視点から批判している」が、それは「結局は、雇用と賃金の市場化による日本的賃金・雇用システムの『解体』理論だとみてよい」〔一四二〕、「このような新古典派の主張から、日本社会の転換がリアルな現実として迫っていることが理解できます。また、それに対して、年功賃金と終身雇用制の擁護をもって対抗するとするならば、それは、踏み誤った路線選択だということも感じ取ることができるでしょう」〔一四四〕と述べる。

そこでまず一九九八年以降の事態をみるために、九〇年以降の賃金カーブを概観しておこう。**図表1-1**は一〇〇〇人以上規模の企業に雇用される大卒男性標準労働者の年齢階級別賃金をグラフにしたものである。一九九二年から今日まで、二二歳から四〇歳代中葉にかけてはバブル

図表1－1　1000人以上規模企業における大卒男性標準労働者の賃金カーブの変化

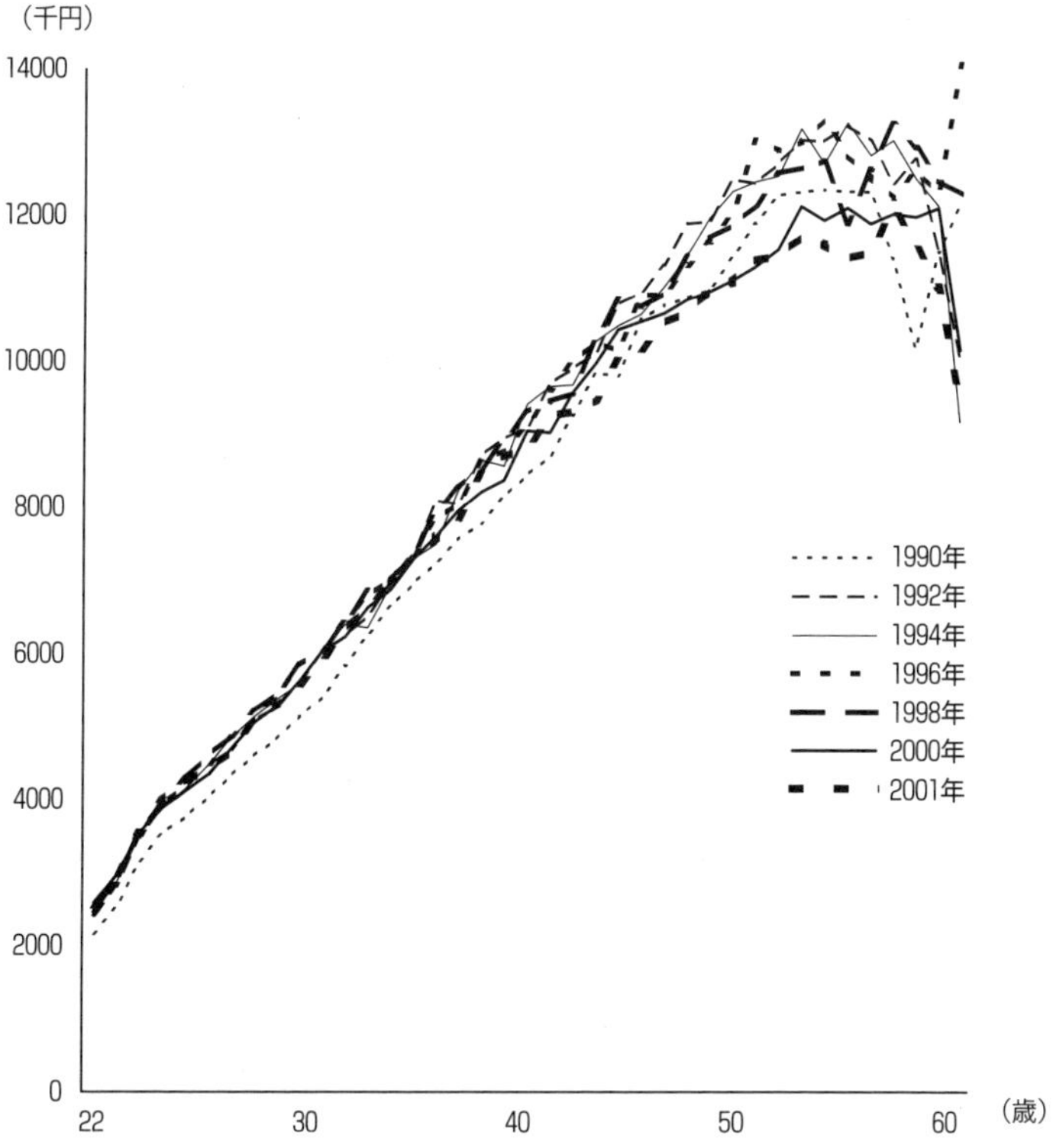

注：各年齢の賃金額は「所定内給与額」×12＋「年間賞与その他特別給与額」によって算出。
出典：厚生労働省『賃金構造基本統計調査報告』各年版

が崩壊する以前の一九九〇年を上回る水準をよく維持しており、九二〜九八年までは年齢階級ごとの賃金は近似している。しかし、二〇〇〇年、二〇〇一年には四〇歳代後半以降の年齢階級別賃金はそれ以前よりも低下している。

二〇〇〇年、二〇〇一年における四〇歳代後半以降の賃金水準の低下が、企業の「欧米流の賃金制度」の導入による影響か、あるいは、「欧米流の賃金制度」が導入されていてもその制度自体が年功的に運用されている事例は少なくないから、年功的運用を維持しながらの相対的に高賃金層の中高年者に対する「総額人件費」抑制策による影響か、さらに中高年者が親企業に在籍したまま子会社に出向するケースの拡大が影響しているのか、現時点では結論を導くのはむずかしい。そのうえで、ここであえて確認しておきたいのは、二〇〇〇年、二〇〇一年に賃金水準の低下がみられるにもかかわらず、右肩上がりの賃金カーブがなお強固に存在しているということである。『日本人の賃金』は「賃金の市場化の流れは、年功賃金を崩してきています」［一八三］と述べるが、もしそうであるにせよ、その「崩し」の程度は、現時点ではなお図表1-1にみられるごとくだということである。

2 「アメリカ型職務給」と新福祉国家戦略

『日本人の賃金』は「かなり前までは、年齢と性差を軸にした年功的処遇で従業員のコンセンサスは一応えられていました。しかし、もうそれは破たんしているといってもいいでしょう。／

これからは働く者たちにも価値観の転換が求められますし、また経営者も、何によって差をつけることが働く者たちに『公平』だと受け取られるのか、そのことを考える必要があります」〔一五八〕として年功賃金を斥け、仕事給を推奨する。

仕事給にも、アメリカで普及している企業内賃金である職務給とヨーロッパで普及している企業横断的な産別協約賃金とがあるが、『日本人の賃金』は、労働者の類型によってこの二つを使い分ける。具体的には、①民間企業の「年功労働者」は九〇年代後半から推し進められている「日本型職務給」に対して「アメリカ型職務給で対抗」すべし〔一七八以下〕、②「パート型」労働者は「ＥＵ型の『時間比例原則』」を〔一八五以下〕、また③「職能的」労働者はヨーロッパ型の協約賃金をめざすべし〔一八八以下〕、としている。

「アメリカ型職務給」の提起と関わって、『日本人の賃金』の主張で注目される点が二つある。第一に、職務給化によって横断的労働市場が形成されると考えることである。第二に、その職務給化を同時に新福祉国家戦略のなかに位置づけて実現しようとすることである。以下にそれをみていこう。

◉職務給と横断的労働市場

『日本人の賃金』は、職務給が「市場賃金」とリンクするとして、「市場賃金」とリンクしないとされる年功賃金が突き崩され、横断的労働市場が形成されると理解する。しかし、職務給も年功賃金も企業内賃金の範疇であり、職務給が横断的労働市場に媒介されているのと同様に、実は、年功賃金も横断的労働市場に媒介されている。

『日本人の賃金』の新福祉国家戦略の際立った特徴は、現に存在している横断的労働市場を不在とみなし、そうした認識に支えられ、新古典派経済学を教条とする新自由主義改革によって年功賃金・終身雇用が破壊され、「野蛮な横断的労働市場」が「形成・拡大」されることを不可避とみ、同時にそれを好機と捉えることである。では、なぜ「野蛮な横断的労働市場」が労働者にとって好機となるのだろうか。木下氏は別稿で次のように述べている。

生産性本部の「一九九四年労使関係白書」では、「二元的労働市場を想定すると、労働組合運動も二種類の労働市場にそれぞれ異なる対抗をすることになろう」と述べ、そして「企業別組合とは別な異質な横断的組合が短期的な利害を基準にして強力な主張を展開するといった、これまで日本に少なかった対抗的な組合主義が発展する可能性がある」〔一一五〕との危惧をともなった言及がなされている。「労働市場の二元化」を促進していくうえで、最大の痛点をみずから告白しているといっても過言ではない。[13]

ここでいわれる「労働市場の二元化」とは、日経連『新時代の「日本的経営」』の労働者の三分類を用いれば、終身雇用が維持される民間大企業の「長期蓄積能力活用型グループ」が属する労働市場と流動的な労働力として位置づけられる「高度専門能力活用型グループ」や「雇用柔軟型グループ」が属する労働市場との「二元化」をさしている。[14] 木下氏の新福祉国家戦略が「野蛮な横断的労働市場」の「形成・拡大」を好機とみるのは、ここで引用されている生産性本部の認識を共有するからであろう。つまり、「野蛮な横断的労働市場」の中から、新福祉国家形成の課題を担当し、新福祉国家を下支えする横断的労働組合が立ち上がってくるとみるのである。

しかし、労働市場が二元化して、雇用が流動化することで横断的労働市場が〝形成〟され、それに対応した「企業別組合とは異質な横断的組合」が形成されると考えるのは、大河内一男の「出稼型論」ないしは「新大河内理論」の系譜を引く、労働市場のあり方が労働組合の組織形態を規定するという理解であり、これによっては説明できない事象が過去にも現在にも存在することから、こうした理解には多くの反論が寄せられており、本稿も首肯できない。[15] たとえば、『日本人の賃金』が指摘するとおり「パート型」労働者、「職能的」労働者はこれまでも一貫して流動的な労働市場の中におかれてきたのであって、「労働市場の二元化」それ自体は新しい事態ではなく、それゆえ「危惧」が抱かれるならば以前から抱かれてもよかったわけだが、ともかくそうした「危惧」はこれまで実現しなかった。したがって、生産性本部の「労働市場の二元化→横断的労働市場の成立→横断的組合」論とそれへの「危惧」を額面どおりに受け取るわけにはいかない。

この問題については、第9節で述べるように、すでに存在している横断的労働市場への労働組合と国家の介入・規制を強化する方途が探られるべきだと思われる。すでに存在するものを新たに作り出す必要はない。しかも、「野蛮な横断的労働市場」は現に存在する、横断的労働市場への国家と労働組合の不十分な規制の足場をも崩し、その不十分な規制をすら取り外そうとするものだからである。[16]

◉「アメリカ型職務給」と新福祉国家戦略

『日本人の賃金』の「アメリカ型職務給」の提案において第二に注目されるのは、それを新福祉国家戦略の中に位置づけて進めようという点である。年功賃金を批判して職務給に切り替えるべしという主張それ自体は、木下氏が批判的な新自由主義改革派からも出されているゆえ、職務給化を新福祉国家戦略の中に位置づけて提唱する点こそは木下氏と新自由主義改革派を画する重要な相違点である。

しかし、職務給が支配的なアメリカが福祉国家でないのに、なぜ、職務給化を新福祉国家戦略の中に位置づけて論じることができるのだろうか。『日本人の賃金』の叙述から考えられる理由は二つある。

第一に、すでに先にみたように、企業内賃金管理の範疇である職務給が労働組合の関与を問わずに企業横断的な賃率をもつ横断的労働市場を形成すると理解することである。第二に、次にみるように、職務給化によって現在の年功賃金の水準が低位に平準化されることにより、労働者の新福祉国家形成に向けた要求が増大するとみるからである。

『日本人の賃金』は「年齢別賃金カーブがフラットであっても生活できる社会システムをつくることが仕事給では不可欠」［一七二］だとして、図表1-2を「イメージ」として示して「ヨーロッパでは、一方では社会保障、社会政策によって加齢にともなう生計費の上昇を押さえ、他方では児童手当などによって国が援助する仕組みがあります」［一七二］と述べる。そこでは年功賃金にはその中に「社会保障・社会政策（住宅・教育・年金）」が含まれており、仕事給（「職種賃金」）

図表1－2　職種別賃金と福祉国家との関係

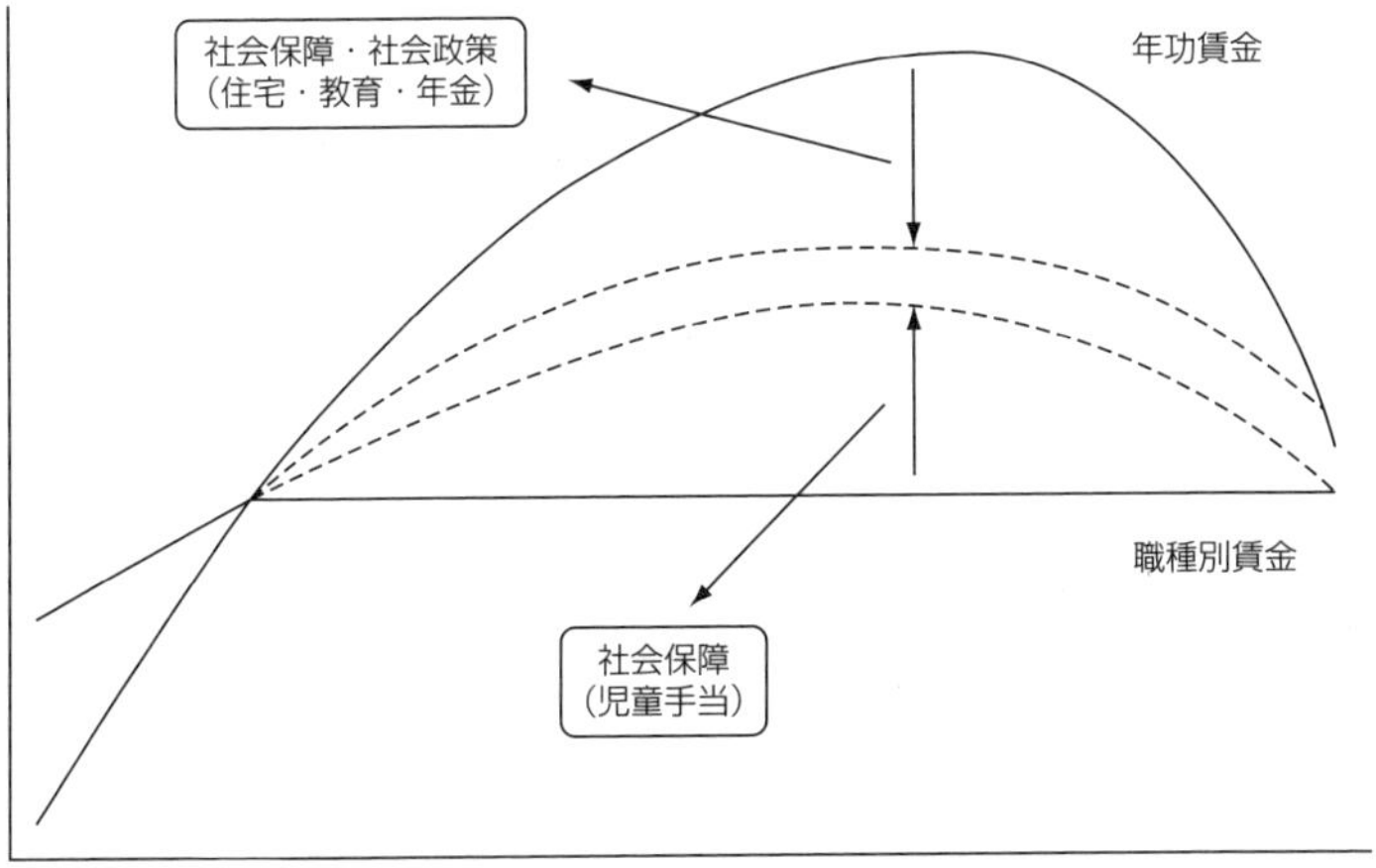

出典：木下武男『日本人の賃金』（平凡社、1999年）171頁

ではそれが含まれていない。そこで「日本の企業社会・企業国家を新しい福祉国家に転換することが、年功賃金から仕事給への移行にとって、決定的なモメントになる」〔一七二〕とされるのは、社会保障分を差し引いただけの賃金水準の低下を新福祉国家の成立のための十分条件と理解されるからであろう。また、職務給化が、新福祉国家成立後の課題ではなく、新福祉国家の成立前後にわたる課題とされていることも明らかである。

　年功賃金の低位平準化が新福祉国家要求を形成するという論理それ自体は理解しやすい。労働者が現在の生活水準を維持しようとすれば、賃金の不足分は国家のサービスによって補填するしかない、ということである。木下氏の賃金論に依拠して新福祉国家戦略を構想する後藤道夫氏は次のように述べている。

企業規模別、雇用形態別、性別、年齢別で激しい賃金格差と処遇格差が存続あるいは拡大するならば、公的な社会保障の高度化は一般に困難であり、また逆に公的な社会保障が脆弱であれば、賃金と労働条件をめぐる各種の労働者間競争には歯止めがかかりにくい。したがって、賃金と労働条件にかんする国家の規制の強化と、企業を超えた横断的な労働組合規制による公正な賃金と労働条件の確保の運動と、公的社会保障の高度化の運動が結合される必要があるだろう。木下論文（「日本型福祉国家戦略と社会労働運動」—引用者補）が強調しているように、同一労働同一賃金、あるいは職能型賃金が通用する制度を形成する運動と、福祉国家運動は一体のものとして追求されなければならない。[17]

木下氏もまた、「賃金と処遇格差」をめぐる「労働者間競争」がなくならなければ「公的な社会保障の高度化」＝新福祉国家の実現は困難であり、また新福祉国家＝「公的な社会保障の高度化」がなければ「賃金と処遇格差」をめぐる「労働者間競争」はなくならない、という悪循環を断ち切るために、「新しい賃金制度」＝仕事給によって「企業による生活の支えは縮減されることになる」［一三二］のを奨励し、年功賃金を職務給化することで賃金水準を低位に揃えることを考えられたのではないかと思われる。[18]

しかし、『日本人の賃金』が掲げる図表1-3をみると、たしかに「生産労働者」（ブルーカラー）の賃金は欧米において日本とは異なり三〇歳以降フラットになっているが、欧米においても「職員」（ホワイトカラー）の賃金の上がり方は日本と同様の年齢別賃金カーブを描いている。

そこで、年功賃金には福祉国家における社会保障分が含まれていると理解するのだから、日本の労働者と同様の年齢別賃金カーブを描くヨーロッパのホワイトカラーは福祉国家からのサービスを受けていないということになってしまうだろうか。しかし、もっぱらブルーカラーの利害によって福祉国家が支えられているということは考えにくいから、ヨーロッパのホワイトカラーは、その多寡はあっても、ブルーカラーよりも相対的に高い賃金水準のうえになお、福祉国家のサービスを享受しているとみるべきであろう。[19]

図表1－3　賃金の年齢別格差の国際比較

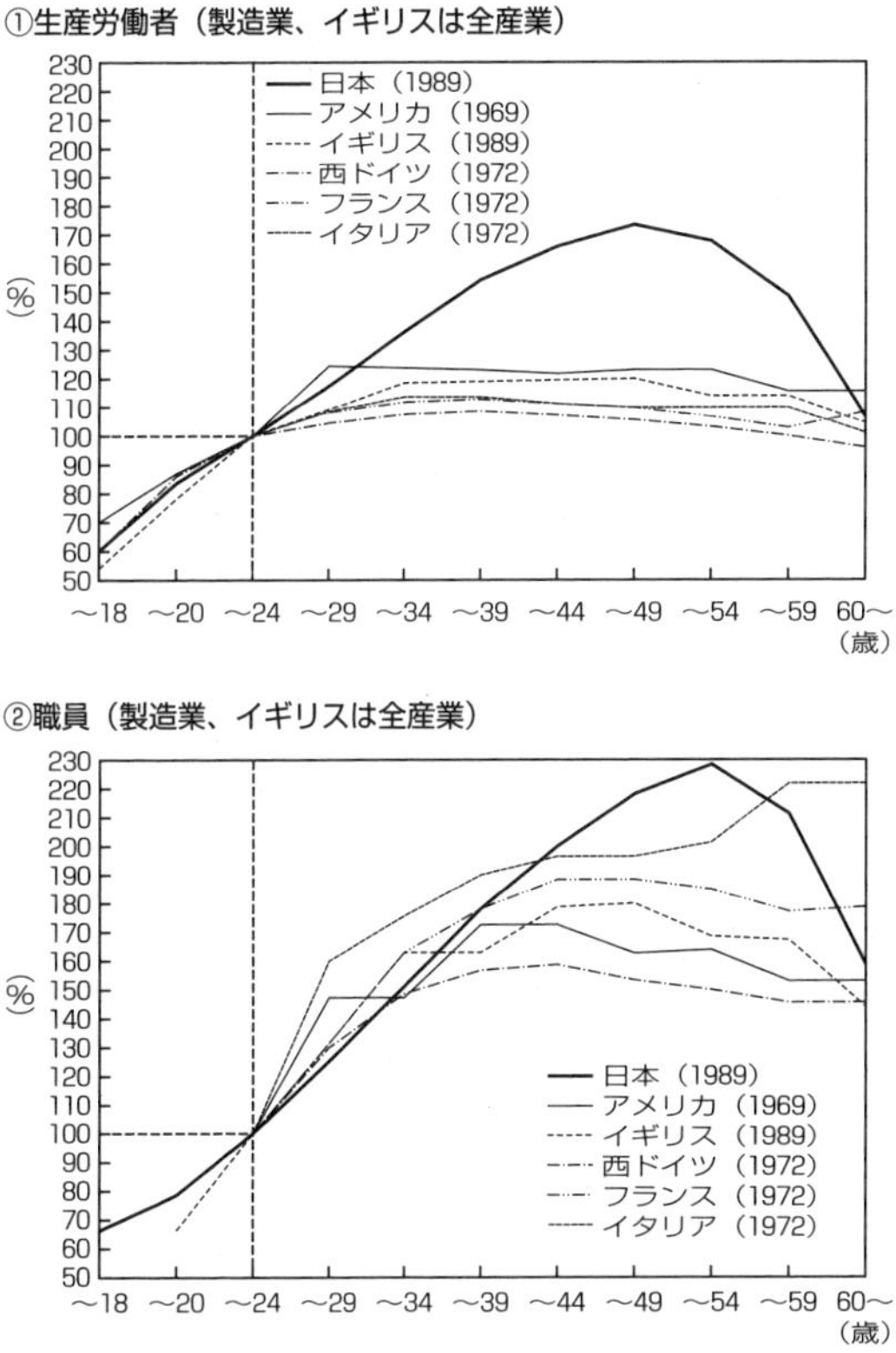

備考：男子、21～24歳を100とする
資料出所：経済企画庁『平成2年版経済白書』
出典：木下武男『日本人の賃金』（平凡社、1999年）53頁

さらに、日本の賃金率、労働分配率を欧米先進諸国と比較した研究を参照すれば、日本の賃金率、労働分配率は他国よりも低位になることが指摘されている[20]。したがって、賃金率、労働分配率をふまえれば、なおのこと、新福祉国家形成のために賃金水準を低位平準化しようとする根拠は薄れるだろうし、**図表1-2**の、年功賃金が福祉国家的機能を代替しているとする「イメージ」も再考を要するだろう。

◉『日本人の賃金』の「新福祉国家戦略」における主体としての未組織労働者

『日本人の賃金』は「深刻な問題」として組織労働者の七割近くが「良好な年功賃金カーブを描く人たち」［一三九］であることを指摘する。現在の多くの労働組合のありようが、労働者の利害を守るという労働組合の本来の存在理由に照らしていかに不十分であるにせよ、組織労働者の七割の賃金水準を下げることを前提とした職務給化、新福祉国家戦略には疑問を抱かざるをえない。

「年功賃金と終身雇用制の擁護をもって対抗するとするならば、それは踏み誤った路線選択」［一四四］だといわれようとも、今日、他の労働者と同様に、「リストラ」、出向、転籍、賃金切り下げ等々にさらされる組織労働者が立ち上がるとしたら、その運動は終身雇用や年功賃金を維持しようとすることにならざるをえないし、実際にそうした運動が起こっている。運動というものが一般にその担い手たちの利害の放棄ではなく、貫徹をめざすものである以上、賃金体系がどうなろうと、賃金水準の引き下げは運動になりえないだろう。

つまり、『日本人の賃金』の福祉国家戦略は大企業民間労働者と公務員を含む組織労働者の七割に課題を提起しない。それは、論理上、組織労働者の七割を置き去りにして、新たな運動の担い手を築くということを含意するだろう。組織労働者の七割が「野蛮な横断的労働市場」の「形成・拡大」にどう抵抗するべきかということが等閑視されて、新福祉国家を下支えすべき、横断的労働市場を規制すべき労働組合運動の活性化が展望できるだろうか。

たしかに組織労働者は全労働者のほぼ二〇%に過ぎず、そのうちのさらに七割の組織労働者の利害はさておいて、「『労働者』全体を視野に入れた」「新しい賃金論」のために、残りの八割強を占める「良好」でない「年功賃金カーブ」の労働者の運動を展開しようということであれば、その場合には、「良好な年功賃金カーブ」の労働者に対してあえて職務給化を提起する必要はない。しかも「年功賃金と企業福祉を標準にしていない」労働者類型は企業社会成立期の一九六〇年代においても、それ以前と同様に、労働者の多数を占めていたのであり、そのこと自体は新自由主義改革に伴う新しい現象ではない。いかなる新たな条件によって、今日では「生活保障のチャンネルを国家の方向」に向けることが可能になると判断されるのか。

職務給が支配的なアメリカが福祉国家でないことをみても、職務給化を新福祉国家形成のための十分条件とはみなせないだろう。職務給にした際に賃金の不足分の補填を求めて、労働者が新福祉国家の形成を共通の課題としてその実現に向かうか否かを、賃金額や賃金体系だけで論じることはできないように思われる。

『日本人の賃金』は、新福祉国家の形成のための十分条件として現在の賃金水準を引き下げて平準化し、それによって生じる労働者の賃金水準の低下によってもたらされる生活水準の低下は、「新しい福祉国家」の成立以降、「新しい福祉国家」のサービスによって補填するべきだと主張する。しかし、それが実現したとすれば、「良好な年功賃金カーブ」をもつ民間大企業の労働者だけでなく、中小企業の労働者の賃金水準をも低下させることになるから、新福祉国家が誕生するまで労働者全体の生活水準は低下することになる。

さらに問題になるのは、労働者の賃金水準の低下によってもたらされる生活水準の低下が本当に新福祉国家形成の客観的条件となるか否かということである。『日本人の賃金』が構想する新福祉国家戦略には、多国籍企業＝民間大企業に対する賃金闘争が位置づけられていない。民間大企業＝多国籍企業に対してだけでなく、そもそも資本と労働市場において賃金水準をめぐって対抗するという労働者集団の主体形成に際しての基本的な課題が、賃金水準を低位平準化して不足する差額分を新福祉国家によって補填するという論理構成のために、きわめて稀薄なのである。賃金水準をめぐって労働市場において資本と対抗するという、福祉国家を担ってきた社会民主主義が歴史的に実践してきた課題を素通りして新福祉国家の担い手となる主体が形成されると想定することはむずかしいと思われる。

3　「日本型職務給」——旧さくら銀行のヘイ・システムを用いた新人事制度

『日本人の賃金』は、「アメリカ型職務給」に属人的評価が加わった「日本型職務給」でも現在の年功賃金よりもよいとする。そこで、「日本型職務給」を具体的な事例についてみることにしよう。

一九九九年一月、旧さくら銀行では、『日本人の賃金』が「アメリカ型職務給」として紹介するヘイ・システムによった新人事制度「職務等級制度」が提案された[21]。当時のさくら銀行によれば、新たな「職務等級制度」は「現行の人事制度においては、各人を職務遂行における保有能力により資格体系の中で位置づけてきたが、新制度では職務の大きさにより職務等級に位置づけ、報酬のベースを決定する[22]」ものだという。旧さくら銀行の説明それ自体は『日本人の賃金』が語るとおり「ヘイ・システムによる職務評価とは、各職務の難易度や思考の複雑さ、企業にとっての重要度などを判定するものですが、あくまでもそれは『仕事』であって、その仕事に就いている人についての評価ではない」［八〇］ということと重なるが、それでも属人的評価は避けられないようである。銀行労働研究会の田中均氏は次のようにいう。

> ひとまず「値段のついた職務」に、誰をどのような基準でつけるのか。当然、職務に見合った人ということになろう。ここで、個人評価という問題、すなわち、その人の職歴・能力・適性といった評価なしには、等級への格付け、つまり職務配置は不可能ではないかという難問がでる。
> 難問というのは、それらは、個人の属性という範ちゅうに入る性質のものだからだ[23]。

注目されるのは田中氏の指摘する「難問」が、『日本人の賃金』が懸念するところの、「アメリカ型職務給」がそれに属人的評価を加味されて「日本型職務給」に転化することを指摘したのではなく、職務給とは、何型であれ、属人的評価を避けられないのではないか、という問題提起を含んでいることである。

さらに田中氏によれば、旧さくら銀行が新たに敷こうとした「職務等級制度」は「人材の評価」として「コンピテンシー(行動特性)」評価を行うものである。旧さくら銀行がヘイ・システムによってどのように「人材の評価」を行おうとしたかが詳細に述べられているので、やや長くなるが田中氏の説明を引用する。

その二〇のコンピテンシーは、「業務推進上にみられる行動」「行動を支えるインフラ(思考パターン)」「行動の動機・意識・原点(エンジン)」など五つの中項目に区分され、それぞれ中項目ごとに三〜五個の小項目がある。たとえば「行動の動機・意識・原点(エンジン)」の中項目には「達成指向性」「顧客指向性」「組織貢献力」「自信」の四個の小項目がある。

このうちから「達成指向性」をみると、「より高い目標を自ら設定し、成功するまで粘り強く、あきらめないで取り組み、目標を達成してもさらに高いレベルを目指し、常により高い成果を生み出そうとする行動」と規定されている。そしてこの「達成指向性」について、レベル〇からレベル五までの水準の設定がなされている。レベル〇は「自分が何を達成しなければいけないかを理解しておらず、何かを達成しようとする行動も全くみられない」と判断される状態を指す。レベル一は「上司や組織から与えられた目標は、その通りに達成しようとまじめに努力している」。最高段階のレベル五は「自分自身だけでなく、組織やチーム全体の目標、および各メンバーの目標を設定しながら、それらすべてが達成されるまで諦めず、その達成のためにあらゆる手段・方法を駆使しながら取り組んでいる」と規定されている。(24)

田中氏は「木下教授は、アメリカ型の『職務給』は市場賃金と連動していると紹介する。[25] そこでは、ヘイシステムが活用されたり、いま言った行動特性分析＝コンピテンシーの考え方が導入されたりしてもいると言う。とくにコンピテンシーとはそもそも何なのか[26]」と問うている。木下氏は田中氏のこの疑念を肯定して次のように応じている。[27]

> 田中さんが「難問」と言われているように、職務等級制度があっても、その等級に「誰をどのような基準でつけるのか」、「その人の職歴・能力・適性といった評価なしには、等級への格付け、つまり職務配置は不可能ではないか」という点はたしかに難しいところです。これは職能資格給（制度）が職務給に衣がえしていく際につきまとう厄介な問題の一つでしょう。しかし、職務配置の基本は、その職務が要請する実力をその人が持っているか否かだと思います。実力とは、資格や職歴、実績であり、職務配置はこれに則って行なわれなくてはなりません。そのかぎりでの個人評価です。あくまでも、職務の難易度・責任度合いなどに応えられる実力を有しているか否かということであり、年功や潜在能力などをともなった「属性」とは異なるということです。
>
> しかし、田中さんが危惧されているように、さくら銀行の新人事制度では、この点があいまいで、したがって『属性』評価が入り込む余地は十分にあり得る。職務等級制度が属人型・潜在能力評価型に運用される危険性があるということです[28]。

だが、職務給が職務配置の際に属人的評価を避けられないという「難問」は木下氏がいわれるように「職能資格給（制度）が職務給に衣がえしていく際につきまとう厄介な問題」なのではなく、職務給自体に起因する「厄介な問題」というべきだろう。木下氏はこれより先の行で「これまで属人的処遇によって労務管理を成り立たせていた企業にとっては、欧米型への転換は大きなリスクをともないます。したがって、結論的には、長期的な展望ではありますが、職務給型職能給に傾斜する職能給を、労働サイドが、仕事給・実力主義賃金へと転換させていくことが必要になってくると思われます[29]」と述べている。

これらをふまえると、ヘイ・システムによる「アメリカ型職務給」、「職務等級制度が属人型・潜在能力評価型に運用される危険性がある」というのではなく、企業にとって「欧米型への転換は大きなリスクをともなう」以上、田中氏の危惧どおり、そうなるのが常態であろうと思われる。

4 「アメリカ型職務給」(ヘイ・システム)と個人評価

次に「アメリカ型職務給」の典型とされるヘイ・システムについてみよう。『日本人の賃金』は「ヘイ・システムと『目標管理』までは、属人性を排した処遇とみることができますが、『コンピテンシー』は、個々人の能力・特性といった領域に入り込んで評価します」[八七]として、ヘイ・システムと「目標管理」は属人性を排したものとみなす。だが果たしてそうだろうか。

『日本人の賃金』によれば、「『目標管理』の手法は単純で、業績を評価する期間の期初に目標設定をおこない、期末に達成度を評価するという方法です。それは業績の達成度の評価であり、この場合、過去の企業に対する貢献度や、これから伸びるかもしれない潜在能力は評価の対象になりません」[八二]ということである。だが、業績を達成するのは職務ではなく職務に配置される労働者なのだから、どうしてこれで個人評価を排することができるのだろうか。さらにいえば、「アメリカ型職務給」が「日本型職務給」となることに痛痒を覚えない企業が、これまでに労働者間競争を煽る槓杆であった人事考課をどうしてみすみす手放すはずがあるだろうか。『日本人の賃金』が引用する今野浩一郎『勝ち抜く賃金改革』には「ヘイ・システムの全体図」があり、そこには「成果＝業績評価×ジョブサイズ」とある。(30) ヘイ・システムもやはり職務評価ばかりでなく業績評価を行うのである。

そこでヘイ・コンサルティング・グループ日本支社代表取締役と同経営コンサルタントの共著『まず、日本的人事を変えよ！――「競争」と「評価」が活力を生む』を参照すると、「目標結果を評価する」にあたって「同僚、上司、部下、或は顧客（取引先）」が評価する「三六〇度評価」といった方法が考えられる」として次のように書かれている。

この評価においては、勤務態度、熱意といった定性的な評価基準ではなく、数量化できる目標の達成度合いを、可能な限り定量的に評価することが求められる。もし、部下がいる職位であるならば、部下の育成に対する意識のもち方、あるいは実際にその人の指導の下に部下がどれだけ成長したかといった面も、立場のちがう目から評価されることになる。(31)

「可能な限り定量的に評価することが求められる」のに、その例として出てくるのが「部下の育成に対する意識の持ち方」である。つまり、一般には定量化不可能なものまでをも定量化するということであろう。「意識の持ち方」までをも定量化するのであれば、もはや人事労務管理において定量化できないものはないだろう。個人評価は顕在化しているものにとどまらず、限りなく潜在的なもの、内面的なものに侵攻していくだろう。

さらに同書には次のように書かれている。「ジョブサイズや成果責任と並んで、これからの日本の人事にとって大きな役割を果たしてくれると期待されているのが、コンピテンシーという考え方である」、「一九八〇年代から、アメリカでは、このコンピテンシーの考え方をビジネスの場に導入することによって、全体の組織効率を向上させることに顕著な成功を収める企業が、多数現われた」、「これからの日本の人事は、ジョブ中心のシステムにコンピテンシーを組み合わせたかたちで動いていくと思われる。年功や職能といった基準が、いまそうしたものにとって代わられようとしている[32]」と。「ペイ・システム」もコンピテンシー評価を手放さないようなのである。

それでも『日本人の賃金』は「ブルーカラーの定型的でくり返しの作業ならばともかくホワイトカラーの仕事を、まったくの個人の評価なしの職務給一本で測るのは、やはり無理がありますう」！『一八〇』というのだから、不都合はないかもしれない。だが「日本的能力主義にもとづく人事考課制度によって個人を評価するよりも、目標管理やコンピテンシーのほうがまだまし」『一八〇』とはいわれるものの、そのとき「人事考課」と「目標管理やコンピテンシー」が現実の場ではどれほど異なりうるのかは甚だ心許ないように思われるのである。

5　「パート型」労働者・女性労働者の差別と年功賃金

『日本人の賃金』は、女性労働者の大部分は「パート型」労働者か「低賃金型」年功労働者であり〔一四八〕、「年功賃金には、年齢・勤続という女性に不利な要素、そして男女別賃金や家族手当という直接的な格差要因が組み込まれています」〔一五二〕と述べる。

第一に、「男女別賃金や家族手当」というように男女別賃金と家族手当は並列されるものではないだろう。「『シングルマザー』の母と子がきちんと生活できる」〔一五五〕ためには、男女別賃金は否定的なものとなるが、家族手当はシングルマザーに支払われるから肯定的である。

第二に、「年齢・勤続」というように年齢と勤続は並列されるものではないだろう。育児・介護などのために退職を余儀なくされた女性が再就職する際に「勤続」は否定的なものとなるが、「年齢」は退職期間と無関係であるから肯定的である。

また「パート型」労働者の賃金格差をなくすためには、「同一価値労働同一賃金の原則にもとづく以外に解決策はない」〔一八七〕と述べるが、丸子警報器事件の判決はそうした主張を否定しているようにみえる。

一九九六年三月の丸子警報器事件の判決（長野地裁上田支部）では、女性臨時社員の賃金は同じ勤続年数の女性正社員の八割以下となるときは「公序良俗違反」となるとした。判決は「労働基準法三条、四条のような差別禁止規定は……その根底には、およそ人の労働に対し等しく報われなければならないという均等待遇の理念が存在していると解される。それは言わば、人格の価値を平等と見る市民法の普遍的な原理と考えるべきものである」と述べた。[33] 丸子警報器事件はさらに九九年一一月東京高裁における控訴審で、五年後に賃金を正社員の九割前後にまで是正することなどを内容として和解した。[34]

また、二〇〇二年七月に出された厚生労働省『パートタイム労働研究会最終報告』に対しては、すでに次のような問題が労働組合から指摘されている。パートタイム労働者と「フルタイム正社員との均衡処遇ルールについて、『原則は法律で示し、ガイドラインで補う』と法制化の方向を示唆」しながら、「『直ちに法制化することは困難』として、ガイドライン策定を先行させる結論で「これまでの行政指導の域を出ていない」(連合事務局長談話) こと、「正社員と同じ仕事をしていても、『合理的な理由で処遇形式をあわせられない』パートには『処遇水準の均衡に配慮すべき』として、パートが納得する水準として『正社員の八割』」としたが「この『正社員の八割』についてもあくまでも目安として提起されているのであって、八割にすることを求めているわけではない」(全労連事務局長談話)。しかし、注目したいのは、そうした問題を伴いながらもやはり「八割」は考慮せざるをえなくなっているということである。

これらのことは、運動の長年の成果により現在の年功賃金のもとで「パート型」労働者の賃金を正社員の八割にまで引き上げるべき社会的合意が形成されてきていることを示している。正社員の賃金が時間賃金に編成替えされることによって、正社員の賃金水準が「パート型」労働者の賃金水準にまで引き下げられることが懸念されるときに、「パート型」労働者のためにも「アメリカ型職務給」の導入の必要性は薄いように思われる。

また、『日本人の賃金』は年功賃金を「日本固有の男性世帯主賃金」と位置づけて「アメリカの男女賃金格差は、一九八〇年代に入ってから急速に縮小してきています」〔一五〇〕というが、アメリカの男女賃金格差がレーガン政権期に急速に縮小したのは「アメリカ型職務給」の効能で女性の賃金が上がったからではなく、男性労働者の賃金の急激な下落によるものであった(35)。

さらに、年功賃金＝「日本固有の男性世帯主賃金」という理解に関わって、一九九二年八月の日ソ図書事件の判決（東京地裁）は、男女賃金格差を「『原告が女子であることまたは共稼ぎであって家計の主たる維持者でないことを理由としたものであり』、労基法四条の違法な賃金差別にあたる(36)」とした。また二〇〇〇年九月、日立製作所の女性労働者が同年齢・同学歴男性との年収差三六〇万円の是正を求めた裁判での和解（東京地裁）は、「男女同一基準で賃金と格付けの是正」を内容とするものだった(37)。

こうした事例が示すものは、女性賃金の男性水準化であって、年功賃金、より正確にいえば、電産型賃金体系が差別是正を求める労働者たちによって当為規範として活用されているということがいえるだろう。年功賃金と電産型賃金体系の差異については第8節でふれるが、かつて資本の攻勢によって電産型賃金体系から年功賃金への改編が行われたのに対し、今日の差別是正をめぐる裁判闘争を歴史的にみるならば、それは電産型賃金体系の新たな再建に向いているように思われる。

6 『日本人の賃金』における総評の職務給反対闘争に対する理解

「アメリカ型職務給」を推奨する『日本人の賃金』はそのことと整合的に、戦後日本の労働運動が職務給反対の運動を積み重ねてきたことを批判的に総括している〔四八以下〕。

労働運動の世界では、仕事給はよくないものであるという「常識」的理解があります。しかし、仕事給の理解、その意義の確認は、賃金問題において決定的な重要性をもっています。仕事給はまちがいだという主張を積極的に展開している論文はみたことがありませんが、それは「常識」のように運動の世界に存在しているように感じられます。……小島氏は「私たちの賃金は、年齢とか勤続年数とか能力とか、人間としての労働力がもっている条件によってきまっている。職務給は、労働者の人間的な性質ではなくて、企業経営を構成している『職務』について賃金を決めるものである」(総評調査部『職務給反対闘争の指針』一九六二年)と述べています。

このように「人間としての労働者がもっている条件」に対応する賃金が是であるとする賃金論が、その後も「常識」のように支配的になり、属人給=善、仕事給=悪になっています。〔四九～五〇〕

第一に、ここでは仕事給と職務給とがあえて混同され同一視されている。小島健司氏の(とされる)[38]文章が批判しているのは、仕事給ではなく、仕事給のひとつである企業横断的な産別協約賃金でもなくて、仕事給のひとつである、そして先にもふれたように、年功賃金と同様に企業内賃金範疇であるところの職務給である。ところが、『日本人の賃金』は職務給を仕事給と言い換えてしまう。小島氏の（とされる）議論に即してそれでは論点がずれる。また『日本人の賃金』が引用した文章は、冒頭「私たちの」の前に「現在」という副詞句が付いていて「現在私たちの賃金は、年齢とか勤続年数とか能力とか、人間としての労働力がもっている条件によってきまっている」という文である。「現在」という副詞句の有無は意味を変え、引用に対するコメントに影響する。そして「職務給は」以下は新段落で次のように続いている。

職務給は、労働者の人間的な性質ではなくて、企業経営を構成しているそれぞれの「職務」について賃金を決める。八幡化学の例でいえば「タール、ポンプ方」という職務にたいしては、五〇〇〇円の賃金というようにきまる。その仕事を勤続一年の一九歳の青年がやっているか、勤続二五年の四七歳の労働者がやっているかによっては賃金額はかわりがないというのが職務給の建て前である。こういう職務給をシングル・レート（単一賃率）という[39]。

それより前で「職務給を技術的に説明」するとして、ここでは、職務給が年功賃金と異なることが述べられているに過ぎない。その引用をもって「このように『人間としての労働者がもっている条件』に対応する賃金が是であるとする賃金論」というのは、引用された文章が本来述べようとする賃金論ではない。

むしろ『日本人の賃金』の所論と引用部分に関わって注目されるのは、このすぐ後の、職務給の尺度は一々の職務の「企業への貢献度であるから、企業がちがえば、貢献度の尺度もかわらざるをえない。鉄鋼三社の職務評価がバラバラになるのは当然のことである。日経連がいうように職務給をつないでも企業をこした横断賃率にはなりえないのである」[40]という件である。職務給を導入したのは鉄鋼業大手三社（八幡、富士、日本鋼管）であって、鉄鋼業の賃金相場を形成するのに十分な影響力をもっていたし、鉄鋼業は周知のように「鉄の一発回答」といわれるほどの春闘相場形成力をもっていた。それにもかかわらず、否、それゆえにこそ、『日本人の賃金』が今日展望するような、ヨーロッパのような産業別労働組合が規制する横断的労働市場は形成されなかった。

第二に、『日本人の賃金』が述べるとおり、職務給と横断賃率を一緒くたにして「仕事給はまちがいだという主張を積極的に展開している論文」はないと思われる。しかし、職務給批判の文献は多く存在する。日本の企業で職務給導入が行われ、争点となったのは一九六〇年代前半の時期である。そこで当時の文献を参照してみよう。

たとえば、熊沢誠氏は産業別労働組合が規制する横断的労働市場の早期実現を課題とする立場から、年功賃金を「優れて低賃金の政策であり、賃金の個別的企業決定にもとづき、従業員の強度の企業への従属を強いる」[41]ものと批判し、同時に「企業ごとに着手される職務給のすすむ過程が横断的な職務の確定と標準化のすすむ過程であるとどうしていえるだろうか。しかも賃金総額は『適正人件費』（今日であれば「総額人件費」—引用者補）により決定されているのではなかったか」と述べている。また、産業別労働組合が規制する横断的労働市場の実現という課題提起に対して、その時点での実現可能性を考慮して批判的であった高木督夫氏は、「職務給化とは、年功賃金と質的には同じで、ただ昇給曲線の差別を一層激化したもの」である、この点をふまえないと

「組合も年功賃金に反対する、資本側も年功賃金に反対して職務給を主張する、敵は年功賃金で、それに対し労資が統一戦線をくむ？　こんなバカげた話になりかねない[42]」と述べている。

このように職務給が労資の争点となっていた時期に、産業別労働組合が規制する横断的労働市場の実現という課題提起については、見解の異なる論者がそれぞれ年功賃金と職務給についてはほぼ同様の認識を示していたことは、今日の仕事給をめぐる議論が錯綜するなかで、なおいっそう留意されるべきであろう。

第三に、そもそも仕事給と属人給の善悪二元論というのは木下氏一流の戯画化だが、職務給批判の主張は、職務給＝悪と読み替えることができたとしても、属人給（年功賃金）＝善という主張ではない。『日本人の賃金』が善悪二元論の代表的論客として批判の矛先を向ける小島氏はたしかに職務給に批判的だったが、同時に「年功序列賃金は、西欧における年功差のない賃金とくらべれば、賃金水準の低さを意味する[43]」として年功賃金をも批判していたのである。

さらに『日本人の賃金』は、「『仕事給』否定、『年功賃金』擁護の深層心理」［五六以下］にも言及する。その「深層心理」とは、第一に、小島氏の別の文献を引用して「年功的にだんだんと賃金が上がることはよいことである。仕事給になると賃金は上がらないという認識が年功賃金の擁護論の基礎にあったとみられます」［五六］ということである。

しかし、引用されている小島氏の言葉は「なぜヨーロッパと同じやり方を日本で取り入れなければならないのでしょうか。日本では年功差は多かれ少なかれ、明治時代からあります。必ずしも技術だけでなく、長くいた者には余計に賃金を出すというのは、徳川時代からの考えが残っている」（引用全文）というものである。引用の範囲でみる限り、小島氏は、年功的に賃金が上がる傾向の存在を指摘しているのであって、それを価値的に是として論じているのではない。また、「仕事給になると賃金は上がらないという認識」が誤りのように述べられるが、少なくとも『日本人の賃金』が現在の年功賃金の水準よりも低くなる「アメリカ型職務給」を推奨していることは先にもみた。

第四に、『日本人の賃金』は「年功賃金がよいものだと信じて疑わなかった深層心理には、仕事の難易度や種類によって賃金に格差をつけるのは人間の平等に反する、という善意の人間平等主義があったように思われます」と述べて、次のように続ける。

それは、戦後のブルーカラーとホワイトカラーとの均等化、つまり工職均等待遇を要求した戦後初期の労働運動の心理と同じです。……

しかし、日本におけるこの均等待遇が結局は、労働者を従業員化し、企業内に封じ込めました。それと同じように、人間平等主義は結局、年功賃金擁護に傾斜したと思われます。人間平等主義の善意こそ、戦後労働運動の「つまずきの石」となったとみるべきでしょう。しかし、重要なことは、その誤解は、働く者同士の平等や差別、そして連帯の原理とは何かという無理解と深くかかわっていることなのです。［五六～五七］

すでに指摘したように、「年功賃金がよいものだ」という「深層心理」を誰が抱いているかは不明であり、引用文中にいわれている内容はそのままでは首肯しえないものがある。たとえば、戦後初期の労働運動による「工職均等待遇要求」が「労働者を従業員化し、企業内に閉じ込めた」という理解、「人間平等主義の善意」が「戦後労働運動の『つまずきの石』」となったという理解。なぜなら、戦後初期の労働運動こそ企業横断的な労働運動を精力的に展開していたのだし、「人間平等主義」とは先にみた丸子警報器事件の判決に書き込まれた「人格の価値を平等とみる市民法の普遍的な原理」と同じもので、その市民法的理念は同一労働同一賃金を支えるものであり、今日その理念の担い手たちは市民法的理念を前提にそこから一歩踏み出して同一価値労働同一賃金の規範をも構築しようとしているのである。

節を改めて、「重要なこと」に着目することにしよう。『日本人の賃金』は、年功賃金擁護論には労働者の連帯の原理に対する無理解があるとして、上述のように職務給を推奨していたのである。

7　職務給は「連帯の原理」にかなっているか

それでは職務給は労働者の連帯の原理にかなっているのだろうか。日本で職務給が導入された一九六〇年前後は、欧米でもやはり職務給導入の是非が労資の争点となっていた時期であった。そこで当時の組合の主張を概観してみよう。

アメリカのＡＦＬ－ＣＩＯ調査部のベルトラム・ゴットリーヴは、職務評価について次のように述べている。

職務評価とは一つの経営組織内において、職務内容に基づいて職務の相対的価値を決定する方法であると考えられている。……多くの職務評価支持論者も、これが科学的方法でないという点では組合と一致するであろう。しかし、職務評価が正確、且つ公正な結果を生む方法である、と主張されている。組合は正確さや公正さについてのこうした主張に同意しない。(44)

ここでは、職務評価・職務給が即横断的労働市場の形成ではないこと、また、職務評価の正確さ、公正さに組合は同意しないと述べていることが注目される。

イタリアの大手コルニリアーノ製鉄工場のCGIL書記長S.ジョヴァンニ・ダクリのメモでは、職務評価は次のように批判されている。(45)

……①この方法では、労働上の地位（Posto）、職務は評価されるのだが、「労働者」というものは評価されない。ここでは「労働者」は一つの「変数」にされてしまい、彼の固有の熟練、経験、最終待遇などは考慮されなくなる。

……②この方式でいうところの「Posto」ないし職務というものは、労働者の熟練を含まない。熟練をもっているのは労働者であり、労働者はこの熟練を、安定したかたちで認められなければならない。

……③「職務評価」は、労働組合によって協定されたものではなく、そのため、使用者のみの利益に沿って全く一方的なやり方で評価や職務間のバランスがつくられている。（これはコルニリアーノ工場の特殊事情――引用者補）

……④この方法においては、どの規定も、年功や、移動の可能性を事実上考慮していない。

ここではむしろ、職務評価が属人的要素を軽視する点が批判の論拠となっていることが興味深い。

また、フランスのCGT金属労連の「職務給対策の指針」中にある「なぜ職務評価に反対するのか」には次のような叙述がある。(46)

実際には、職務評価の主要な目的の一つは、資本主義的搾取をおおいかくし、「えらばれた項目」についての複雑な公式の助けをかりて労働者は、自分が労働しただけのものを支払われ、労働者に属すべき賃金部分が、科学的に、つまり、正確な方法で決定されるということを賃労働者に信じこませようとすることにある。

どんなあらわれ方をしていようと、職務評価制度は、いかなる場合でも、資本家に反対する労働者、闘いなしに監視の束縛を受けいれようとしない労働者を摘発することを狙いにしている。

職務評価は、個人または集団の知的資質と自発的精神そのもの否定するものであり、生産がどのような労働条件のもとでおこなわれているかを考慮にいれようとせず、人間をロボットに変えるものである。

『日本人の賃金』は年功賃金が組合活動家を差別するものであることもあげて、それをなくせるとして職務給を推奨するが〔三五〕、職務給においては仕事差別として差別が起こりうることを上の引用は示している。先にみた、職務給も属人的評価を免れないという田中氏の危惧が、活動家への仕事差別というかたちで現実化しうることが指摘されているわけである。さらにCGT金属労連の「職務給対策の指針」から引用しよう。

ネイルピク社グルノーブル工場の支部で出された一論文のなかから、労働者全体にとって有意義ないくつかの部分を抜粋しよう。

このネイルピク社は、「大量生産」方式をとっていない企業である。ここではとくに職務によって賃金をあらわすことができるか、職務間の賃金を調整することができるかが問題である。

「同じ専門的価値をもっているのに、なぜピエールは古い旋盤につき、ポールは新しい機械に配置されているのか、新しい機械での仕事も、職務の価値としては、明らかに同じように位置づけられているのだ。いい職務についている年輩の労働者は、人格の尊厳という名のもとに（資本家の好きな言葉だ）非常につらい職務をすてて以前よりも重要でない、したがって賃金も少ない他の職務にうつるようすすめられるだろう。停職をあと一〇年先に控えてである。

—事故や疾病によって肉体的に不利な条件をもっている不運な労働者にも同じことがおこるだろう。

—職務の科学的評価が振りまわされ、職場委員も中立化されてしまっているので、ほんのわずかな賃上げ要求もできなくなる。」

さて、以上の事例は総評の文献から引用したものである。総評は職務給反対の立場を強く押し出していたから、総評の文献からのみ外国の事例を引くのは適当でないかもしれない。日本でも同盟は横断賃率を実現するためとして、職務給を「過渡的手段」という限定をつけて容認していた[47]。また、たしかに欧米先進諸国の組合があげて職務評価—職務給に反対したわけでもない。そこでＩＬＯ『職務評価と賃金管理』[48]から次の引用をしておこう。

ＡＦＬ＝ＣＩＯのブレティンの言葉によると、「職務評価にたいする組合の態度なり政策には画一的または包括的なものはない」が、労働組合員たちの間では使用者たちの場合におけるよりも、この方法に対して率直な反対の傾向が強いといってよい[49]。

イタリア労働組合（Unione Italiana del Lavoro）の代表者たちは、同じく職務評価に対して好意的態度を示してきたが、それでもそれには若干の条件がみたされなければならないとつけ加えている。……

フランスでは、労働者の力（Force Ouvrièochre）およびフランス・キリスト教労働組合連盟に加盟している金属労働者の組合が、それぞれ職務評価を受けいれる意思を表明してきた。けれども、留意しておくべきことは、イタリアでもフランスでも職務評価は広く適用されているわけではなく、また、労働組合の一大全国組織（イタリア総同盟 Confederazione Generale Italiana del Lavoro, フランス総同盟 Confédération générale du travail）がその適用を受けいれるか、あるいはそれに好意をもつという兆候は一つもない、ということである[50]。

したがって、『日本人の賃金』の理解では、日本の総評ひとりのみならず、イタリアのＣＧＩＬ、フランスのＣＧＴも「連帯の原理」を掴み損なっていたことになってしまう。しかし、少なくとも、これらのナショナル・センターは職務給をもって「連帯の原理」にかなっているとはみなしていなかった。連帯しつつ職務給反対の闘争をしていたのである。

つとに産別協約賃金が存在するヨーロッパで経営が職務給を導入したり、しようとしたのは、産別協約賃金から相対的に自由な企業内労働市場を拡大深化させようとする、つまり資本の攻勢だったことに留意しておきたい。『日本人の賃金』はしばしば、アメリカ型職務給とヨーロッパ型の産別協約賃金の差異に無頓着だが、前者は企業内賃率であり、後者は産業別労働組合による協約によって規定された企業横断賃率であって、両者は横断的労働市場に対してそれぞれ異なる関係に立つものであることに留意したい。

8　年功賃金と電産型賃金体系

『日本人の賃金』では賃金体系の変化について、明治期から素描しつつ、戦後、「日本の年功賃金の根幹を形づくったといわれる『電産（日本電気産業労働組合協議会）型賃金』が、理想的な生活給として、労働運動の手によって実現する」、「そして、一九六〇年代末から、年齢・勤続・家族数・性差の要素とともに、それにブレンドする形で、能力主義評価の要素が入って、『能力給』型年功賃金が生まれ、今日に至った」〔六九〕と述べている。つまり、「年齢・勤続・家族数・性差」を基準とするものが電産型賃金であり、それに「能力主義評価」がブレンドしたものが「『能力給』型年功賃金」であるという。

だが、電産型賃金では「勤続給」は三・七％を占めるのみであり、それも「特定企業への勤続ではなく、電気産業に働いていた期間を勤続期間」とすることを経営に認めさせており、「年齢」よりも「勤続」年数を重視する年功賃金と明白に異なる。[51] しかも「年齢」給部分が右肩上がりの賃金カーブを描くのは四〇歳までで、四一歳以降は年功賃金とは異なり、フラットになるものだった。次に「性差」というのが何を指摘したのか、叙述からは明らかでないが、「本人給」とともに「生活保障給」を構成する「家族給」が世帯主（したがって圧倒的多数は男性）に支払われることを「家族数・性差」と捉えられたのであれば、それは後年の男女賃金格差を生み出す「男女別雇用管理」とは異なるものである。以上からいえることは、電産型賃金体系と「能力給」型年功賃金との異質性である。『日本人の賃金』は、ここでは、賃金の上がり方のみに着目して、賃金の決め方をみていない。上がり方のみに着目するのであれば、第1節でみたように、欧米ホワイトカラーも年功賃金と同様であった。

ところが、『日本人の賃金』は電産型賃金を「年功賃金の典型」〔一四五〕と理解して、「年功制と能力主義の『野合』」という独自の理解を示して次のように論じる。

> 総じて人事考課制度は、客観的な仕事の評価ではなく、むしろそこから離れた個人の能力を評価します。そして、この個人評価の中で情意考課や能力考課に傾斜していきました。
>
> そこで問題は能力評価といっても、情意考課や潜在能力の評価をカウントすることにより、必然的に年功的な評価になってしまうということなのです。「潜在能力」は、将来において期待される能力であり、そのうち能力が顕在化して、会社に貢献してくれるだろうというあいまいなものでしかありません。「情意考課」は、能力向上のために日々努力する生活態度や仕事に対する意欲や態度です。一方、年功のほうからも、年齢、勤続だけでなく、文字どおり「年の功」ですから、功労の「功」、功績の「功」がもともと入っていたのです。
>
> 実は、年功制と能力主義は野合していたのです。〔一二四～一二五〕

第一に、「情意考課や潜在能力の評価をカウントすることにより、必然的に年功的な評価」になるとは思われない。潜在能力を評価する行為はむしろ年功的なるものを突き崩すことを可能にするだろう。だからこそ、一九六〇年代後半から日経連が推進しはじめる能力主義管理において

「『年の功』システムでは影をひそめていた人事考課が復権[52]」を果たすのである。情意考課が「必然的に年功的な評価」になったとすれば、電産型賃金が確立した規範を資本が無視しえなかったということであろう[53]。

第二に、日経連が電産型賃金体系に対抗すべく導入した能力主義管理下の年功賃金と電産型賃金体系の質の差異をみなければ、電産型賃金体系が何ゆえに闘争の成果として成立したのか、また日経連が何ゆえに職務給、職能給と繰り返し執拗に電産型賃金体系の克服に血道を上げてきたのかが理解できなくなる。さらに、電産型賃金体系を資本に一度は強制し、職務給、職能給に反対してきた労働組合の運動を理解することも困難になるだろう。また、第5節でみたように、性別による賃金差別を〝男性並み年功賃金〟を規範として是正させようとし、是正させてもきた運動が、果たして、何を「是正」させようというのか、何を「是正」させてきたのかが見失われるだろう。

現に存在している賃金をめぐる労働者の運動は、苛烈な人事考課を伴う年功賃金に修正を加え、かつての電産型賃金体系がもった平等性を新たに再建しようとする志向を内包しているのではないだろうか。その限り電産型賃金体系は、今日なお闘い続けている労働者にとっても活用すべき遺産になっているといえよう。

9　現に存在する横断的労働市場

◉横断的労働市場とは何か

これまで横断的労働市場という概念は、論者によって、また文脈によって、異なる意味合いで用いられてきた。行論に必要な限りでそれらを整理すれば、さしあたり、次のように三つに区別できる事象に対して横断的労働市場という概念が用いられてきた。

第一に、労働者が企業間を移動するときに「横断的労働市場が存在する」という場合。第二に、産業別労働組合によって企業横断的な賃率が設定されているときに「横断的労働市場が存在する」という場合。第三に、労働移動や産業別労働組合の介入・規制による企業横断的な賃率の有無は問わずに、個別企業の賃率が企業外部の労働市場の需要・供給によって変動し、その変動幅が一定の範囲に収斂するときに「横断的労働市場が存在する」という場合、である。

第2節でも批判的に言及したが、大河内一男氏が労働市場のあり方によって労働組合の組織形態が規定されることを簡潔に述べた次の論では、第一の意味で「横断的労働市場」が捉えられている。

そこで日本の「企業別組合」の場合を、労働市場の問題の視点から検討したらどうなるだろうか。……言うまでもなく、この場合には横断的な労働組合は存在してはいない。連合体や協議組織が存在するだけである。それは、横断的な労働市場が日本では存在し得ないことの当然の結果なのである。戦前の日本、おおよそ昭和初期の不況と合理化がはじまる頃までは、日本にも或る程度の横断的労働市場が存在し、その範囲内における労働移動が存在し、それらの足場の上に、横断的な労働組合が存在していたと言える[54]。

しかし、労働者が「より高い賃銀とよりいい職業上の地位[55]」を求めて移動する横断的労働市場とは、労働組合によって設定された横断賃率が存在しない横断的労働市場であり、次の第二の意味で用いられる横断的労働市場とは対照的で、「野蛮な横断的労働市場」といってよいものである。労働移動によって横断的労働市場の有無を確認するのが適当なのは、その際にしばしば「渡り職人」が表象されることに示されるように、各国資本主義の初期段階――日本では一九世紀末から一九二〇年頃までの時期――すなわち、第一の意味における横断的労働市場の歴史的な形成期に限られるだろう。

次に熊沢誠氏が論じるときの「横断的労働市場」とは第二の意味、すなわち産業別労働組合による横断賃率の設定をさしている。

『新時代の「日本的経営」』が「横断的労働市場の育成」の内容やプロセスについてなにも語らなかったのも当然である。その育成はすぐれて、労働者のこれからの主体的な営みに委ねられている[56]。

さらに、下山房雄氏が次のように「世間相場」や「社会的賃率」と論じるとき、それはここでいう第三の意味における「横断的労働市場」である。

ふつう、労使間もしくは資本家相互の協定などによって価格が意識的・政策的に単一化されている場合か、あるいは競争的で移動も頻繁な労働市場価格のちらばりがごく少ない場合に社会的相場が形成されているといい、大企業中高年層については、企業内で賃金が決定され社会的に決定されていないという。しかし、これも程度の問題であって、大企業の四〇歳代の生産労働者に、一〇万円以下とか三〇万円以上とかの賃金が支払われることはほとんどないであろう。ある幅を持ってであるが、世間相場・社会的賃率は存在しているのである。……したがって産業別あるいは全産業的な統一闘争によって、企業横断的に社会的相場の幅を縮小することが必要となる。[57]

そして本稿がとる「横断的労働市場」の含意はこの第三のものである。第二の意味で用いられる「横断的労働市場」とは労働力供給側の主体的契機を重視したもので、本稿も労働組合の介入・規制による横断賃率の設定は今後も重視され追求されるべき課題と考える。しかし、ここでは、賃金・労働市場の実態として「横断的労働市場」が存在しているのか否か、存在するのであれば、どのような形態で存在するのかを考察したい。労働組合が介入・規制する横断賃率の実現のためには、第三の意味での、現に存在する横断的労働市場を実態に即して認識することが前提作業となるからだ。

◉『日本人の賃金』の横断的労働市場に対する理解

『日本人の賃金』は「年功賃金の本質」を「企業内属人給」〔四八以下〕と捉え、「アメリカの場合には、職務給は『市場賃金』と、ヨーロッパの場合には、職務給は『協約賃金』と、それぞれリンクしています」〔七五〕と理解する。しかし、産業別労働組合による協約賃金と「職務給」とがリンクするという事態の想定は、ヨーロッパ型とアメリカ型の対比においては適当でなく、『日本人の賃金』の全体の論旨を汲んで、ここでは、ヨーロッパの場合には産別協約による企業横断賃率によって横断的労働市場が規制されている、という一般的理解と同義のことがいわれていると解しておきたい。

ここでは、どちらも同じ企業内賃金範疇であるのに、年功賃金は「市場賃金」から独立で、職務給は「市場賃金」に従属していると述べられる。しかし、『日本人の賃金』が「アメリカ型職務給」が「市場賃金」とリンクしているという理由は次のようなものである。「『職務給』は企業内で賃金が設定されるので、企業内賃金なのでしょうか」と前置きして次のように論じている。

> アメリカでは、人を雇う場合、「職務」を基準にしているので、労働者は企業を移ることによって不利になりません。ですから、職務は純粋に個々の企業単独で存在しているのではなく、企業外部の労働市場に同じような職務が存在します。「職務」を基準にして労働市場が形成されているのです。
>
> 企業は、企業内で職務分析・職務評価をした後に、主要な職務の市場賃金を調査し、その市場賃金を考慮して企業の賃金方針を決定します。それは従業員のなかに賃金の公平観を確保するためであり、市場賃金からかけ離れていれば労働力は流出します。どうしてもほしい労働力ならば、市場賃金よりも高くする

でしょう。［七五］

引用部分で特徴的なことは右でみた「横断的労働市場」の第一と第三の意味が、傍点を施した部分に示されるように、関連が明らかにはされずに、並列して登場していることである。

第一に、勤続年数を重視する年功賃金と異なり、職務給では企業を移動する際に「不利にならない」というのは、職務給が企業内賃金であることを何ら否定する事柄ではない。労働移動の難易、またそれを反映する勤続年数の長短は横断的労働市場の存在を前提とした指標であって、横断的労働市場の有無を判断する指標ではないし、なお日本が特別に労働移動が少ないわけでもない。[58]

また、労働移動の難易を横断的労働市場の有無の指標としてしまえば、勤続年数が短くなり、「雇用流動化」が激しくなるほどに横断的労働市場が完成されてゆく、というようなことになってしまう。実際、『日本人の賃金』はしばしば横断的労働市場の有無を労働移動によって確認しようとするから、新自由主義改革による「雇用流動化」策を、「規制なき」「野蛮な」ものであろうとも、ともかく横断的労働市場を「形成」するものと誤認して積極的な意義を付与してしまうのではないだろうか。

第二に、企業は「どうしてもほしい労働力ならば、市場賃金よりも高くするでしょう」！といわれるように、「アメリカ型職務給」は、『日本人の賃金』の期待を裏切って、「規制なき野蛮な横断的労働市場」に向けた資本の企図を許容するのであり、その歯止めとはならない。これは職務給が企業内賃金である以上、当然のことであり、職務給でもって戦略的に「野蛮な横断的労働市場」を規制していこうとすることの難がここに露呈している。

第三に、「アメリカ型職務給」が「市場賃金」にリンクしているとされる理由は、労働移動を根拠とするほかに、労働市場の需要・供給に対応して企業が内部労働市場の賃率を調整するということである。この理解は、氏原正治郎氏が「賃金の一般原則」のひとつとして「各個別企業の労働者の賃金は、そこだけできまる訳ではない。たとえば、鉄鋼業にA・B・Cの三つの会社があり、相互に競争関係にあれば、それぞれの会社の使用者も労働者も、他の会社の賃金に関心をもたざるを得ない。……一つの産業では、個々の企業の賃金は、相互に関係がある(59)」等と述べたことと同様の事象を指摘したものであり、本稿とも同一の横断的労働市場の理解である。したがって、年功賃金も当然のことながら「市場賃金」といえるのであり、横断的労働市場はすでに存在するのである。

横断的労働市場の理解を整理したうえで『日本人の賃金』の論旨をみれば、その内容は次のようにまとめられる。『日本人の賃金』は、労働組合によって規制された横断的労働市場(上記第二分類の横断的労働市場)を(新)福祉国家形成のための戦略的目標として定め、その際に、横断的労働組合は横断的労働市場が存在しなければ成立しえないという大河内理論と同じ理解に立っていたから、大河内理論と同様に、横断的労働市場の有無を労働移動の有無で判断し、企業別組合・年功賃金・終身雇用を特徴とする日本には横断的労働市場(第一分類の横断的労働市場)は存在しない、と理解した。それゆえ、新自由主義改革が実現しようとする年功賃金と終身雇用の変更を柱とする雇用流動化は横断的労働市場（第一分類の横断的労働市場）を成立させると理解されることになった。

しかも、新自由主義改革が年功賃金を否定して仕事給を推奨することも、労働移動を容易にする、したがって横断的労働市場（第一分類の横断的労働市場）の成立にプラスに働く、とみなされた。そこで課題は、属人的評価を伴う「日本型職務給」を、属人的評価を極力排した「アメリカ型職務給」に改編していくことに絞り込まれていったわけである。

そのとき、「アメリカ型職務給」が導入されれば、それが企業内賃金であろうとも、「中核的な『仕事給』（キー・ジョブ）」［一八三］である「SEエンジニア《ママ》や編集者、セールス・エンジニアなど市場に共通する職種の賃金」は「企業内の賃金と市場の賃金が競争状態になる」ゆえに、年功賃金とは異なり、「市場賃金」にリンクする。すなわち、上記第三分類の「横断的労働市場」が形成される、というわけである。

『日本人の賃金』は、はじめに、「アメリカ型職務給」の導入によって、「市場賃金」を実現する「横断的労働市場」（第三分類の横断的労働市場）を成立させなければならない。次に、そのことによって、労働移動のある「横断的労働市場」（第一分類の横断的労働市場）が形成されるし、それに伴って横断的労働組合も結成される。最後に、以上によって、横断的労働組合が規制する「横断的労働市場」（第二分類の横断的労働市場）が形成される、という具合いに、「横断的労働市場」の形成を三段階論で把握したのだろう。つまり、第一段階では新自由主義改革派と共通の課題を設定し、第二段階で新自由主義改革派（の一部）が導入しようとする「日本型職務給」を「アメリカ型職務給」に修正させ、第三段階で新自由主義改革派と袂を分かつ、という見通しを得たのだろう。木下氏が別稿であえてわざわざ次のように宣明されるのはこうした認識によるものと思われる。

日本型雇用と年功賃金を基盤とした企業社会と、公共事業を軸にする政財官癒着の開発主義国家は、戦後日本の国家と社会の特殊な構造を形づくってきた。この二つを否定するという限りにおいては、新自由主義路線と、新福祉国家戦略とは同じ地点に立っている。(60)

本稿は、しかし、「否定」の課題は木下氏と共有しながらも、新自由主義改革派とは「同じ地点」に立たない道程を探る。

●現に存在する横断的労働市場

それでは現に存在する横断的労働市場とはどのようなものだろうか。ここでは製造業についてみよう。

図表1-4は製造業の標準労働者について、企業規模別、性別、学歴別、生産労働者（ブルーカラー）と管理・事務・技術労働者（ホワイトカラー）の区別をした賃金カーブである。細かいクロスのためサンプル数が減るから線はやや荒れている。まず、いずれの類型の労働者も年功的な賃金カーブを描いていること、また、同一の属性の労働者についてみれば、常に企業規模の大きい

図表1－4　製造業における標準労働者の賃金カーブ

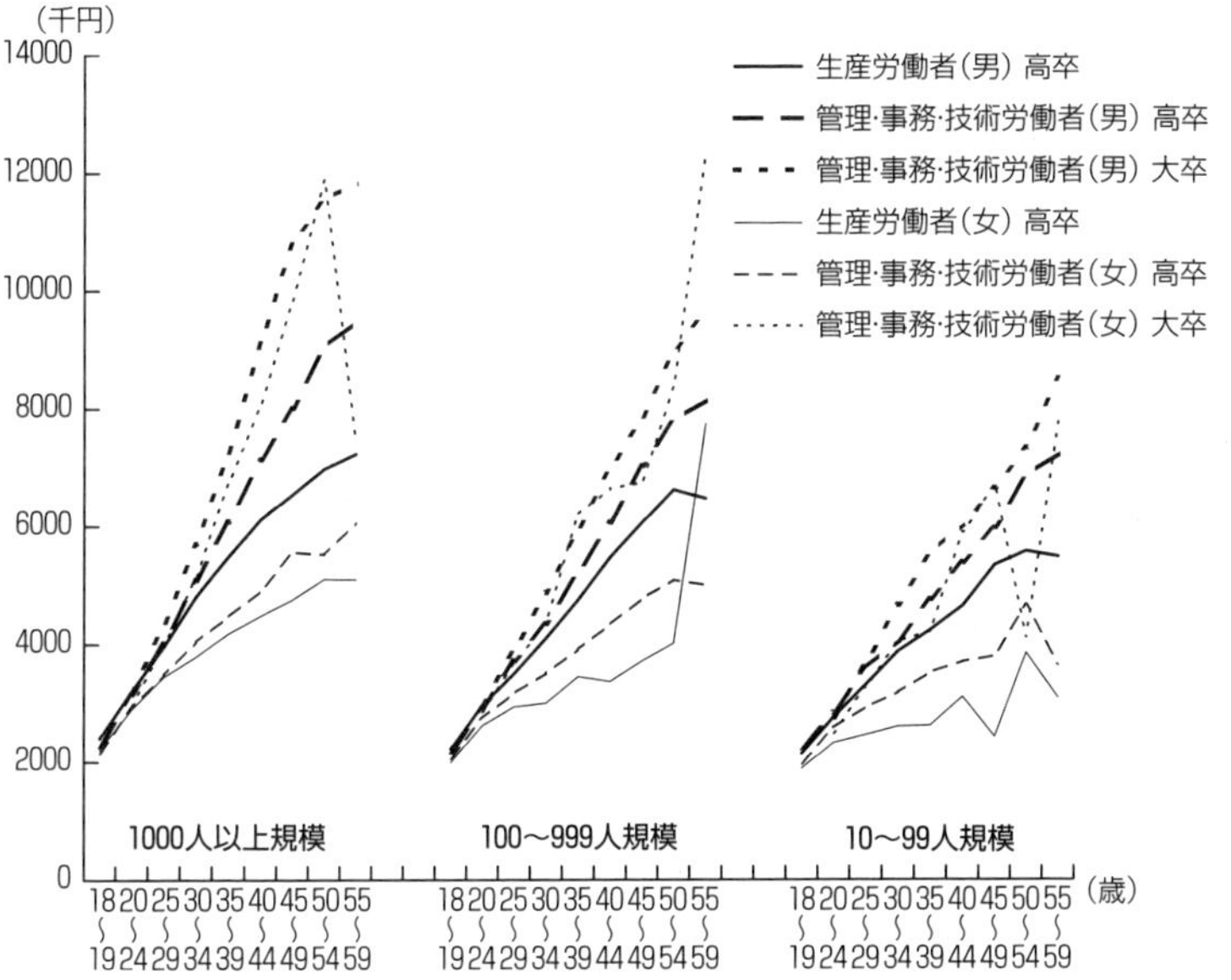

注：各年齢階級の賃金額は「所定内給与額」×12＋「年間賞与その他特別給与額」によって算出
資料出所：厚生労働省『賃金構造基本統計調査報告』2001年版

ものが小さいものよりも賃金水準が上回る傾向があること、さらに性別については、その他の条件について同一のものを比較すると、男性の賃金水準が女性のそれを常に上回る傾向にあることが確認される。

労働者の属性別に賃金水準の高い順にみると、「管理・事務・技術労働者（男）大卒」＞「管理・事務・技術労働者（女）大卒」＞「管理・事務・技術労働者（男）高卒」＞「生産労働者（男）高卒」＞「管理・事務・技術労働者（女）高卒」＞「生産労働者（女）高卒」という序列がいずれの企業規模においても存在していることがうかがえる。

この序列はどのような要因によって規定されているのだろうか。

学歴と性別の関係をみると「管理・事務・技術労働者（男）高卒」よりも「管理・事務・技術労働者（女）大卒」が上位の序列に属していることから、性別よりも学歴が大きな規定要因になっていることがうかがえる。

またブルー・ホワイト別と性別についてみると、「管理・事務・技術労働者（女）高卒」よりも「生産労働者（男）高卒」が上位に位置づけられており、ブルー・ホワイトの別よりも性別が強い規定要因となっていることがうかがえる。

したがって、ここからは、今日の日本の労働者の賃金水準を規定するものは、ブルー・ホワイト別よりも性別、性別よりも学歴、学歴よりも企業規模、ということが確認できる。このように、企業間賃金格差も規模別に横断的労働市場を媒介にして形成されており、同時に下山房雄氏がかつて述べたように「企業内賃金較差といえども、基本的には日本資本主義の構造全体に規定されているのであって、けっして個々の企業の賃金管理政策によって恣意的に形成されているわけではない」のである。(61)

本稿は、『日本人の賃金』が主張する、当為としての、職務給別の横断的労働市場を追求すべしという提案とは異なり、図表1-4に示される、すでに存在する企業規模別年齢別・学歴別・性別・ブルー・ホワイト別の横断賃率を手がかりとして、それを当面は企業規模別、ブルー・ホワイト別、年齢別の横断賃率の設定に向けて、特に若年者の部分で水準を引き上げていく個別賃金要求方式の運動が追求されてよいと考える。

戦後の賃金要求は、電産型賃金体系が実現した、労働者個々人の賃金額が労資交渉時に直接に決定される個別賃金要求方式である年齢別賃金要求が困難となってから、五〇年代には若年者などの低賃金層に厚くなる一律要求、春闘が組まれてからはさらに企業の裁量を大きくせざるをえない一律+α、ベースアップ方式というかたちで行われ、個別賃金要求方式からは遠ざかった。しかし、一九七〇年代になってベースアップ方式と併用されながら再び個別賃金要求方式が採られるようになった[62]。今日も個別賃金要求方式は方針文書には示されているが、賃上げよりも雇用の確保が切実な課題となる情勢で、必ずしも横断的労働市場の規制を視野に入れたものではない。

また、個別賃金要求方式が自動的に横断的労働市場の規制を可能にするものでないことはもちろんだが、個別賃金要求方式から進めて職種銘柄別の要求水準を設定する「職種別賃金決定方式」を二〇〇六年にも実現する方針をもつ産業別労働組合[63]が、二〇〇二年春闘ではそれに先だって大規模な人員削減に見舞われたために、〇一年の秋のうちに早々とベア要求を諦め、さらに春闘交渉の妥結直後には会社側からなされた賃金カットなどの逆提案をすみやかに受け入れて、ナショナルセンターからも「なぜこのタイミングなのか。協約改定交渉を終えてすぐの提案は、春闘のあり方を否定するものだ。後続部隊や未組織労働者への波及は否定できず……労組の責任も重い[64]」と批判を受けたように、横断的労働市場規制の方針を掲げることと産業民主主義を担うことが必ずしもセットとして一つの主体に担われるのではないということでは、一九六〇年代と相似的な状況は今日にもある。

産業ごとに、企業規模別、ブルー・ホワイト別、年齢別の横断賃率を設定しようというのは、いうまでもなく、それらの属性によって賃率の格差があってよい、と考えるからではない。現に存在する横断的労働市場が客観的にそれらの属性によって区分されているから、横断的労働市場の規制に向けてはまずこれを手がかりとすべきだということである。

しかし、その際に性別の賃金格差は、規模別、ブルー・ホワイト別、年齢別の格差のように社会的に容認されているものではなく、現に存在する性別賃金格差が前提されるべきでないことはいうまでもない。性別の賃金格差は、性別職務分離、それによるキャリア展開の制限、さらに形式上はキャリア展開を男性並みに保障したうえで、残業の要請に応じない、育児休業を取得する等々、をも〈生活態度としての能力〉の不十分さとみる個人評価によって低く位置づけられるということから生じているものであろう。[65] これは年齢別賃金カーブに起因するものではないし、「アメリカ型職務給」であれば避けられるものでもない。したがって、第5節でみたように、男女賃金格差を埋めていく運動は引き続きいっそう重視されなければならないだろう。

下山氏は、産業別組合が横断賃率を設定する横断的労働市場の形成を視野に入れながら、上にみたようなすでに存在する横断賃率を手がかりとする賃金闘争を提案し、「年齢別横断賃率を規模別に数本提起すれば、さしあたっての実用に耐え得る」[66] と述べたが、今日なおその主張は妥当するように思われる。

『日本人の賃金』の論理にしたがえば、欧米のホワイトカラーは仕事給によって、その賃金の決め方は人事考課を免れ、その賃金の上がり方は年の功の賃金カーブを享受している（図表1-3を参照）。それに対して、かつての電産型賃金体系のように、決め方は、たしかに属人的とはいえ人事考課によらず、それには左右されぬ個々人の年齢を主たる指標とし、上がり方については欧米ホワイトカラーと同様の年の功の賃金カーブを享受する——この両者を労働者の利害に即して比較したときに、果たして優劣の差が生じるのだろうか。

今日、客観的に存在する横断賃率でさえ、新自由主義改革によって「形成・拡大」されようとする「野蛮な横断的労働市場」とくらべれば、労働組合と国家の介入・規制が多く強く存在するのであり、だからこそ、新自由主義改革にとって労働市場改革が重要な課題となっているのである。

「野蛮な横断的労働市場」の「形成・拡大」を必然とみなすことなく、それを現実化させず、あるいはその実現を極小に抑えつつ、現に存在している横断的労働市場の賃率を手がかりに、各類型・階層の労働者の利害に即してその賃率を上げる取り組みを堅持し、それがもつさまざまな格差を時々に主体的に調整していくことをめざす運動こそが、労働組合によって規制される横断的労働市場を築き、同時に、新しい福祉国家の形成を担当する主体を陶冶していくことになるだろう。

(1) 桜田武「転換期を乗り切ろう」(桜田武論集刊行会『桜田武論集』新装版、日経連出版部、二〇〇〇年)三八九頁。なお本稿における引用文中の傍点はすべて引用者が付したものである。
(2) 清水慎三「労働運動における使命感の欠落—総評新路線に思う」(『世界』一九六二年一一月号)、高木郁朗編『清水慎三著作集』(日本経済評論社、一九九九年)
(3) 清水慎三「七四春闘の評価と内在的課題」(『月刊労働問題』一九七四年六月号)を参照。

（4）太田薫『増補　春闘の終焉』（中央経済社、一九七八年）二頁以下を参照。
（5）七四年春闘の反省に立った七五年春闘に向けての政官財の取り組みと連携については、下山房雄「現代における賃金管理」（下山編『現代日本と賃金管理』労働旬報社、一九八二年）一五頁以下を参照。
（6）桜田武「労使が日本の安定帯に」（注（1）前掲書）四九三～四九五頁。なお本稿における引用文中の記号「／」は原文の改行箇所を示す。
（7）企業の職場における労働者支配が社会全体をも掴んでいく過程と論理については、渡辺治『企業支配と国家』（青木書店、一九九一年）第二章を参照。
（8）日本経営者団体連盟 新・日本的経営システム等研究プロジェクト報告『新時代の「日本的経営」』（一九九五年）二三頁。
（9）同前、三〇頁。
（10）同前。
（11）同前、四〇頁。
（12）木下武男『日本人の賃金』（平凡社新書、一九九九年）
（13）木下武男「日本的労使関係の現段階と年功賃金」（渡辺治・後藤道夫編『講座　現代日本三　日本社会の再編成と矛盾』大月書店、一九九七年）一五六頁。
（14）同前、一三一頁以下を参照。
（15）労働市場のあり方が労働組合の組織形態を規定するという通説に対する批判として、二村一夫「戦後社会の起点における労働組合運動」（渡辺ほか編『シリーズ日本近現代史4　戦後改革と現代社会の形成』岩波書店、一九九四年）四九頁以下、また、河西宏祐『企業別労働組合の理論』（日本評論社、一九八九年）序章、第一章、第六章を参照。
（16）新古典派経済学にたつと、現在の日本の労働市場がいかに多くの国家規制に縛られているかを示すものとして、八代尚宏『雇用改革の時代』（中公新書、一九九九年）を参照。
（17）後藤道夫「新福祉国家論序説」（渡辺治・後藤道夫編『講座　現代日本四　日本社会の対抗と構想』大月書店、一九九七年）四八四～四八五頁。後藤氏はまた、日本における「職種別労働力市場」への移行は「労働運動と法制度による労働市場規制、賃金規制が弱いことを別として、欧米の労働市場に接近するだろう」（後藤道夫『反「構造改革」』青木書店、二〇〇二年、三二頁以下、傍点—引用者）というように、産別協約賃金が支配的なヨーロッパの労働市場と企業内職務給が支配的なアメリカの労働市場を区別しない点でも木下氏と同様の労働市場認識を示している。

(18) 同前、後藤道夫、注(17)前掲書では、生産労働者について、日本の年功賃金とフランスの賃金プラス社会保障の額を比較すると、両者が「ほとんど同じかたち」になると指摘されている。同書一六二頁を参照。また後藤道夫『収縮する日本型〈大衆社会〉』（旬報社、二〇〇一年）四七頁以下を参照。

(19) サッチャリズムなどの新自由主義改革以降、またブレア政権などの「第三の道」以降の福祉国家の変化について検討される必要があると思われるが、ここでは行論上、木下氏の所論どおり、ヨーロッパの福祉国家は依然として存在しているものとする。

(20) 藤本武『国際比較 日本の労働者』（新日本出版社、一九九〇年）第一章、福田泰雄『現代日本の分配構造』（青木書店、二〇〇一年）第一章を参照。

(21) 田中均「職能資格制度から職務等級制度へ」（『賃金と社会保障』No.一二五三、一九九九年七月上旬号）を参照。

(22) 同前、六〇頁。

(23) 同前、六七頁。

(24) 同前、六七～六八頁。

(25) 田中氏が参照したのは『日本人の賃金』のもととなった木下武男「『賃金制度の転換』なるものと賃金の考え方」。『賃金と社会保障』一九九八年四月上旬号から九九年四月下旬号まで、計七回連載された。

(26) 同前、六八頁。

(27) 木下武男「『賃金の考え方』を掘り下げる」（『賃金と社会保障』No.一二六五・一二六六、二〇〇〇年一月合併号、八五頁以下）。同論文は『日本人の賃金』出版後に発表されたものである。

(28) 同前、八六頁以下。

(29) 同前、八五頁。

(30) 今野浩一郎『勝ち抜く賃金改革』(日本経済新聞社、一九九八年)一二五頁参照。
(31) 田中滋・浅川港『まず、日本的人事を変えよ!——「競争」と「評価」が活力を生む』(ダイヤモンド社、二〇〇一年)一四五頁以下。
(32) 同前、一四九頁以下。
(33) 鍛冶利秀「女性社員に対する差別賃金は違法」(『労働法律旬報』No.一三八二、一九九六年四月二五日号)、大脇雅子・中野麻美・林陽子『働く女たちの裁判』(学陽書房、一九九六年)一九三頁以下を参照。
(34) 厚生労働省『パートタイム労働研究会最終報告』を参照。
(35) ディヴィッド・M・ゴードン(佐藤良一・芳賀健一訳)『分断されるアメリカ』(シュプリンガー・フェラーク東京、一九九八年)一一頁以下。
(36) 大脇雅子・中野麻美・林陽子、注(33)前掲書、五八頁以下。
(37) 堀口暁子「日立 男女差別是正の闘い」(『女性労働研究』四〇号、二〇〇一年七月)八八頁以下。
(38) 「とされる」というのは、総評調査部長としての小島氏の署名は『職務給反対闘争の指針』の「はしがき」にのみあり、その「はしがき」には「これは運動方針の附属資料という性質をもつもの」とあって、小島氏個人の見解であるとはみなしにくい。総評ないし総評調査部の見解とみなすべきである。
(39) 総評調査部『職務給反対闘争の指針』(一九六二年)三〇頁。
(40) 同前、三一頁。
(41) 熊沢誠「年功賃金論と同一労働同一賃金」(岸本英太郎編『日本賃金論史』ミネルヴァ書房、一九六二年)
(42) 高木督夫『労働組合と職務給』(労働旬報社、一九六三年)
(43) 小島健司『日本の職務給』(大月書店、一九六六年)四二頁。
(44) 総評調査研究所『当面の賃金問題』(一九六〇年)九〇頁以下。なお小島健司、注(43)前掲書、四二六頁以下にも同出典からの引用がある。発言は『世界の労働』一九五八年八月号より再録されたもの。
(45) 総評調査部『ヨーロッパの賃金(二)』(一九六二年)、一二頁以下。引用は「『職務評価』に対するわれわれの批判」全項。なお、小島健司、注(43)前掲書、四三〇頁以下にも同出典からの引用がある。
(46) 総評調査部、同書、三六頁以下。

(47) 小島健司、注(43)前掲書、第六章を参照。
(48) ILO(日本労働協会訳)『職務評価と賃金管理』(一九六一年)。原著刊行は一九六〇年。
(49) 同前、一三五頁以下。AFL-CIOが「組合の態度なり政策には画一的または包括的なものはない」とするのはアメリカでは職務給制度がすでに第一次大戦期から導入されはじめて一定の時日が経過しているために新規導入の場合のように反対のみを唱えることがむずかしかったためと思われる。アメリカにおける職務給の導入過程についてはS.M.ジャコービィ(荒又重雄・木下順・平尾武久・森杲訳)『雇用官僚制』(北海道大学図書刊行会、一九八九年)第五章を参照。
(50) ILO、注(48)前掲書、一四〇頁以下。
(51) 河西宏祐『電産型賃金の世界』(早稲田大学出版部、一九九九年)三一三頁以下を参照。
(52) 熊沢誠『能力主義と企業社会』(岩波新書、一九九七年)二四頁以下を参照。
(53) 日経連は電産型賃金体系を「ぬるま湯的な適当に働く主義」「休マズ、遅レズ、働カズ式の微温的職場風土」と捉え、これを克服すべく職務給を導入しようとした。職務給という対抗策が挫折して「能力主義管理」を結果する過程について鈴木良治『日本型生産システムと企業社会』(北海道大学図書出版会、一九九四年)第四章を参照。
(54) 大河内一男「労働市場と労働組合」(『大河内一男著作集 第四巻 労働組合論』労働旬報社、一九八〇年)七五頁。同論文の初出は一九五九年。
(55) 同前、七二頁。
(56) 熊沢誠、注(52)前掲書、七三頁。
(57) 下山房雄「年齢別横断賃率論」(下山『現代労働問題分析』労働旬報社、一九八三年)九五頁。
(58) 財務省「『日本的経済システム:再訪』研究会報告書」(二〇〇二年六月)。「労働者の平均勤続年数や賃金カーブを国際比較した結果では、長期雇用、年功賃金は日本固有のシステムとはいえない」と述べる。第四章(樋口美雄執筆)を参照。
(59) 氏原正治郎『日本の労使関係』(東京大学出版会、一九六一年)一二六頁以下。
(60) 木下武男「日本型雇用・年功賃金の崩壊と新しい賃金運動の思想」(『ポリティーク』第三号、二〇〇二年

一月三〇日、旬報社）八六～八七頁を参照。
（61）下山房雄「『年功賃金』論」（『労働科学』第四三巻八号、一九六七年）を参照。
（62）金子美雄『新賃金論ノート』（労働法令実務センター、一九七六年）一九七頁以下を参照。
（63）谷田部光一「ベアゼロ春闘が問いかける賃金改定のあり方」（『賃金事情』№二四一五、二〇〇二年八月五・二〇日号）を参照。
（64）中野隆宣「歴史的画期の二〇〇二年春闘」（『月刊全労連』二〇〇二年七月号）
（65）熊沢誠、注（52）前掲書、第二・三章を参照。
（66）下山房雄、注（61）前掲書を参照。ほかに、下山房雄、注（57）前掲書、第三・四章を参照。

第2章

日本的経営は解体したのか

■『新時代の「日本的経営」』における構想と実践

◉はじめに

旧日経連が『新時代の「日本的経営」』を発表してから一五年が経つ。『新時代の「日本的経営」』が一九九五年五月に発表されてから後、日本的経営の解体が盛んに論じられてきた。『新時代の「日本的経営」』は日本的経営を特徴づけてきた「終身雇用慣行」と「年功賃金制度」を廃することと非正規雇用のこれまで以上の活用とを唱えたことで注目され、これを合図に「成果主義」の言葉がマス・メディアや「ビジネス書」といわれる領域で洪水のように溢れ出したことはよく知られている。

ところが近年になって、労働モラルの低下や職場の解体、メンタルヘルス問題等々の成果主義のこうした成果が隠しようもなく赤裸々になってきて、ようやく「行き過ぎた成果主義」の問題が日経連を統合して成った日本経団連会長の口からもきかれるようにもなり、「成果主義」への熱も一段落した感がある。

さて、『新時代の「日本的経営」』についてはすでに数多くの検討が加えられてきた。(1) それらを大括りにすると、次のように二つに分けられるだろう。一つは、日本的経営解体論である。つまり、従来のいわゆる年功主義に代えて成果主義を導入することにより、「終身雇用慣行」と「年功賃金制度」は廃棄されるという見方である。[2] もう一つは、日本的経営存続論である。成果主義とは、既存の能力主義の延長上にあるもので、量的な変化はあっても、質的な差異をもたらすものではないという捉え方である。[3]

本稿は第二の視点、日本的経営存続論に立って、まず、『新時代の「日本的経営」』における構想が何によってその十全な実現を阻まれたかについて考える。ついで、日本的経営解体論に立つ論者の議論を検討しよう。日本的経営解体論に立つ議論の中には、価値的あるいは実践的に日本的経営解体を望む議論が多いが、そこでは新自由主義の主唱者と批判者とが意見を一致させるというユニークな状況が生まれている。どうしてそうした状況が生まれるのかについて考える。最後に、企業社会との関係において長期雇用と年功賃金のもつ意味についてふれる。

1　『新時代の「日本的経営」』の社会統合論の不在

◉日経連内部における〈論争〉

はじめに『新時代の「日本的経営」』（以下、『新時代』）がどのような経緯で登場してきたのか、そしてどのような問題を当初から抱えていたのかをみよう。日経連は一九九二年八月、後に『新時代の「日本的経営」』に結実することになる、「これからの経営と労働を考える」と題する報告書において、これまで日本的経営の理念として「長期的視野に立った経営」と「人間中心（尊重）の経営」を謳ってきたが、「低成長への移行、労働力不足から労働市場過剰へ、円高による産業・雇用の空洞化、国際化の一層の進展、規制緩和・市場開放への要請、高齢化、従業員意識の多様化など経営環境は大きく変化し、上記二つの理念（「長期的視野に立った経営」と「人間中心（尊重）の経営」—引用者補）が、引き続き、わが国企業の基本的経営理念たりうるかどうかを検討するために、一九九三年一二月、本プロジェクトを発足させた」（傍点—引用者）と述べている。ここからうかがえることは、この報告書「これからの経営と労働を考える」を発表した九二年八月以降、バブル崩壊の影響が表面化するなかで、日経連内部において、これまで自賛してきた日本的経営の二つの経営理念——「長期的視野に立った経営」と「人間中心（尊重）の経営」——を今後とも維持することの是非について、日経連内部で〈論争〉が起こったのではないか、ということである。

つまり、「長期的視野に立った経営」と「人間中心（尊重）の経営」を今後も維持しようとする、いわば日本的経営維持派に対して、これに強い不満を抱く勢力、いわば脱日本的経営派が力をもち始めたことがプロジェクト発足の背景としてあるように思われる。そして『新時代』はこの両者の〈論争〉を経て、基本的には脱日本的経営派の主張の線でまとめられたものとみられる。

たとえば、報告書「これからの経営と労働を考える」より七カ月ばかり早く一九九二年一月に出されたこの年の日経連・労働問題研究委員会報告「新時代の経済・社会と労使関係を求めて」には次のような記述がみられる（以下、本報告からの引用は頁数のみを［〇〇］として記す）。

若年層を中心とした構造的な労働力不足、高齢化社会の到来、女性の労働力化の進展、勤労者意識の多様化など環境変化の中にあって、企業は時代にふさわしい人事・労務管理のあり方を求められている。
その際、基本的に考えておかなければならないことは、時代の変化に合わせ積極的に変えていかなければならぬものと、変えてはならないものとを明確に認識すべきことである。前者には行き過ぎた年功主義や横並び意識などがあり、後者には職場における労使の深い信頼関係の下での人間中心の経営のあり方がある。（傍点—引用者、以下同様）〔四一～四二〕

「若年層を中心とした構造的な労働力不足」などの記述は、すでに隔世の感が深いが、目を引くのは「行き過ぎた年功主義や横並び意識」が「変えていかなければならぬもの」と捉えられており、さらに今後は「多様な労働力を適時適切に活用することが強く求められている」〔四三〕等、ここには『新時代』を先取りする記述がすでにみえていることである。だが、それにもかかわらず、一九九二年版労働問題研究委員会報告は、同時に「わが国においては、とくに第一次石油ショック以降、労使双方において、ともに国民経済全体の立場で物事を考えるような行動がとられてきた。それが、わが国経済の安定と発展に大いに役立ってきたのである」として、最後に次のように述べて閉じられている。

わが国企業のグローバル化が進展する中で、日本の労使関係は各国から注目されている。それは、①雇用の重視に基づく信頼関係の形成、②自主的な労使協議による意思の疎通と情報の共有、③賃金決定や技術革新の推進に伴う働き方の柔軟性、などの積み重ねによるものである。さらに、諸外国との交流の中で、これら時代の要請に応えうるようなものにする努力が行われれば、日本の労使関係は、世界でも受け入れられる有用なモデルの一つともなりうるのではなかろうか。

今後とも、労使は共通の目標である企業の発展、日本経済の安定成長、それによる雇用の安定、そしてよりよい生活の実現に、それぞれの場で努力すべきである。もし、その間に意見の食い違いがあれば徹底して論戦すべきである。労使関係は、まさに〝教育し、教育される場〟でなければならない。その積み重ねの上に、はじめて経済・社会の安定帯としての労使がありうるのである。〔四五〜四六〕

ここでは、企業社会を支えてきた、「雇用の重視」「自主的な労使協議」「賃金決定や技術革新の推進に伴う働き方の柔軟性」といった労使慣行が「世界でも受け入れられる有用なモデル」たりうると断言している。つまり、一九九二年版労働問題研究委員会報告では既存の「雇用」「賃金決定」は保守の対象となっている。のみならず、それが世界的に通用する普遍的な経営モデルだとまで称揚されている。

こうした理解と『新時代』との相異は明らかである。第一に、「日本的経営」を世界に通用する「有用なモデル」だとする認識は一九九五年の『新時代』では完全にうち捨てられる。第二に、『新時代』には、実は、一九九二年版労働問題研究委員会報告がいう「経済・社会の安定帯としての労使」関係という視点がきわめて乏しいのである。

第一の点からみよう。『新時代』は「長期雇用継続」は「国際的に理解されにくい雇用慣行とみなされ、貿易黒字と合わせてわが国企業の独善ではないか」と「内外からも指摘されている(4)」と述べ、賃金については「従来のように毎年ベースアップを実施できるような状況でなくなってきた」、「従来の年功序列賃金体系下で成立した年功的定期昇給制度を検討(5)」する云々と述べられるのである。

だが、一九九二年の労働問題研究委員会報告のごとく既存の「日本的経営」を保守しようとする姿勢は、実は、一九九四年一月に出された労働問題研究委員会報告でも踏襲されている。そこでは「長期的視野に立った経営、人間中心(尊重)の経営をめざすかぎり、企業経営としては、将来とも労使双方が望む形での長期継続雇用を人事制度の基本に据える」[6]とし、また「年功賃金制度」への批判はきかれず、「生産性基準原理」に照らして「今年度の賃上げは事実上困難である」[7]云々と述べられているにすぎない。「終身雇用慣行」に対しても、「年功賃金制度」に対しても、それを否定、克服の対象とはいまだみなしていないのである。

しかし、それにもかかわらずこの一九九四年版労働問題研究委員会報告から七カ月後の一九九四年八月に『新時代』中間報告が発表されたことからすると、日経連が「終身雇用慣行」と「年功賃金制度」への評価について態度を大きく転換したのは一九九四年前半期だということになる。日本的経営維持派と脱日本的経営派との〈論争〉は「長期的視野に立った経営」と「人間中心(尊重)の経営」に批判的だった脱日本的経営派が、それらの言葉を残しはしたものの、その含意を換骨奪胎してまとめられたものと考えられる。

第二の点についてみよう。『新時代の「日本的経営」』で際立って印象的なことは、「終身雇用慣行」と「年功賃金制度」を取り除いた後の、わざわざ鍵カッコを付された「日本的経営」の新時代におけるありようが具体的なものにまで仕上げられていないことである。

たしかに狭義の、企業統治論の次元での「日本的経営」については雇用ポートフォリオ論などにその具体像をうかがい知ることができる。しかし、かつて桜田武氏が日経連会長当時の一九七四年に労資関係は「社会の安定帯」[8]であると自負したような、「社会の安定帯」としての、いわば広義の、社会統合レベルの「日本的経営」論はここには存在しない。

『新時代』では、既存の、狭義の企業統治論レベルでの「日本的経営」を壊すことに急で、しかし、それを壊すことで同時に失われる、広義の、社会統合装置としての「日本的経営」を新たに形づくるべき課題は手つかずのままに放置されているのである。新自由主義改革による〝小さな国家〟化と『新時代』の構想する、いわば〝小さな会社〟化が手を携えて行く先に「社会の安定帯」を築くことはむずかしいだろう。もちろん、この困難は、『新時代』の構想の実践主体たる財界指導者には間もなく認識されるところになった。

◉『新時代の「日本的経営」』における社会的統合論の不在

一九九九年、奥田碩日経連会長（当時）は、企業が「過剰雇用」を「みんな吐き出すと、失業率は単純計算で八%を越えてしまう。これは大変な事態」だとして「無責任なエコノミストや経済評論家にまどわされるな」、「経営者よ、くび切りするなら切腹せよ」と題した文章を日経連のもつメディアでなく、わざわざ月刊誌に寄稿して話題を呼んだ[9]。

「『人間尊重』は、けっして企業と従業員の馴れ合いやもたれ合いのシステムではない」、「人間尊重は厳しいもの」と断じる奥田氏はここで「リストラ推進派の人たちは、よく雇用の流動化などと言いますが、立ち上がるまでに一〇年かかるシステムを明日にもできるようなことを言って、一方ではリストラによって企業の競争力を回復しようと言っているわけである。これでは、社会に不安が広がって、かえってシステム改革の足を引っ張りかねない」、「一口に労働市場の整備といっても、……、そこには社会システム全体の変革を伴います。これは大変なことで、教育から全部変えていかないといけない」と述べた。ここで奥田氏が「社会システム」というものこそ、先にもふれた、ちょうど四半世紀前、石油ショックに日本が揺れるさなか、桜田武氏が誇った「社会の安定帯」たる労資関係のことである。奥田氏の発言は『新時代』に基づく自らの実践が「社会の安定帯」をも同時に侵食せざるをえないことのジレンマにぶつかっていることの自覚を表白しており、同時に、そのジレンマに気づかない「エコノミストや経済評論家」を「無責任」と罵っているのである。あたかも、試合に臨んでいる選手が振り返って応援団を叱りつけたような景色だろうか。では、奥田氏のこの激怒から一〇余年を経て、氏が「一〇年かかる」と見込んだ「社会システム全体の変革」は達成されたのだろうか。

2　今日の日本的経営

◉「二つの白書『閣内不一致』」

『新時代』から一三年を経た、二〇〇八年七月二三日付「朝日新聞」に「日本型経営、良いか悪いか、二つの白書『閣内不一致』」という見出しの記事が載った。厚生労働省が発表した「労働経済白書は、長期雇用など日本型雇用慣行について、生産性の向上につながると再評価した」

が、内閣府が発表した「経済財政白書では、終身雇用を中心とする日本企業のリスクを取らない体質が低成長の一因だと批判しており、長期雇用の評価を巡り『閣内不一致』とも言える対照的な内容となった」と述べている[10]。

『平成二〇年版労働経済白書』によれば、日本型雇用慣行とは「正規の職員を新規学卒時に一括して採用し、横並びをとった年功的な賃金・処遇制度のもとで育成していくもの」（一八四頁）だ。もちろん、実際にどの程度に労働者を「横並び」に処遇をしてきたかを論じれば、それが本当に「横並び」であったはずはないが、日本型雇用慣行の、本音ではなく、建て前の理解とすれば、常識的なものである。『労働経済白書』はさらに次のようにも述べている。これもまたきわめて常識的な理解であろう。

> 働く人びとの職業能力は、一朝一夕に形成されるものではなく、長い歳月をかけ、豊富な職務経験を積み重ねながら高まっていくものである。我が国企業に広くみられる、長期雇用の慣行は、計画的に新規学卒者を採用し、長期的な視点から経験を積ませ、時間をかけて人材を育成していくことを目指すものである。一九九〇年代には、経済停滞が長期に及んだことから、長期雇用慣行に不可欠な、計画性や長期的展望が揺らぎ、こうした雇用慣行のもとにある労働者が絞り込まれ、年功型の賃金制度の見直しも進んだ。……人々の意識を見ても、長期雇用慣行や年功型賃金制度など、いわゆる日本型雇用慣行に対する評価も回復している。かつては日本型雇用慣行の弱点と指摘されることが多かった、組織の一体感や一企業を前提としたキャリア形成などについても、かえって、それを積極的に評価する見方が増えている。（二五四頁）

これに対して『平成二〇年版経済財政白書』は、「終身、年功的な雇用は、有期、成果主義的な雇用に比べて、企業が長期にわたって適当な賃金を支払うことにコミットしているとみられることから、従業員が安心してリスクをとれるというプラス面を伴う可能性がある」としながら、「その一方で、年功賃金や退職金には賃金の後払い的な性格があり、従業員は企業が倒産しないことを第一に考えること、また、成果主義的な賃金体系に比べてリスクテイクによって得られる成果が自らの賃金に反映されにくいことから、従業員がリスクをとるインセンティブに欠けるというマイナス面があると考えられる」と述べている（一三九～一四〇頁）。文末が、いちいち「みられる」、「可能性がある」、「考えられる」と断定を避ける慎重な言い回しが特徴的だが、その内容はたしかに、日本型雇用に対して正面から異を唱えるものだ。メディアが「閣内不一致」と評した所以だろう。

『経済財政白書』は、日本型経営のマイナス面として「年功賃金や退職金には賃金の後払い的な性格があり、従業員は企業が倒産しないことを第一に考えること、また、成果主義的な賃金体系に比べてリスクテイクによって得られる成果が自らの賃金に反映されにくいことから、従業員がリスクをとるインセンティブに欠けるというマイナス面があると考えられる」と述べている。『労働経済白書』が掲げる図２－１「日本型雇用慣行等に関する評価」（本書図表２－１）は、「組織の一体感」、「長期雇用」、「年功的賃金体系」について、男女別、年齢階級別に一九九九年と二〇〇七年の二時点でとったものだが、これを示して「組織の一体感については、男性において総じてその評価が高く、女性では男性ほどの評価を得られていないが、いずれにしても、我が国雇

図表2－1　日本型雇用慣行等に関する評価

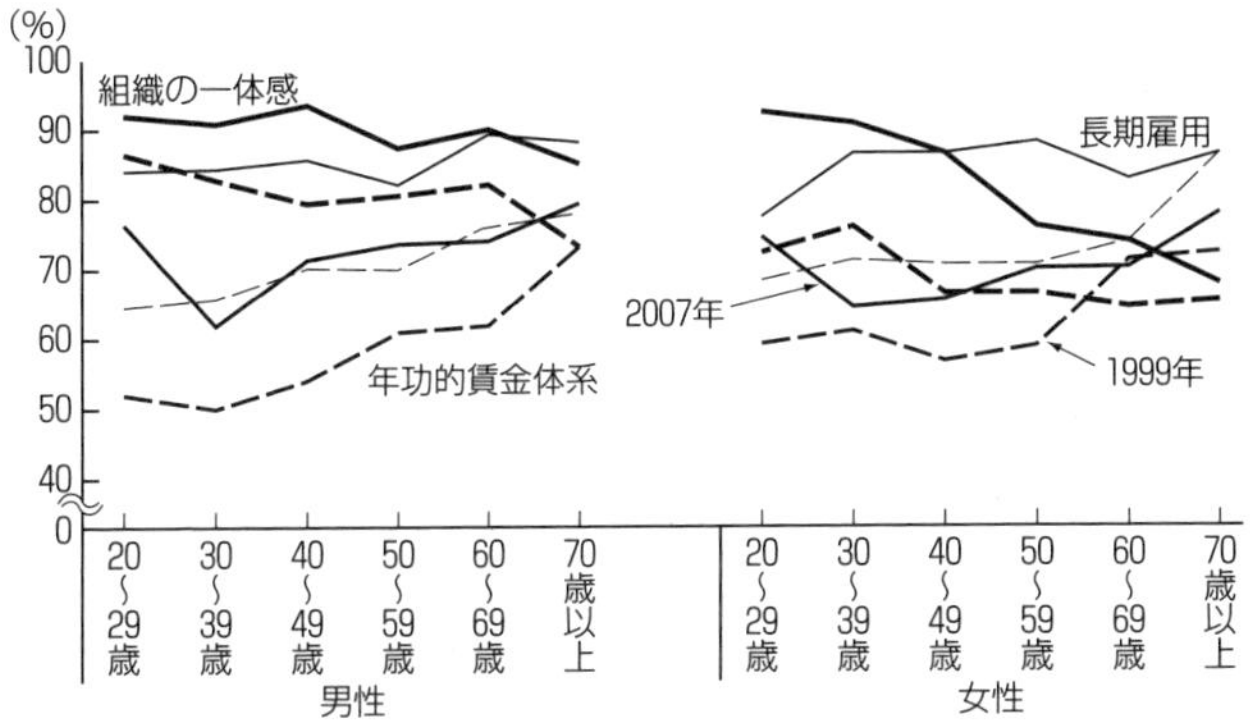

出典：『平成20年版労働経済白書』91頁、第2-（1）-13図

用慣行にみられる、いわゆる日本型雇用慣行の構成要素については、半数以上の者がよいと考えており、その評価も高まっている」としている。

つまり、「成果主義的な賃金体系」下で個人的にリスクテイクをとる振る舞いとは「組織の一体感」と齟齬をきたすものと考えられるが、日本の労働者はそれに対しては過半数が否定的ということになる。とすれば、「成果主義的な賃金体系」がリスクテイクをすすんで受け入れる労働者を増やすインセンティブにならないだろう。

同様の傾向は、やはり『労働経済白書』が掲げる図2-2「会社の入社時に重視したことと現在重視していること（三〇歳未満）（五つまで回答）」にもうかがえる（本書図表2-2）。「現在重視していること」で最も多いのは「人間関係がよいこと」で四九・五％、次に「自分のやりたい仕事ができること」四〇・三％である。特に「人間関係がよいこと」は「入社時」よりも二一・三ポイントと最も大きく上昇している

図表2－2　会社の入社時に重視したことと現在重視していること
（30歳未満）（5つまでの複数回答）

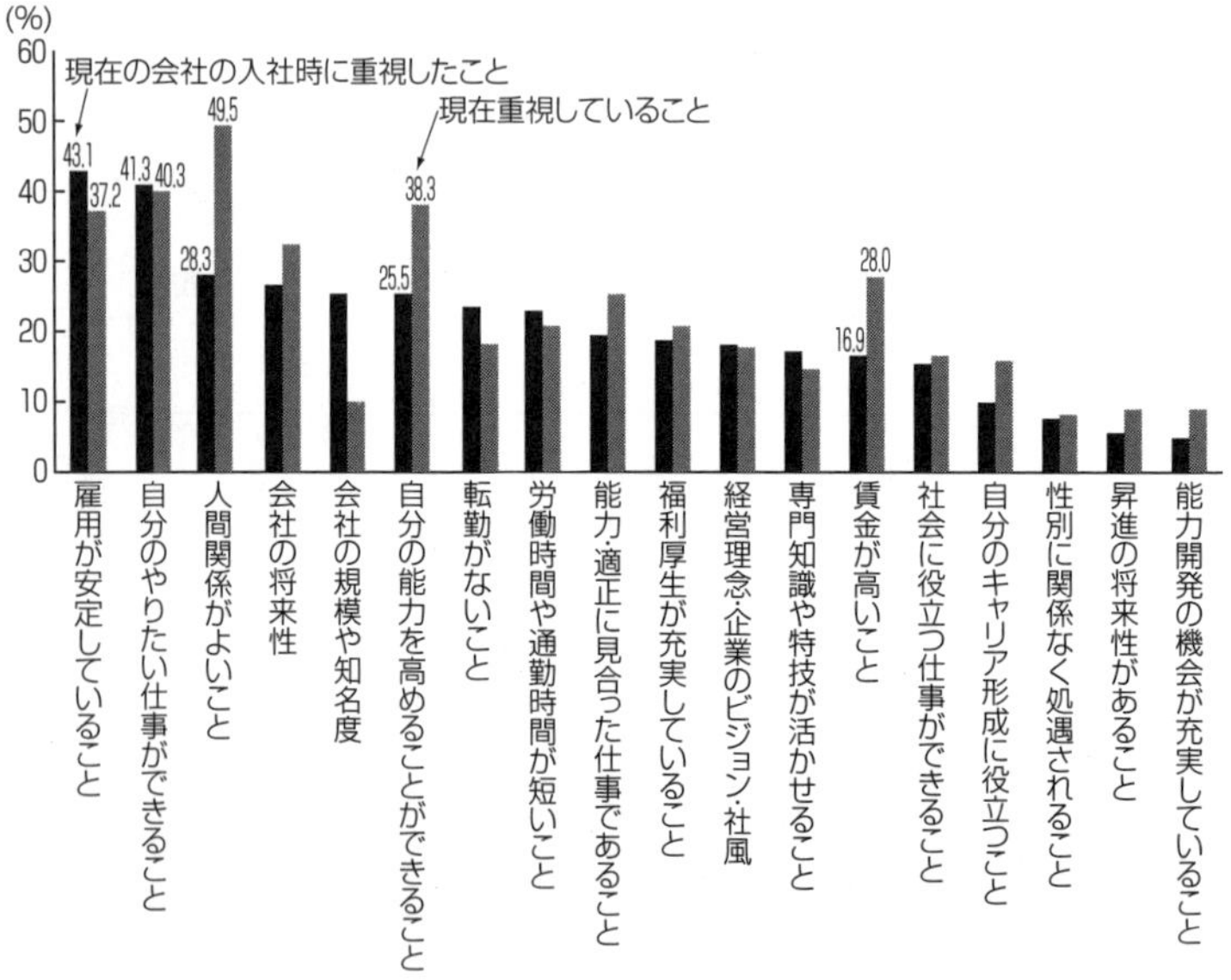

出典：『平成20年版労働経済白書』119頁、第2-（2）－12図

ことは注目される。

こうした数字が並ぶと、しばしば条件反射のように飛び出してくるのが、曰く、「日本人」は自立性がない、個人が確立していない、前近代的な集団主義を脱していない云々という主張である。だが、これらは、政治学者の丸山真男や経済学者の大塚久雄が戦後間もない頃に唱えて流布した言葉を換骨奪胎して繰り返しているものだ。

というのも、過労死や過労自殺の事例は、端的に、日本の労働者が個人主義的な働き方をしていることの証左ではないだろうか。集団主義的な——言い換えるならば、リスクテイクを引き受けない――働き方が本当にまかり通っているならば、過労死、過労自殺やメンタルヘルス問題といった事柄が日常の一コマとなることはないだろう。したがって、上にみた、「組織の一体感」や「人間関係がよいこと」を重視する傾向には、すでに個人主義的な働き方を強制されている労働者の労苦と、それを裏返しにした、ささやかな希望が反映しているとみるべきだ。

たとえば、「日本経済新聞」二〇〇八年八月四日付は、「精神面でのストレスを理由とする過労災が認められるケースが相次いで」おり、「二〇〇七年度には、精神疾患での労災申請が脳や心臓などの身体的疾患での申請を初めて上回った」と報じているごとくである。過労死、過労自殺の脅威が正社員のみでなく、非正社員にも及んでいることはいうまでもない。

集団主義的な働き方を実現すべき担い手であるはずの労働組合の、石油ショック以降三〇余年に及ぶ後退と停滞を想起すれば、労働者を過労死、過労自殺に追いやる個人主義的な働き方の背景と奥行きはより鮮明になるだろう。先にふれた、『新時代』において、日本的経営の「三種の神器」のうち、否定の対象とならなかったのは実は企業別労働組合のみであったのは意味のあることだったのである。

◉日本的経営の残存

近年「雇用形態の多様化」といわれる内実は非正規雇用という括りの内部での多様化であって、正確には「非正規雇用の多様化」というべきだろう。正規‐非正規の二極化自体は新しい傾向ではない。

しかし、その量的増大は見逃せない。『労働経済白書』が二〇頁で掲げる図「年齢階級別フリーターの推移」によれば、フリーターは一九九七年一五一万人から二〇〇二年二〇八万人、翌〇三年二一七万人となり、〇七年はやや減って一八一万人である。しかし、『労働経済白書』の定義ではフリーターの数が過小になる。より実態に近い定義を採用した『平成一五年版国民生活白書』では二〇〇一年のフリーターの数は四一七万人で、『労働経済白書』のほぼ二倍となっている。しかし、同じ定義で時系列に並べられた数値には意味がある。

『労働経済白書』によれば、二〇〇三年二一七万人のフリーターの内訳は一五～二四歳が一一七万人、二五～三四歳が九一万人で、二〇〇七年一八一万人のうち一五～二四歳は八九万人、二五～三四歳は九二万人である。五年間で、一五～二四歳のフリーターは二八万人減って約二四％減、二五～三四歳のフリーターは六万人減って約六％減である。景気回復に伴って、一五～二四歳のフリーターは二五～三四歳のフリーターと比べれば、かなり大きく減少している。他方、二五～三四歳のフリーターの減少は統計に現れない三五歳以上フリーターの増大と相補的であろうと推測される。

景気変動と非正規雇用の増減がリンクすることからすると、日本型経営の変化はここでも量的変化にとどまるといえる。では、長期雇用と年功賃金はどうか。長期雇用については、『経済財政白書』が「既存の大企業の間では、正規雇用者の長期雇用に大きな変化はみられない。このことは、年齢別の勤続年数がこの二〇年間ほとんど変化していないことからも確認できる。ただし、勤続年数を年齢別にみると、高年齢層においては長期化する一方で、四〇歳代以下の年齢層においては若干ながら短期化する傾向もうかがわれる」（一三七頁）と述べているごとくである。また、年功賃金については、一九九〇年、二〇〇〇年、二〇〇七年の三時点についてみると、四〇歳代からカーブが寝てくる傾向がみられ、同様に賃金格差（十位分散係数）も四〇歳代半ばから拡大する傾向があり、成果主義賃金の影響はみられるが、それを年功賃金自体の質的変化と言い切ることはむずかしい（『平成二〇年版労働経済白書』一九二～一九四頁）。

『労働経済白書』と『経済財政白書』の両者に共通するのは、日本的経営をいうなれば独立変数と捉える視点である。しかし、この間の変化は、新自由主義のかけ声のもと、経済のグローバル化を独立変数とした、従属変数としての日本型経営の変化とみられる。

『新時代』は、たしかに年功賃金と終身雇用慣行の清算を迫ったが、実は、日本的経営の実態は、日本的経営に対して相反する評価をする、ここでみた二つの『白書』が期せずして日本的経営についてはほぼ同一の認識を示しているように、大きく変化していない。しかし、労働者の意識レベルにおいては、実態がかつてとさほど変わらないとはいえ、年功賃金と終身雇用という規範が真っ向から否定されたことの影響は大きかった。たとえば、メンタルヘルス問題の増加はこうした意識、規範の変化と大きな関係があるだろう。

成果主義以前の日本的経営は牧歌的な世界だったかのように思われがちだが、過労死の問題が登場してきたのは、石油ショック後、まさに日本的経営の確立期であった。忘れられがちなことだが、成果主義以前から日本的経営は十分に競争的だったのである。一九八〇年代、バブル期、山田太一脚本のドラマ『ふぞろいの林檎たち』にはそのことを示すシーンが登場してくるし、脚本作成のための取材で山田は「サラリーマン」のおかれた実情を知るために精神科医を訪れ、若い「サラリーマン」の患者が多いことに驚いていた。

3　新自由主義派と反新自由主義派の一致

◉熊沢誠氏と八代尚宏氏の異同

熊沢誠『格差社会ニッポンで働くこと』（岩波書店、二〇〇七年六月）に寄せられた八代尚宏氏の書評（『日本労働研究雑誌』二五〇号、二〇〇八年一月）の一節を見てみよう。『格差社会ニッポンで働くこと』の内容の整理も簡潔に行われているので、やや長く引用する（引用文中の「／」は改行を示す）。

　筆者の論理がもっとも良く理解できたのは、官民格差についての章である。ここでは単なる公務員バッシングが不毛であるとした後で、そうした背景には、①公務員のスト権が剥奪されているが故に不明瞭な手当等の労使癒着が生じてきたこと、②官の企業別組合は正社員だけの利益を追求していたにも関わらず、国民の立場との一体感を僭称してきたこと、③民間の同じ職種と比べて著しく割高な公務員賃金についての認識が不十分なこと、等の要因があげられている。／　これらを改善するためには、官の労働組合に、①公的部門で雇用される民間非正社員の均等待遇の要求、②賃金格差の主因である公務員の年功賃金昇給の抑制、③公共部門によるサービスが民間よりも優れていることの立証等が求められているという。／　しかし、こうした筆者の提唱する改革は、公務員組合の意識変化によって、自ずから実現するものなのだろうか。やはり、外部からの制度改革の圧力が必要ではないかと考えるのが普通である。ちなみに、筆者の最後の点は、官と民の事業者を対等な立場で競争させることで、官業をそのまま維持するか、それとも民間委託かを決める『市場化テスト』の考え方とも共通している。

ここでの八代氏の読みは熊沢氏の主張を忠実に再現している。よく知られているように、熊沢氏は長年プロレイバーの立場から、資本家に対しては非妥協的で強固な団結を組みながら労働者相互はヒューマニスティックな関係を取り結ぶべき労働社会論を方法とも規範ともして粘り強い研究を積み重ねてきた研究者である。対する評者の八代氏は、これもよく知られているように、一九九〇年代後半から時流に棹さして新自由主義的な構造改革、労働市場の規制緩和を強力に推し進める立場から主導的な論陣を張り、ホワイトカラーエグゼンプションの導入にも積極的な発言を繰り返してきた。

つまり、熊沢氏と八代氏とはかつては水と油よりも相容れない関係に立っていると思われていたはずなのだ。しかし、ここでは、八代氏は熊沢氏の議論を「良く理解」できる、そこで、あなたの主張を実現するためには外部から労働組合に対する圧力を加えることが必要でしょう、と共闘を呼びかけているかのごとくである。

八代氏はさらにたたみかけるように「他方で、筆者の公務員の働き方に対する批判が、それと基本的に同様な終身雇用・年功賃金・企業別組合等の雇用慣行を持つ民間大会社については、必ずしも明確な形では示されていないかのように見える」と述べ、さらに、非正規雇用についても、熊沢氏のいうように「『正社員の終身雇用がなお日本の経営者の規範とされているが故に、非正規社員は契約が途切れると放逐される』ことが問題であるとすれば、それは正社員の利益を守る労働組合の責任でもないのだろうか」と熊沢氏の議論と自説とを対話させている。

内閣府経済財政諮問会議のメンバーでもある八代氏は、二〇〇六年一二月の内閣府による労働市場改革に関するシンポジウムで「格差是正のために正社員の待遇をパート並みに」と主張したことでも注目された。その八代氏が熊沢氏の新著に共感、共鳴したようだ。

八代氏の論理はたいていいつも明快で、この書評も例外ではない。あたかも熊沢氏に対して「あなたのように理解し主張するならば、それを前提として、私のように結論するのが『普通』でしょう」といわんばかりだが、八代氏の主張はとても筋が通っているようにみえる。言い換えるなら、熊沢氏の主張を保持しながら八代氏の主張を却けることはラクダが針の穴を通るようにむずかしいだろう、と思う。

◉「労労対立論」

さて、八代氏は熊沢氏に対して、あなたが公務員について指摘されていることは民間大会社にも当てはまるのではないか、と同意を促していたが、そう主張する議論はすでに存在している。後藤道夫「労働市場の転換と労働運動の課題」[11]がそれである。熊沢氏の研究の影響が色濃い後藤道夫氏の同論文は図表2-3を示しながら、「日本型雇用というのは、この上の二本の線です。みんながこの上の線に近づけばいい、そういう解決の方法もあるのではないかと主張する若い学者

図表2－3　企業規模別・性別・年齢階級別賃金格差

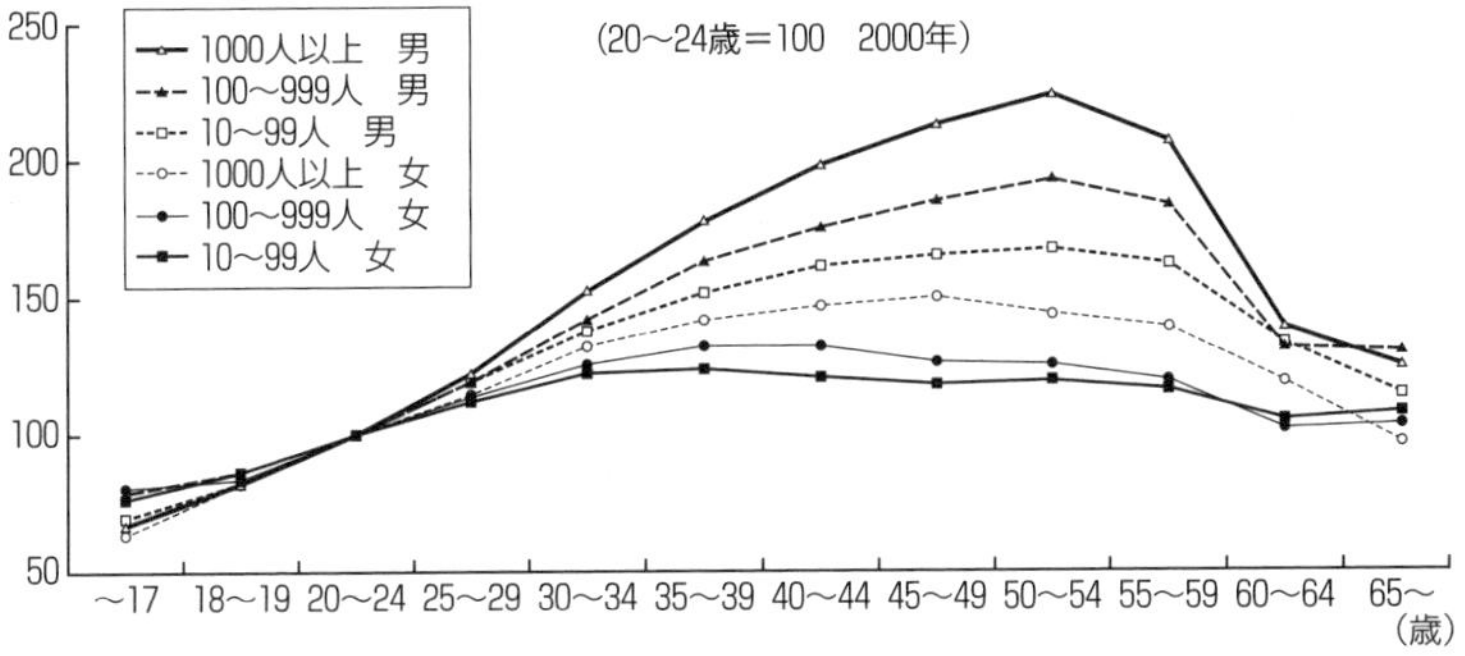

資料出所：厚生労働省「賃金構造基本統計調査」常用一般労働者・決まって支給する賃金額
出典：『月刊全労連』2004年10月号、34頁

もいますけれども、下の方の格差があるから上の二本の線が成立していると言う方がよっぽどリアルだと思います」(「労働市場の転換と労働運動の課題」下）と述べる。

後藤氏の主張のために自身が掲げたこの図が適当とは思われないが、その主張は、一〇〇〇人以上規模で働く男性の常用一般労働者の賃金が高すぎる、ゆえに、他の労働者をこの基準に近づけようとするのは「リアル」でない、というものだから、八代氏の同意を得ることは容易だろう。高すぎるとされるのは、一〇〇〇人以上規模で働く、二〇～二四歳の賃金を一〇〇としたときに五〇～五四歳で二五〇に達しない賃金水準である。

数万人規模の文字どおり大企業の労働組合が春闘を行うなどもってのほか、ということになるのだろうか。二〇〇二年に奥田ショックと呼ばれた、当時の史上最高益を記録したトヨタの奥田会長がベアゼロ回答をしたことはもとより、リーマン・ショック以前、史上最高益を記録する日本企業が相ついでいるなかで出されたこうした見解が「リアル」というのは、八代氏が熊沢氏の本を「他の類書にはない『現実主義』が見られる」と評する際の「現実主義」と同義だろう。

正規と非正規の格差是正のためには正社員を非正社員に近づけるべしという八代氏の主張、また後藤氏の主張をもっと包括的に述べたのが、やはり熊沢氏の研究に深く学んだ木下武男氏の次の見解だろう。木下氏は、「年功賃金がはらんでいる深刻な問題」は「人件費総額」が一定だとすると、「配分をめぐる労働者グループと労働者グループとの対立、すなわち『労労対立』が年功賃金には存在」していることだとして、「この『企業内賃金原資の差別的な配分』の例として、大学専任教員グループと大学非常勤講師グループとの対立」があり、「この関係は女性労働者と男性労働者、正社員とパートタイマー、若年労働者と中高年労働者、これらの関係にも当てはまる」と述べている。[12]

こうした「労労対立」論に対しては湯浅誠氏と堤未果氏が、正社員対非正社員というのは「虚偽の対立」[13]と一蹴しているが、実際、木下氏、後藤氏そして八代氏の三氏が問題の根本の一つと指摘する年功（的）賃金が典型的に用いられている公務員や大学専任教員において「女性労働者と男性労働者」の賃金格差がほとんど存在しないことは、三氏ともよく知っていることだろう。つまり、年功（的）賃金それ自体に性差別性が内在しているという議論には身近なところに反証があったはずだ。

特に私立大学の教員の場合には、厳格な男女平等査定なし年齢別賃金が採用されているケースが多い。そこでは教員の賃金カーブは年齢別一本になっている。したがって、性別を問わず、研究や教育の経験年数を問わず、四〇歳の教授と四〇歳の准教授の賃金は同額であり、また若年の教授よりも年長の准教授のほうが賃金が高くなる。そのことに不満があるという声はきこえてこない。あるいは、不満はあっても、そのことを声高に口にすれば、同僚から顰蹙《ひんしゅく》をかうということが想定されるからだろう。それを、「優れた」――つまり、体力のある、または家庭責任を放棄しえた――個人に対する集団の抑圧、「悪平等」だとか、あるいは先にふれた奥田氏のように「馴れ合いやもたれ合いのシステム」と受けとめる見方もあるだろう。しかし、奥田氏の目には「馴れ合いやもたれ合いのシステム」、日経連の目には「行き過ぎた年功主義や横並び主義」と映るものこそが労働社会であり、労働社会のもつ労働者相互の競争を抑制し規制する力なのである。多くの国々で労働社会が労働者間競争を抑制、規制する年功＝セニョリティを自然発生的に生み出し維持してきたのはそのためだ。

したがって、賃金格差是正をいう場合に高いほうを低いほうに向かって下げるべし、というのはおそらく今日の日本に特徴的な、新自由主義に親和的な議論である。これらは新自由主義を対象化し、それに対抗しようとする言説ではなく、むしろ、それ自体が新自由主義の言説となっていることに特徴がある。一九九〇年代後半以降の職場の変化についていえば、賃金制度や各種統計の数値の変化によって計られる変化よりも、こうした言説の浸透と、その浸透がもたらした新自由主義を批判する発言力の低下、つまり言論上の武装解除のほうが質的な大きな変化だったというべきだろう。

たとえば、コンパラブル・ワースに取り組んできたリンダ・ブルムが述べるところでは、そこでの課題は女性賃金を男性賃金並みに引き上げることである。[14] 各種の男女賃金差別裁判もそこから排除されていた女性に男性並み年功賃金の適用を迫ってきたことはいうまでもない。

先にみたように、八代氏は正規社員と非正規社員との格差は「正社員の利益を守る労働組合の責任でもないだろうか」と木下氏よりも少しだけだが譲歩した見解を述べていた。だが、一般論としては、労働組合が非組合員に対して冷淡になるのは自然なことといえよう。たとえ労働社会を形成するほどに組合主義が強くても、あるいはむしろ強いほどに、非組合員に対しての取り組みは弱くなることが考えられる。つまり、単に組合主義を強化すればこの問題を解決できるとは言いきれない。

また、今日、非正規労働者のみで組織する労働組合が必ずといっていいほどに直面している困難が組合員の定着であることをふまえれば、企業別組合の未組織組織化の取り組みの弱さのみに問題を解消することもできない。

さらに、企業別組合の現実においては、チェックオフによるとはいえ組合費を納入していて、しかもその組合がしばしば自分や職場の仲間たちのことすらも十分に守りきれないという事態が非組合員に対する組織化の取り組みの重石となるだろう。

しかし、戦後日本の労働運動は、戦後民主主義を担うなかで企業別組合という組織形態のもとでも未組織組織化や革新自治体、国民春闘などの取り組みを粘り強く続けてきた。したがって、企業別組合だから正規と非正規の格差に「責任」があるとする議論には、結論を先取りした性急な飛躍があるといわなければならない。

では、企業別組合はこのままでよいのかといえば、もちろん、そうではない。だが、今日、この間の労働運動の停滞からの脱却を摸索する運動が労働組合内部から始まりつつある。連合は二〇〇七年一〇月に非正規労働センターを設置して非正規労働者の賃金・労働条件の改善、ネットワークづくりに取り組んでいるし、全労連は二〇〇八年三月に非正規雇用労働者全国センターの取り組みを始めている。また自治労、そして自治労連などでつくる公務労組連絡会は、それぞれに「官製ワーキングプア」をなくすために動き出した。

二〇〇八年三月に発表された、労働政策研究・研修機構による、全国二〇歳以上の男女四〇〇〇人を対象とした「第五回勤労生活に関する調査」結果によれば、「年功賃金（勤続年数とともに給与が増えていく日本的な年功賃金）」への支持は調査開始の――成果主義賃金が喧伝されていた――一九九九年六〇・八％から不可逆的に増加して二〇〇七年は七一・九％になった。また、「終身雇用（一つの企業に定年まで勤める日本的な終身雇用）」への支持はやはり一九九九年七二・三％から二〇〇七年八六・一％となった。こうした意識調査結果は二〇一〇年になっても増え続けている。労働者のこうした意識とその変化をふまえた運動が展開されるべきだろう。

年功賃金と終身雇用に批判的で、かつ新自由主義に親和的なラディカルな学者たちはこうした結果に不満を抱くだろうが、労働運動はラディカルな学者たちの描いた青写真を実現する手段ではないのだから、労働組合はこうした労働者意識をふまえた運動を学者たちに右顧左眄することなく展開するべきだ。その際、一九六〇年代の春闘では成果を収めつつあった中途採用者の処遇改善を継承する年功＝勤続から年功＝経験への転換を追求する取り組み、またそれに関わって、終身雇用を特定企業ではなく産業社会全体で実現できるような改良運動をめざすなどの取り組みも選択肢に含まれるだろう。

4　対立軸としての「終身雇用慣行」と年齢別賃金

『新時代』に依拠する実践によって、「終身雇用慣行」についても「年功賃金制度」についても変化が生じてきていることは明らかである。しかし、『新時代』の「終身雇用慣行」と「年功賃金制度」の改編に向けた強い意欲にもかかわらず、それらは案外に強く残存しているし、またドラスティックに変革していこうとする構えは、時々に注目を浴びる個別企業はさておき、全体としてはみられない。それゆえ『新時代』の構想がすでに実現したとはいえないだろう。

そして、ひるがえって、「終身雇用慣行」と「年功賃金制度」の根強い存続はかえってこれらが『新時代』の構想の実現を阻む橋頭堡たりうることをなお示しているように思われる。このようにいうと、「終身雇用慣行」と「年功賃金制度」こそ、企業支配の主たる内容として、労働者を苦しめてきたのではなかったか、という批判がありうるだろう。

もとより「年功賃金制度」は後述するようにライフサイクルと労働経験の蓄積を反映した年齢別＝経験年数別の賃金体系に復元しなければならないし、そうした志向を内包する運動は存在している。「終身雇用慣行」と「年功賃金制度」を、理由は異なるにせよ、財界とともに清算することのほうが近い将来において労働者により大きな困難をもたらすだろう。そこで「終身雇用慣行」と年齢（経験年数）別賃金体系の成立経緯を行論に必要な限りで振り返ろう。

◉終身雇用慣行の成立

終身雇用慣行というのは、いうまでもなく、雇用する側の解雇を規制する慣行であり、雇用される側の労働者が「終身」同一企業に勤め続けなければならないという慣行ではない。こうした解雇権を規制する強い慣行は戦前には存在しなかったものであり、戦後の労働組合運動によってもたらされたものである[15]。

たとえば産別会議の「背骨」と称された東芝労連は、一九四八年三月に会社と締結した労働協約中に「会社は組合員を解雇し、又は転任せしめんとする場合は予め組合の同意を得るものとする」という解雇同意約款を盛り込んで、「経営権に強い拘束をもつ組合」として知られていた[16]。同年五月に「経営者よ正しく強かれ」のスローガンで結成された日経連が経営権の再構築をめざした際、そこではとりわけ人事権を組合の拘束から解き放つことが念頭におかれていた。また、産別会議、総同盟からのみならず、極東委員会でも批判を招いた新労組法が四九年六月公布施行され、協約の自動延長が認められなくなった際に無協約状態に陥るケースが相ついだのは、経営権、人事権、組合員の範囲などをめぐる対立のゆえであった[17]。

労働協約による解雇同意約款にみられるような経営権に対する強い組合規制は、間もなくドッジ・プラン、レッド・パージの過程で一度は失われていく。しかし、よく知られているように日本の労働組合運動はこの後、総評が〝ニワトリからアヒルへ〟の旋回を遂げた五〇年代には、日経連が改正労組法をテコに組合運動を「賃金ベースの交渉に封じ込め、労働規律への挑戦を経営権を盾に峻拒[18]」しようとするのに抗して、職場闘争や地域闘争を手がかりにして果敢な闘争に取り組んだのである。

この時代に直接に解雇が争点となった大きな争議だけでも、五三年の三鉱連〝英雄なき一一三日の斗い〟、全駐労の人員整理反対闘争、五四年の尼鉱争議、日鋼室蘭争議、五六年の三菱日本重工下丸子争議、五八年の小西六労組の人員整理反対スト、六〇年の三池闘争、等々を数えることができる。ここに一端をみる、こうした運動の積み重ねが経営に解雇のコストを周知させて、「終身雇用」を規範化させていったのである。[19]

◉年齢別賃金と年功賃金

年功賃金は、戦後初期の労働運動によって成立した年齢別賃金である電産型賃金体系を経営が換骨奪胎することでようやく定着したものである。[20]

年齢別賃金としての電産型賃金体系の払拭をめざした日経連は、一九五四年「(昇給)基準線の変更を行わずに個々の労働者の賃金の査定替えを定期的に行う制度[21]」としての定期昇給制度の確立をめざした。年齢別賃金の電産型賃金体系は、経営からみれば個々人に差がつかない毎年の〝自動昇給〟と映った。そうした現状に対し、このとき、日経連は「定期昇給即人事考課昇給」という労働者個々人の「職務遂行能力の将来における発揮度[22]」を評価して賃金を個人別に管理しようとする新しい賃金制度を打ち出したのである。

電産型賃金を年功賃金と変わらないものとする理解があるが、もしそうだったとすれば、日経連が電産型賃金を払拭すべく「定期昇給即人事考課給」＝年功賃金を導入したことが理解できなくなる。この新しい賃金制度＝年功賃金は、毎年の〝昇給〟については譲歩しても、労働者個々人に一律の〝自動昇給〟を否定することを主眼とするものである。

しかし、こうした労働者の個別化政策は、日経連にとってみれば、すぐに実を結んだわけではない。そのことは一九六九年に「画一的年功制からの脱皮」を課題とした『能力主義管理』が出され、また、『新時代』が「横並び」「年功主義」の克服に躍起になることからも明らかであるし、『新時代の「日本的経営」』の作成にも携わった旧日経連専務理事が次のように慨嘆することにも示されている。

日経連が『能力主義管理』で提起した職能資格制度は、職務遂行能力を前提としたものでした。そこでの能力の定義は「能力とは企業における構成員として、企業目的のために貢献する職務遂行能力であり、業績として顕在化されなければならない」となっています。にもかかわらず、実情はポストと資格を切り離したことなどにより、大勢としては、能力主義の名のもとの年功主義に流されてしまった(23)。

かかる企業の積年の不満にもかかわらず、査定昇給を必須とする右肩上がりの賃金カーブが年功賃金として今日まで強固に存在し続けてきたのは、基本的には、それが労働者のライフサイクルと合致したものであり、それを埋め込むことで初めて「社会の安定帯」たる労資関係、企業支配が成立したからである。先にふれた奥田碩氏の発言にみられるように、財界は、右肩上がりの賃金カーブと終身雇用を廃した後の、「社会の安定帯」たるべき労資関係、社会統合モデルを今なお具体的に構想することができずにいる。『新時代』の構想に基づく実践が企業統治論レベルで進展すればするほど、社会統合が脆弱になるというジレンマを抱えているからである。これが基底的要因となって、『新時代』の構想に基づく実践は紆余曲折を避けられずにいる。今日、福祉国家的な社会保障がますます脆弱となる状況下では、査定要素を圧縮して、できる限り年齢別ないし経験年数別の本来の論理へと組み替えていく筋道が改めて注目される。それは、ここまでふれてきたように、歴史の理解の問題としても、実践的にも、企業社会を保守の対象とみなすことではない。

（1）近年のそうした論考の一部が抱える問題性について、高橋祐吉「『企業社会』再論」（法政大学大原社会問題研究所・鈴木玲編『新自由主義と労働』御茶の水書房、二〇一〇年）を参照。

（2）渡辺治・後藤道夫編『講座現代日本』全四巻、大月書店、一九九六〜九七年、所収論文の多くがその代表的なものである。

（3）鷲谷徹「現代の階級構成と労働者状態」は注（2）にあげた『講座現代日本』第三巻に収められた論文だが、例外的に、『新時代の「日本的経営」』においても、日本的経営に量的変化は生じても質的変化は起こらないとしている。また、下山房雄「新『日本的経営』の意味するもの」（同『現代世界と労働運動』御茶の水書房、一九九七年）も、『新時代の「日本的経営」』が主張する「一九二〇年代型の昇給制度へのバックはやはり『見果てぬ夢』に終わるのではないか」と述べる。

（4）日経連『新時代の「日本的経営」』三〇頁。
（5）同前、三七〜三八頁。
（6）日経連・労働問題研究委員会報告一九九四年版『深刻化する長期不況と雇用維持に向けての労使の対応』三九頁。
（7）同前、四〇頁。
（8）桜田武「労使が社会の安定帯に」（桜田武論集刊行会『桜田武論集』日経連出版部、二〇〇〇年）を参照。
（9）奥田碩「経営者よ、くび切りするなら切腹せよ」（『文藝春秋』一九九九年一〇月号）。同文章は「長期雇用」は残すべきものだが、「年功序列」は変わってきているとして、「トヨタでいえば、同期入社でも課長クラスで三〇〇万円は差がついています。業績評価というのは定着したといっていい」と述べる。また、アメリカの格付け会社ムーディーズが九八年に「終身雇用を理由に、トヨタ自動車の格付けを下げた」ことに「長期雇用を守ることがどうしてただちに経営の評価を下げることにつながるのか、私には到底理解できない」と憤懣をもらしている。
（10）http://www.asahi.com/business/update/0723/TKY200807230009.htm
（11）後藤道夫「労働市場の転換と労働運動の課題」上・下（『月刊全労連』二〇〇四年九・一〇月号）
（12）木下武男「賃金をめぐる今日の焦点」（社会政策学会編『社会政策学と賃金問題』法律文化社、二〇〇四年）
（13）湯浅誠・堤未果『正社員が没落する』（角川ｏｎｅテーマ21、二〇〇九年）
（14）リンダ・ブルム（森ますみほか訳）『フェミニズムと労働の間―コンパラブル・ワース運動の意義』（御茶の水書房、一九九六年）
（15）今日、『痛みの先に何があるのか』（東洋経済新報社、二〇〇二年、共著）を論じる島田晴雄氏は一九九四年の著作『日本の雇用』（ちくま新書）では「『終身雇用』という幻想」をいいながらも「現在の中高年を解雇することは事実上の契約違反をおかすことになる」と述べていた。九〇年代中葉にもなおそのように観念させるほどに終身雇用をほぼ半世紀も存続する規範として確立し、維持し続けた力こそは、人的資本理論の与り知らぬ、戦後日本の労働運動に拠るものであった。
（16）増山太助『検証占領期の労働運動』（れんが書房新社、一九九三年）四〇三頁以下。また文中でふれた労働

協約は竹前栄治・三宅明正・遠藤公嗣『資料日本占領二　労働改革と労働運動』（大月書店、一九九二年）二五三頁以下に所収。戦後初期の労働協約について他に、末広厳太郎『日本労働組合運動史』（日本労働組合運動史刊行会、一九五一年）二一六頁以下を参照。

(17)　兵藤釗『労働の戦後史』上（東京大学出版会、一九九七年）七七頁以下。

(18)　同前、一〇八頁。

(19)　樋口美雄「日本型雇用システム」（貝塚啓明・財務省総合財政研究所『再訪日本型経済システム』有斐閣、二〇〇二年）は、離職率の動きに着目して「戦後もしばらくの間は大争議にみられるように、わが国における企業の雇用保障は強いわけではなかったが、この苦い経験を経て、企業も雇用保障を尊重するようになった。……離職率の動きを見ると、一九五〇年代に低下を示した後、高度経済成長を反映して人手不足がますます深刻化し、転職者が増え、離職率は再び上昇するようになった」と述べる（一五三頁以下）。

(20)　電産型賃金については河西宏祐『電産型賃金の世界』（早稲田大学出版会、一九九九年）、また永野順造『戦後の賃金』（伊藤書店、一九四九年）を参照。

(21)　兵藤釗、注（17）前掲書、一五六頁以下。

(22)　同前。

(23)　福岡道生『人を活かす！――現場からの経営労務史』（日経連出版部、二〇〇二年）

第3章

格差問題を逆手にとる「労働ビッグバン」推進論

■八代尚宏氏の主張を読み解く

◉はじめに

二〇〇六年一一月三〇日、経済財政諮問会議において「労働ビッグバン」構想なるものが打ち出された。「ビッグバン」という言葉には、これまで市場を規制してきたさまざまな規制を全面的に清算するとの意味が込められているが、具体的には、一定期間働いた派遣労働者に対する企業の直接雇用申し入れ義務を廃止せよとか、また労働時間についての規制もさらに緩和せよ、といったもので、その内容に慄然とした人も少なくないと思う。「労働ビッグバン」は、この間推し進められてきた労働分野における規制緩和・新自由主義の総仕上げといえる。

この「労働ビッグバン」構想の主唱者が八代尚宏氏である。八代氏は「ミスター規制緩和」、つまり急進的な新自由主義派の論客として知られ、小泉政権時代には規制改革・民間開放推進会議の委員だったが、安倍政権発足とともに経済財政諮問会議の民間議員となった。また、新しく設置された諮問会議の労働市場改革専門調査会の会長にも就任している。いま彼を先頭とする「労働ビッグバン」の推進体制がつくられつつある。

そこで本稿では、この八代氏の労働問題に関する主張——そのなかでも特に、格差問題に関する主張——を紹介し、その論理と狙いを明らかにしたいと思う。八代氏の基本的主張は、やや古いものの『雇用改革の時代』（中公新書、一九九九年）にまとめられているので、同書の内容をまずみていくことにする（以下、本書からの引用は頁数のみを〔〇〇〕として記す）。

1 『雇用改革の時代』と「労働ビッグバン」

◉「格差」の捉え方

八代氏の主張は非常に明確な規制緩和・新自由主義路線である。八代氏は、「労働は商品ではない」というイデオロギーの亡霊が今も日本の労働市場をさまよっているとして、これまでの労働市場を規制してきたルールにあからさまな敵意を示し〔二一八〕、現在の低成長時代のもとでは、これまでの「日本的雇用」を抜本的に再編せよと訴える。

しかし、ここで注目しなければならないのは、八代氏の主張が、企業の利益を増進させるというよりは、むしろ、女性や非正規社員に対する差別を解消するために、規制緩和・新自由主義が必要なのだ、という論理立てになっていることである。

まず八代氏は、女性の就業増加とそのもとでの女性に対する差別の実態を論じる。日本では、先進国中最も大きな男女賃金格差がみられることについて、八代氏は、その事実を隠蔽したり、程度を低く見積もったりするのではなく、むしろ積極的に認める〔三〇〜三二〕（ちなみに、八代氏は内閣府の男女共同参画会議の議員でもある)。そして八代氏は、このことを、日本的雇用と女性の就業増加の矛盾との間に矛盾が生じた結果であると分析する。「長期雇用と年功昇進は、基本的に男性労働者をその対象としており、既婚女性は、その補助的な役割にとどまるという男女間の『固定的な役割分担』が、日本的雇用の暗黙の前提であった」[三〇]。つまり、これまでの日本的雇用はもっぱら男性の既得権を守るものであり、それによって女性たちは不利を被っている、とみるのである。

非正規社員に対する差別についても、八代氏は積極的に重視する。時間あたり賃金でみた正社員とパートタイム社員との賃金格差が七割以下へと拡大していること[六二]、そして、非正規社員の大部分が女性であり、その比率が高まっていることが男女賃金格差の要因となっていること[二四五]、これらの事実を八代氏は認める。

しかし、ここでも八代氏は、男性－女性関係と同様に、正社員－非正規社員の関係を、一方の利益が他方の不利益になるというトレード・オフの対立関係として描き出す。「本来、正規社員とくらべた非正規社員の賃金・労働条件の格差の要因は、正規社員の仕事能力にかかわらず、その地位が保障されているという特異性から生じる面が大きい」[一七四]というのである。

たしかに、図表3－1にあるように、男性正社員には右肩上がりのカーブを描く年功賃金が支払われているのに対して、女性や非正規社員はそうではない。この現実は、八代氏によれば、必然的な帰結ということになる。賃金の総額が一定量に固定されたもとで、男性正社員に多く賃金が支払われれば支払われるほど、女性や非正規社員の賃金が低くなる、という関係である。

図表３－１　性別・雇用形態別賃金カーブ（2004年）

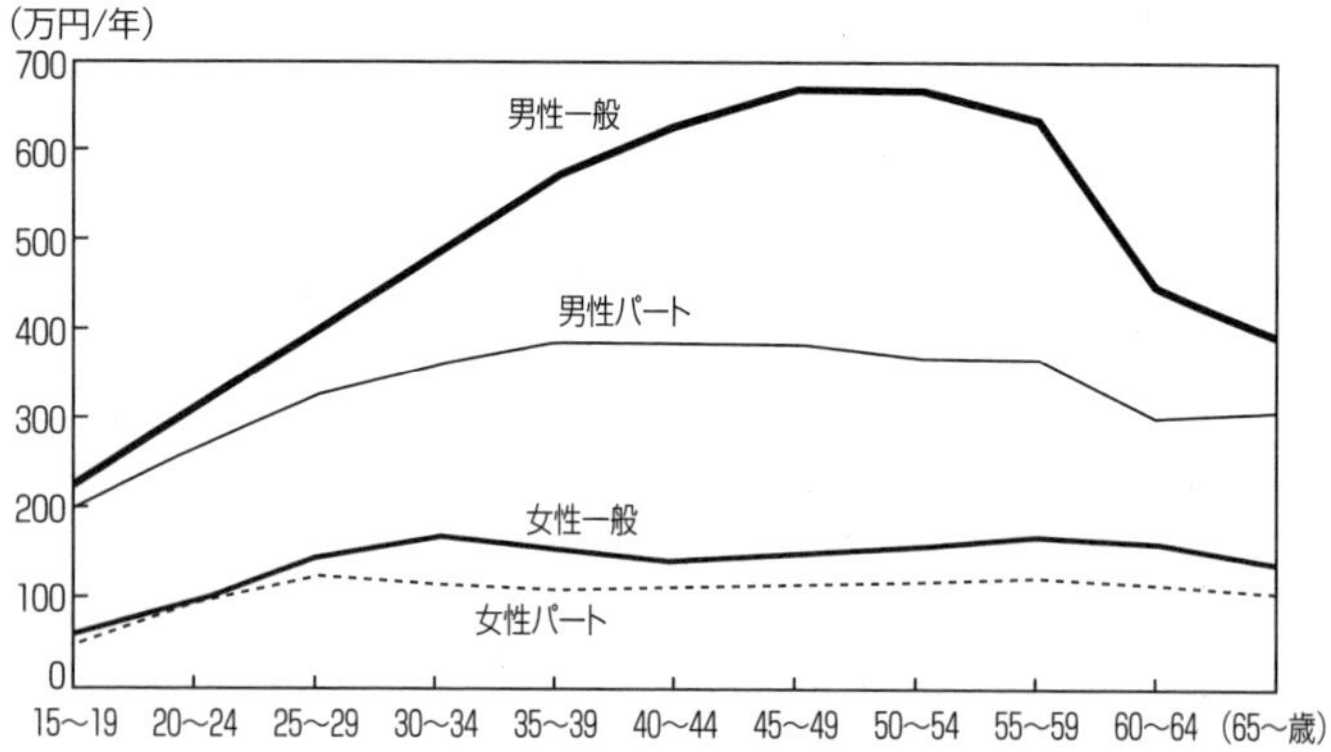

出典：八代尚宏『「健全な市場社会」への戦略』（東洋経済新報社、2006年）55頁。同書での見出しは「年功賃金がもたらす正社員と非正社員の格差」

こうした分析の方法は雇用保障の問題についても用いられる。八代氏は、「非正規社員の雇用の不安定さは、正規社員の長期雇用保障の裏返しであり、両者の間には基本的な利害の対立関係があることを直視しなければならない」［六六］。「一方が他方の犠牲の上に雇用保障を得るという二極分化」［九五］が生じている、という。具体的には、たとえば有期雇用については、その期間が制限（現在では三年）されているが、それは有期雇用で働こうとする労働者の利益を損ねている［一〇二］、という。

特に八代氏が重視するのは、冒頭でもふれた派遣労働の問題である。労働者派遣法では、派遣社員が正社員の代替にならないように、業種や期間についての制限がある。しかし八代氏は、このような規制は「高賃金の正規社員の利益を、相対的に低賃金の派遣社員の犠牲で守ろうとする典型的な保護主義であり、社会的公正の観点からも大きな問題がある」〔一八三〕と批判する。つまり、本来正社員と派遣社員は対等に競争すべきであるのに、正社員は雇用保障や賃金で優遇されており、これは不公正だ、というのである。

◉「改革」の内容

このように、女性や非正規社員を男性正社員の既得権の犠牲者として捉えたうえで、八代氏は、そうした既得権をもたない労働者の「声なき声」〔vi〕を反映した労働市場改革が必要だという。

まず第一に、八代氏は、これまでの正社員を標準とする労働法制を改め、正社員以外の働き方を「多様な選択肢」として位置づけることを提唱する。八代氏は、「なぜ、それ（正規雇用）以外の多様な形態の雇用契約を、正規社員の雇用に代替するものとして、あたかも疫病のように禁止・制限しなければならないのだろうか」〔一六七〕と述べる。具体的には、有期雇用や派遣労働の全面的な自由化である。前節で述べたように、これらの雇用形態については一定の制限が課されているが、八代氏によれば、そのような制限は有期雇用の労働者や派遣労働者の職業選択の自由を奪うものとみなされるので、これは撤廃するほうがよい、ということになる。

このようにして有期雇用や派遣労働を「多様な働き方」として全面的に自由化すれば、雇用保障の脆弱な労働者がますます増加して、悲惨な事態になるのではとの懸念が当然出てくるが、八代氏はそうした懸念を一蹴する。「雇用保障がなければ、望ましい仕事ではない」という考えは「旧来の妻子を養う男性雇用者の価値観」であり、女性にとっては雇用保障よりも「多様な働き方の選択肢」が重要〔四九〕、というのである。したがって、雇用の流動化は「男性は仕事、女性は家庭という固定的な役割分担を暗黙の前提としている日本企業の働き方」を変革するものとして肯定的に評価される［四五］。

また、このようにして非正規雇用を「多様な働き方」として積極的に位置づける一方で、正社員の雇用保障については、補償金の支払いを条件とする雇用契約の解消（いわゆる解雇の金銭解決）などにより、解雇を容易にすべきという［九一以下］。「多様な働き方」の承認と解雇規制の緩和によって、労働者の雇用保障は、画一的な規制ではなく、個々の交渉によって決まることになる。

八代氏の説く労働市場改革の第二の柱は、賃金のルールについても「改革」を行うことである。それは、男性に対する「保護主義」をやめ、「能力主義的な人事管理を徹底すること」［一四八］、正社員の賃金は「業績主義を強めることで現行の世帯単位の生活給を個人単位の能力給に換え」［一八六］ること、である。労働者同士の競争を強めることは、女性や非正規社員にとって望ましいはずだ、と八代氏はいう。これによって、「『ジェンダー・フリー』の原則に沿った、より競争的な環境」［三二］が実現され、「現行の正規社員と非正規社員との賃金・労働条件の大幅な格差を、『身分』の違いではなく、個々の生産能力に見合った水準にまで縮小させることができる」［一八六］からである。

また、これまでの賃金は男女間の固定的な役割分担を前提とした世帯賃金であったとして、これを個人単位化――つまり賃下げ――することを提唱する。「男女にかかわらず、仕事能力に応じた個人単位の賃金を得るとともに、それに合わせて世帯の所得とする共働き家族を、標準的な働き方と見なす時代に来ている」［六四］と。前節で紹介したような、男性の賃金と女性の賃金がトレード・オフの関係にあるとの理解に立てば、女性のためにこそ男性の高すぎる賃金を下げるべき、ということに当然なる。そして、こうした賃金ルールの変更を容易にするために、就業規則の不利益変更についての現在の判例の変更も求めている［一一二以下］。

◉「労働ビックバン」の位置

一九九九年に八代氏が『雇用改革の時代』で説いた、以上のような「改革」の方向は、その後着々と実施に移されてきた。

まず労働法制の規制緩和政策である。二〇〇三年には、労働基準法と労働者派遣法が改正され、有期雇用の上限期間の緩和、派遣労働の期間の延長（二六業務については期間制限を廃止）、製造業への派遣の解禁などが行われた。その結果、これまで正社員に行わせてきた仕事を有期雇用や派遣労働に置き換えることがいっそう自由になり、八代氏のいう「多様な働き方」の範囲が拡大した。

また各企業においても、業績主義（または成果主義）の導入が盛んである。『平成一六年就労条件総合調査』によると、過去三年間、「職務、職種などの仕事の内容に対応する賃金部分の拡大」を行った企業が一五・六％、「職務遂行能力に対応する賃金部分の拡大」が一七・六％、「業績・成果に対応する賃金部分の拡大」が二〇・七％となっている（複数回答）。

しかしながら他方で、こうしたこれまでの規制緩和・新自由主義の「改革」は、財界の側からみれば依然として不徹底なものであった。たとえば、派遣労働はたしかに大きく規制が緩和されたものの、なお業種や期間の制限が課されている。二〇〇六年に大きな問題となった偽装請負・

違法派遣はこうした制限を逃れようとするものであった。解雇の金銭解決を導入することも、就業規則の不利益変更を容易にすることも、この間の試みにもかかわらず、まだ実現していない。

業績主義の導入も、たしかに大きな流行にはなっているが、全体としていわれるほど年功賃金のルールが解体にいたっていないことは、日本経団連の『経営労働政策委員会報告』が毎年のように年功賃金の打破を叫ばざるをえないことからもわかる（たとえば二〇〇七年版でも、「年齢・勤続年数に偏重した年功型賃金制度から、社会のさまざまな仕事、役割、貢献度に応じたきめの細かい人事・賃金制度への移行を検討する必要がある」と不満が述べられている）。それゆえ、このような限界を突破し、規制緩和・新自由主義の流れを一気に加速させるべく、安倍政権のもと「労働ビッグバン」が唱えられることになり、名うての規制緩和・新自由主義論者である八代氏が政策立案の中枢にすわった、と考えられる。

そうした「使命」を受けて、八代氏は、この間精力的に論陣をはっている。たとえば派遣労働について、「労働者派遣法では派遣社員は正社員になるための前段階と位置づけているが、間違いだ」として、「対象業務の制限、事前面接の禁止など非現実的な規制をなくす」と述べている（朝日新聞二〇〇六年一一月一五日）。

また、「既得権を持っている大企業の労働者が、（下請け企業の労働者や非正規社員など）弱者をだしにしている面がかなりある」として、「正社員と非正規社員の格差是正のため正社員の待遇を非正規社員の水準に合わせる」との考えを示した（MSN毎日インタラクティブ二〇〇六年一二月一八日、八代『「健全な市場社会」への戦略』東洋経済新報社、二〇〇六年、五五頁も参照）。

さらに、政策決定の仕組みについても、従来のように審議会を通じて折衝をやっていると「ビッグバン」がスムーズに実施できないので、これを抜本的に改変しようとしている。八代氏は、「労働市場の改革は、日本経済の活性化にとって大きな意味をもっており、労使間の利害調整に終始する労働審議会だけで審議する時代は、もはや終わったのではないだろうか」(週刊東洋経済二〇〇六年一〇月一四日号)といっている。つまり、経済財政諮問会議や規制改革・民間開放推進会議など、労働者代表を排除した、さらには与党議員や各省庁との調整をも省略した機関を、これからは労働政策の立案の中心にしたい、ということである。

2　八代氏の主張をどうみるか

さて、ここで問題となるのは、八代氏があたかも女性や非正規社員の味方であるかのような姿勢をみせていることである。以上にみてきたように、八代氏は、女性や非正規社員に対する差別を解消し、「公正な労働市場」を実現するためにこそ、「労働ビッグバン」＝さらなる規制緩和・新自由主義が必要なのだ、と説いているのである。

しかし、これまでの規制緩和・新自由主義政策こそが、今日「格差社会」と呼ばれるようになった、女性や非正規社員の処遇の深刻な劣悪化を招いた元凶であるといわれているのに、その規制緩和・新自由主義をさらに推し進めることが格差問題の解決策であるとは、いったいどういうことなのだろうか。これは、今日のイデオロギー闘争上、早急に解明すべき一大論点である。

この問題を考えるためには、これまでの女性や非正規社員の運動が何をめざし、何を実現してきたのかを確認することが重要だと思う。

◉雇用保障を求める女性・非正規の運動

まず八代氏は、十分な雇用保障を求めることを「旧来の妻子を養う男性雇用者の価値観」であると決めつけている。女性にとっては、それよりも「多様な働き方の選択肢」があるほうがよい、という。はたしてそうだろうか。

ここで想起しなければならないことは、これまで、女性たちが自分たちの弱い雇用保障を男性並みに引き上げようと努力してきた歴史である（以下、中西英治『輝いて、しなやかに』新日本出版社、二〇〇二年を参照）。かつて一九六〇年代、企業で働く女性に対しては結婚退職制、つまり入社時に「結婚したら退職する」との念書を書かせ、それを盾にとって女性を強制的に排除する制度が横行していた。もちろん男性には適用されない制度である。しかし、男女平等を求める運動の前に、この制度は廃止を余儀なくされた。結婚退職制によって解雇された住友セメントの一人の女性が異議を申し立て、一九六六年、結婚退職制は憲法違反であるとの判決が出されたのである。

このようにして結婚退職制ができなくなった企業は、今度は男性と女性の定年年齢を変える差別定年制という形で、女性が弱い雇用保障におかれることをなおも確保しようとした。すさまじい執念というべきであろう。しかし、こうした企業のやり方も、女性たちの運動によって打ち破られてきた。一九八一年、最高裁は差別定年制を無効としたのである（均等法にもその成果が盛り込まれている）。こうした歴史のなかで、女性たちが要求してきたことは「雇用保障が弱くても多様な働き方を」ではなく、「男性と同様の雇用保障を女性にも保障せよ」であった。

こうした成果は、今日、働く女性の半分が非正規化されることによって、再び掘り崩されている。有期雇用を更新しないこと（雇い止め）や派遣契約を解除することによって、解雇規制の適用を免れることができる。その結果、野放図なリストラが可能となり、また妊娠したり、セクハラに抗議したとたんにその労働者の雇用を奪うという事態が横行している。

しかし、女性を弱い雇用保障に押しとどめる、このような新しい形の攻撃に対しても、有期雇用の雇い止めを撤回させ、派遣社員を正社員化させるたたかいが起こらざるをえないし、実際に起こっている。たとえば三洋電機では、有期で雇用されていた女性パート約一四〇〇人の雇い止めに対して、一九九一年、雇い止めを無効とさせる判決を引き出した。またこれは男性であるが、二〇〇六年、トヨタ系列の光洋シーリングテクノでは、偽装請負・違法派遣で雇用されていた労働者の直接雇用が勝ち取られている（『前衛』二〇〇七年二月号の森口論文参照）。

ここでもまた、彼女ら彼らの要求は「雇用保障が弱くても多様な働き方を」ではなく、「正社員と同様の雇用保障を非正規社員にも保障せよ」である。十分な雇用保障を求めることは、男性にとっても女性にとっても、正社員にとっても非正規社員にとっても切実な要求である。そして、多くの運動がその要求を実現してきているのである。

である。

◉賃金差別とのたたかい

同じことが賃金についてもいえる。八代氏は、女性や非正規社員のためには、これまでの世帯賃金を個人単位にし、業績主義の導入で年功賃金を打破することが必要だという。つまり、男性正社員の賃金を下げ、全労働者が徹底的に競争するようになれば、差別は解消する、という論理である。

しかし、賃金差別の是正を求める女性や非正規社員の運動は、そのような方向とはまったく反対に、男性に世帯賃金や年功賃金が支払われていることを根拠にして、それを女性や非正規社員にも支払わせることを要求してきた。これまで多くの運動があるが、たとえば芝信用金庫におけ る女性たちのたたかいがある（前掲『輝いて、しなやかに』および芝信用金庫男女差別是正裁判原告団編、文：中西英治『まっすぐに、美しい未来を』学習の友社、二〇〇五年参照）。同金庫では、職能資格制度が導入されており、昇格は試験によるものだったので、形式上は男女平等であったが、男女の賃金格差が広がっていた。男性がほとんど年功的に昇格・昇給しているのに対し、女性たちは試験の内容や職務の配置などで不利な状況におかれていたため、昇格・昇給できなかったからである。しかし女性たちは、これを不当な差別であるとして提訴し、二〇〇〇年、男性と同様に昇格させる判決を勝ち取った。その際、男性の賃金を下げたり、業績主義を導入したり、といったことは必要なかった。

非正規社員の賃金差別是正については、丸子警報器のたたかいが有名である（前掲『輝いて、しなやかに』および丸子争議支援共闘会議／丸子支援、パートをまもる全国連絡会編『パート・臨時だって労働者』学習の友社、二〇〇〇年参照)。同社では、既婚女性を「臨時社員」(パート)として採用していたが、仕事内容は正社員と同じであったにもかかわらず、臨時社員というだけで賃金差別を受けてきた。これに対し「セ・パ(正社員とパート)一体」の運動が展開され、このような差別は「人格の価値を平等とみる市民法の普遍的な原理」に反し、臨時社員に対し「正社員に準じた年功序列制の賃金体系を設ける必要があった」として、一九九六年、正社員との賃金格差が八割以下となるときは違法になるとの画期的判決を引き出したのである。ここでもまた、正社員の賃金下げや業績主義の導入は必要なかった。

図表３－２　労働分配率の推移

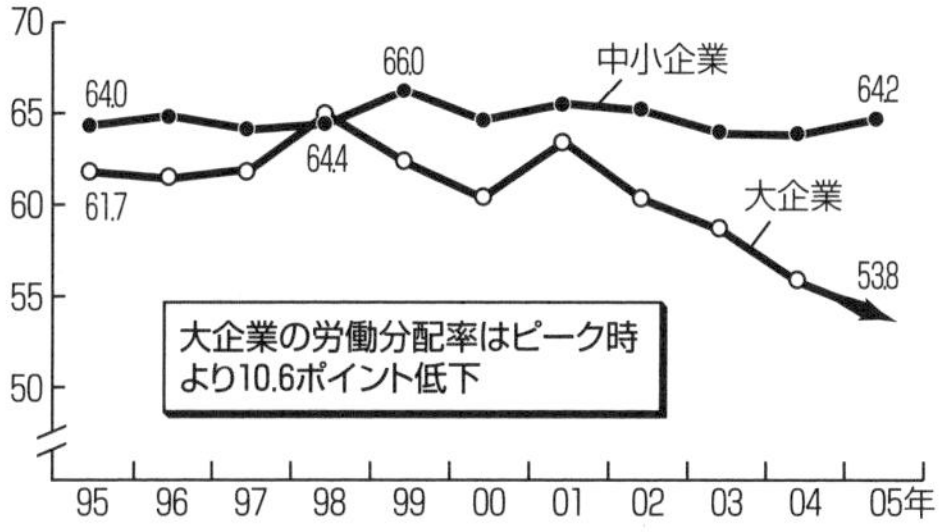

注：1.　大企業は資本金10億円以上企業（全産業）
　　2.　中小企業は資本金1000万～1億円企業（全産業）
資料出所：財務省「法人企業統計調査」
出典：しんぶん赤旗2006年11月18日

経済学的にみると、こうした運動の成果は、男性にくらべてより強い女性の搾取率(剰余価値率)を男性並みに弱めたもの、または非正規社員に対する搾取率を正社員並みに弱めたもの、といえる。もちろん、この女性や非正規社員に対する強い搾取率から企業はうまみを得ているから、容易にはこれを手放そうとはしない。しかし、「賃金原資は一定なので男性正社員の賃下げを行わなければ女性や非正規社員の賃上げは不可能」という理解の誤りは明らかである。女性や非正規社員の搾取率を弱めるために男性正社員の搾取率を高める必要はないからである。差別の是正とは「限られたパイ」の奪い合いでもなければ、「労働者間競争の徹底」でもないのである。

なおこの間、日本では労働分配率は大企業において著しく低下しているが（図表3－2）、そのひとつの要因は女性や非正規社員への搾取強化である。つまり、大企業の負担において女性や非正規社員に対する差別を是正せよとの要求が、ますます正当性と現実性をもっていることが確認できる。

◉運動つぶしとしての八代理論

以上のように、「声なき声」を聞くと称しながらも、女性や非正規社員の実際の運動を無視して、男性－女性や正社員－非正規社員の格差問題を論じるということが、八代氏の議論の最大の特徴である。

歴史を振り返れば、ある時点では男性のみにしか保障されていなかった権利や利益が、その後運動の力によって女性へと拡張させられてきたという例は決して少なくない。たとえば、近代的な議会制度を導入した国々において、当初、選挙権は男性にしか保障されてなかった。家庭内で父親や夫に従属すべき女性には、政治に参加する資格は当然与えるべきでないことは、「暗黙の前提」どころではなく、国家の公然たる方針であった。しかし、「男性に与えられている選挙権が女性に与えられないのはおかしい」と追及する運動の蓄積の結果、今日では女性にも選挙権が与えられるようになった。

労働問題もまた、支配の側と運動の側との力のダイナミック（動態的）なせめぎ合いとして捉えなければならない。八代氏は、労働問題をスタティック（静態的）に捉え、雇用保障、年功賃金、世帯賃金、またはそれらの全体である日本型雇用といったものそれ自体が本来的に差別を生み出すとして、その解体を主張するのであるが、これは根本的に誤っている。すなわち、一方には女性や非正規社員に対する差別を維持・強化し正当化しようとする企業側の力がある。雇用保障や賃金についてのルールが課されるとき、企業は、資本蓄積活動の自由を確保できるよう、できるだけそのルールの適用される範囲を限定しようとする。その際、「女性は本来家庭にいるべきものだから」、「非正規社員は雇用形態が異なるから」といった理由が活用される。これが女性差別であり非正規社員差別である。

たしかに、労働者や国民一般のなかの差別意識が強ければ、このやり方はそれなりに「うまくいく」のであるが、とはいえ、以上にみたように、これはやがてもう一方の労働者側の力との矛盾に逢着せざるをえない。すなわち、今日、憲法や労基法や均等法や女性差別撤廃条約等を根拠として、「男性に保障されているルールを女性たちにも保障せよ」との要求が次々と現れている。そして「人格の平等」の理念によって、雇用形態の違いによる差別の不当性も浮き彫りになり、その是正を求める運動が起こってくる。企業側の力を押し返す労働者側の力があるのである。以上で紹介してきた運動は、まさにこうした力が発揮された事例である。現実は運動によって動きうるのである。

ひるがえって八代氏の主張とは、つまるところ、こうした運動を否定し、封じ込めるものにほかならない。有期雇用や派遣労働の弱い雇用保障が「多様な働き方」として、それ自体として肯定され、正社員の雇用保障も崩されてしまえば、安定的な雇用を標準とすることができなくなるがゆえに、有期雇用の雇い止めを撤回させ、派遣労働者を正社員化するたたかいは困難に陥る。業績主義の導入と個人単位化によって、賃率が複線化され、全体として押し下げられてしまえば、賃金を要求する基準がなくなり、賃金差別を是正させるたたかいも困難になるであろう。

このようにして、私たちは、市場競争の結果を「やむをえないもの」、「変えることのできないもの」として粛々と受け止めるしかなくなる。これが八代理論の帰結なのである。

3 労働運動の課題

以上検討してきたように、八代氏の説く道は、平等を求める私たちの運動がこれまで成果を積み上げてきた、そしてこれからもめざしていこうとする道と異なっているというだけでなく、それに正面から敵対するものである。八代氏と私たちは、ただ「平等」という言葉の上で、、一致しているにすぎない。

八代氏がこのような論法を用いるのは、財界の側の事情からすれば、ある意味で当然のことである。つまり、これまでの多くの国々での経過からも明らかなように、規制緩和・新自由主義の政策を実行することによって実際に恩恵を受けるのは、大企業とごく少数の人々にすぎない。大多数の人々はいっそうの受難を強いられることになる。ところが現代は、曲がりなりにも民主主義的な政治体制が維持されているから、そうした「本音」を正面から認めてしまえば、規制緩和・新自由主義を実行に移すことはきわめて困難になる。それゆえに、大企業へと批判の矛先が向かないように、男性正社員の「特権」を敵に仕立て上げ、それを解体すれば女性や非正規社員にとっての展望が開かれるかのような理屈を展開することが、どうしても必要になるのである。

したがって、八代氏の主張の欺瞞性を徹底的に暴露することがいま労働運動に求められている。八代氏の願望するように、男性正社員の既得権解体をめざす新自由主義と女性や非正規社員との「統一戦線」がつくられてしまえば、財界にとってこれほど喜ばしいことはないし、逆に労働運動にとってこれほど悲劇的なことはない。

しかし、ここでさらに考えなければならないことは、男性正社員の既得権を攻撃する意見が労働者のなかにも一定数存在するという問題である。たとえば、あるパート労働者は正社員の労働組合に対して、次のようにいう。「あなたたちは経営者よりひどい存在だということが分っているか。私たちの労働条件のうえにあぐらをかいて搾取していると私たちは思っているのである」(労働法律旬報一六二一号、三四頁)と。実際今日、こうした声は少なくない。

本稿で述べてきたように、「正社員がパートを搾取している(または男性労働者が女性労働者を搾取している)」という認識は誤っている。しかし、にもかかわらず、このような声は、これまで多くの正社員組合が女性や非正規社員の問題に鈍感であった事実の屈折した反映であることは否定できない。私たちはこのことを深刻に受け止めなければならない。前述した『輝いて、しなやかに』にも、女性や非正規社員の切実な要求に対して、これまで労働運動がしばしば非協力的であったことや、さらには敵対的であったことが描かれている。

八代氏の主張とは、こうした労働運動の弱点に巧みにつけいり、差別に対する怒りを逆手にとって、人々を規制緩和・新自由主義へといざなおうとするものといえるであろう。八代氏の主張を単なる暴論として一蹴することができないゆえんである。それゆえ、八代氏の主張と対決するためには、こうした労働運動の弱点の克服を避けて通ることはできない。つまり今日、女性や非正規の問題は、「なるべく取り組んだ方がよい課題」ではなく、「それに取り組まないかぎり決して規制緩和・新自由主義と対決することができない課題」なのである。

第4章

男女賃金差別と年功賃金

■森ます美『日本の性差別賃金』の検討

◉はじめに

本章は、森ます美『日本の性差別賃金―同一価値労働同一賃金原則の可能性』(有斐閣、二〇〇五年。以下、本書からの引用は頁数のみを〔〇〇〕として記す)を素材に、男女賃金差別と年功賃金の関係につき、若干の考察を加えようとするものである。

周知のように、この間、現代日本における男女賃金差別の実態とその是正の方向性について多くの関心が寄せられ、研究が蓄積されてゆくなかで、年功賃金こそが男女賃金差別の源泉であること、したがって男女賃金差別是正のためにはこれを放棄しなければならないということは、立場を超えた通説となっている。しかし、実のところ、こうした議論は理論的にかなり曖昧なものであるのみならず、男女賃金差別における現実の対抗関係を無視して「あるべき賃金」を対置するといった思弁的な傾向が強いように筆者にはみえる。年功賃金の評価についての検討を避けて通ることはできない。

『日本の性差別賃金』は、日本における男女賃金差別の実態とその是正の方向性について全面的な検討を試みた著作であり、かつ男女賃金差別と年功賃金に関する今日の典型的な議論が展開されている。検討素材としてまことに適切であるといえよう。

1　「年功賃金＝属人的＝性差別的」というテーゼ

◉問題の所在

『日本の性差別賃金』と銘打つ本書にとって、その最大の課題は、日本における男女賃金差別の根拠を探ることにある。そこで森氏が繰り返し強調するのが「『年功賃金』が本質的にもつ性差別性」〔八三〕である。

ところで、周知のように、「年功」という語には「年の功」と「年と功」の両義があり、このことが年功賃金をめぐる議論をしばしば混乱させている。「年の功」基準とは、年齢または勤続年数のことを意味するが、「年と功」であれば、「年」＝年齢・勤続年数と並んで「功」すなわち各労働者の能力に対する査定が賃金決定に組み込まれていることになる。そして、「年功」を「年と功」と理解するのであれば、「年功賃金＝性差別的」ということは筆者も一応了解できる。「年と功」基準に「年」と区別された「功」が含まれる限りにおいて、評価者の主観に基づく労働者評価が可能となり、そのことが性差別を可能とするからである。

しかし、森氏が次のように述べるとき、その意味するところは、「年と功」基準が性差別的ということではない。曰く、その〔年功賃金が本質的に性差別的であることの根拠の〕一つは、年功賃金が属人給であり、職務や労働の質と量にもとづかない賃金であるという点である。労働者の属性を賃金決定の基準とする年功賃金は、ジェンダーによる格差を容易に形成し、男性には年齢と勤続に応じた賃金上昇を、女性には、年齢、勤続とは無関係に、労働生涯の全期間を通じて、年功賃金の出発点をなす低い単身者賃金を支給してきた。そして年功賃金におけるこの〈職務と賃金の分離〉は、女性労働者が実際に関わっている仕事や労働の質量から目をそらし、「仕事に見合わない低賃金」を可能としている。〔八三〜八四〕

これが本書における森氏の基本テーゼである。「年の功」基準も性差別的であるという主張と理解されよう。それは、森氏が電産型賃金を年功賃金の典型とみていること〔八三〕からも、また、年齢を賃金決定の際の基準とすることに対して、森氏が「差別に繋がるこの属人的要素は排除しなければならない」〔三〇五〕としていることからも明らかである。年齢や勤続年数を反映した賃金決定は「労働者の属性」に関わる「属人的要素」を基準としているがゆえに本質的に性差別的である、としているのである。

※　なお、本書において森氏は「年功賃金」の定義を示していない。また「年功賃金」の語を括弧つきで用いる場合とそうでない場合とがあり、さらに「年功的賃金」といった用語も見られ、これらのニュアンスの違いも定かではない。しかし、本稿で紹介する賃金差別是正の事例において用いられている「年功」概念はすべて「年の功」を意味していることから、さしあたり本稿では「年功」を「年の功」として、つまり「年功賃金」を「年齢・勤続年数が制度上または慣行上反映して決定される賃金」として理解し、筆者もそのようなものとして用いる。そして上に述べたように、森氏は「年の功」賃金を含めた

うえで「年功賃金の性差別性」を論じていると解されるから、このような定義に基づいて議論を進めることは、森氏の意図を狭く理解することになるとしても、誤解にはならないと思われる。

さて、前述したように、主観を含みうる「能力」を基準とすることは性差別を生みやすいといえるが、年齢、勤続年数による賃金決定も性差別的ということになれば、問題はまったく異なってくる。これは納得しがたい理論である。ここで森氏が述べていることは、「年齢・勤続年数による賃金決定」と「性による賃金決定」の両者は、いずれも「労働者の属性による賃金決定」という抽象的な概念に含めようと思えば含めることができる、というだけの話であって、「年齢・勤続年数による賃金決定」と「性による賃金決定」が連動することの社会科学的な説明にはなっていないからである。むしろ逆に、年齢、勤続年数を重ねるという現象が男女にとってまったく同一であり、そのことを企業が恣意的に操作できない以上、「年齢・勤続年数による賃金決定」は女性差別に対して制約的である、と考えられる。

◉年功賃金準拠による男女賃金差別是正

年功賃金の建前を貫徹して、男性も女性も年齢・勤続年数に応じて昇給するという状態は理論的に十分想定しうるし、現実にも存在する。そして何よりも、現実の男女賃金差別の是正をめざす運動はその状態を要求し、実現してきたのである。この事実は「年功賃金＝属人的＝性差別的」テーゼに対する雄弁な反証であるように思われる。

そこで以下、代表的な裁判事例に即して、男女賃金差別の是正において年功賃金がどのような役割をもっているのか、具体的にみていくことにする。なおその際、年功賃金の現象形態との関係で、二種類のケースに区分することが有用である（本稿で裁判事例を紹介する際、請求の法的根拠、慰謝料請求、消滅時効などの論点にはふれず、また事実についても適宜要約している。詳しくは判決本文や注にあげた文献を参照されたい）。

(1)男性の年功賃金が制度的に担保されているケース

まず、男性に対しては年功賃金が制度的に担保されている、つまり、年齢給や勤続給のように査定なしで年齢・勤続年数を直接反映した賃金制度となっている一方、女性にはそれが適用されないケースがある。

【秋田相互銀行事件[1]】

男女賃金差別裁判の嚆矢である秋田相互銀行事件がその最も単純な原型を示している。本件は、原告女性七名が、女性に男性と異なる賃金表を適用したことは労基法四条に違反するとして、差額賃金の支払いを求めた事例である。

図表4-1にみるように、被告銀行の基本給を構成する本人給は、男性に適用される⑴表と女性に適用される⑵表の二本立てになっていた。⑵表は、⑴表に比べ、年齢二六歳以降は上昇率が低下し、各年齢ごとに徐々に差額を拡大しながら、定年に達するまで一貫して低額の支払い額が定

図表４－１　秋田相互の男女別本人給の推移

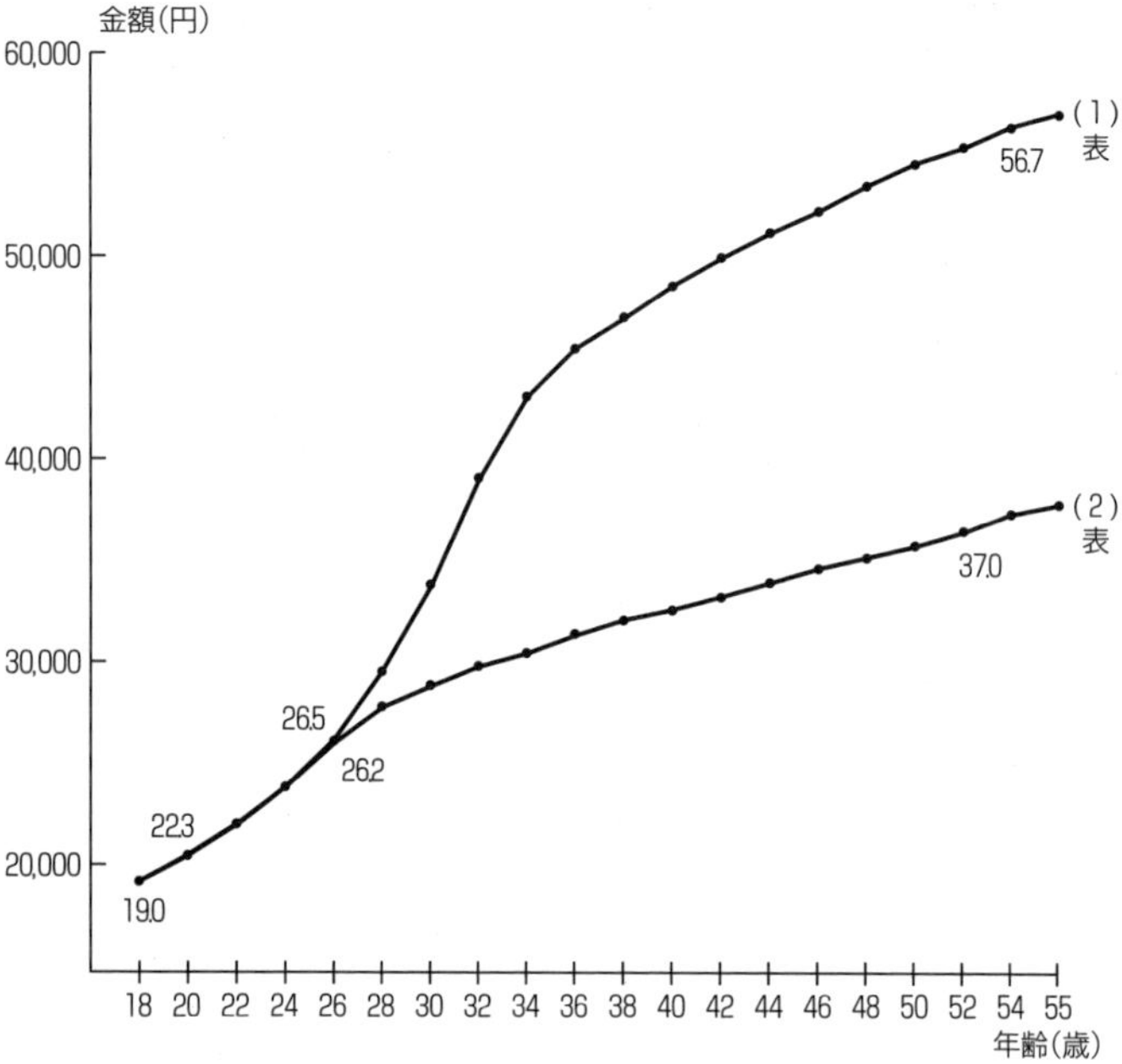

出典：中島通子・山田省三・中下裕子『男女同一賃金』（有斐閣、1994年）71頁

められていた。

一九七〇年度に労基署の指導を受けた銀行は、(1)表を「扶養家族を有する者」、(2)表を「扶養家族を有しない者」に適用するとしたが、扶養家族のない男性には別途に「調整給」を支払っており、結局(1)表と同額の金額が本人給として支払われていた。そこで原告らは、原告らに(2)表により支給された賃金と、同一年齢の男性が(1)表により支給された賃金との差額の支払いを求めたのである。

秋田地裁は、銀行の女性に対する差別的取り扱いを認定し、「労働契約において、使用者が、労働者が女子であることを理由として賃金について男子と差別的取扱いをした場合は、労働契約の右部分は労働基準法四条に違反して無効であるから、女子は男子に支払われた金額との差額を請求することができる」と判示して、銀行に差額賃金の支払いを命じた。

つまり、この勝利は、男性に支払われている年功賃金を女性にも支払わせたということである。原告にそれまで適用されていた⑵表の賃金も、勝利を経て適用されることになった⑴表の賃金も、いずれも属人的な賃金である。属人的であることが性差別的であるとは限らないということ、宿命的に年功賃金を性差別的なものとみなすことはできないということを、この事例は端的に示している。

【三陽物産事件[2]】

本件は、原告女性三名が、「世帯主であること」および「勤務地を限定していないこと」との基準によって、女性に対して本人給を据え置いたことは差別であるとして、差額賃金の支払いを求めた事例である。本件もまた、実質的には秋田相互銀行事件と同様の男女別の賃金表が設けられていた事例であるが、男女間の適用区分が間接的な論理に基づいていた点に特徴がある。

すなわち、被告会社の基本給を構成する本人給は社員の年齢に応じて定められていたところ、そこでは、①家族を有する世帯主の従業員には、実年齢に応じた本人給を支給する。②非世帯主または独身の世帯主であっても、勤務地域を限定しない従業員については、同じく実年齢に応じた本人給を支給する。③非世帯主および独身の世帯主で、かつ、勤務地域を限定して勤務している従業員については、実年齢が二六歳を超えても、二六歳相当の本人給を支給する、との基準によって支給するという運用がなされてきた。その結果、男性には全員に、世帯主であるかまたは勤務地非限定という基準を満たしていることにより、実年齢に応じた本人給が支給されていたのに対し、一部の例外を除いて女性は非世帯主でありかつ勤務地限定であったため、何歳になっても二六歳相当の本人給しか支給されなかった。そこで原告ら（いずれも非世帯主、勤務地限定）は、実年齢に応じた賃金の支払いを求めたのである。

東京地裁は、たしかに世帯主・非世帯主の基準は形式的には男女を差別するものではないが、実質的には「世帯主・非世帯主の基準が女子従業員に一方的に著しい不利益となることを容認して右基準を制定したものと推認することができ……女子であることを理由に賃金を差別したものというべき」とした。また勤務地限定・無限定についても、実際に転勤する例は稀で、そのような基準は「真に広域配転の可能性があるが故に実年齢による本人給を支給する趣旨で設けられたものではなく、女子従業員の本人給が男子従業員のそれより一方的に低く抑えられる結果となることを容認して制定され運用されてきたものであることから、……労働基準法四条の男女同一賃金の原則に反し、無効である」と判示し、差額賃金の支払いを命じた。これもまた女性に男性と同様の年功賃金を支払わせた事例である。

(2) 男性の昇格が年功的に運用されているケース

他方、以上の事例に対して、職能資格制度などで、昇格・昇給が査定を前提にしているもとで、女性に対する昇格差別が争われるケースがある。もともと職能資格制度は、日経連『能力主義管理』（一九六九年）で繰り返し述べられているように、年功賃金の規範性を弛緩することを目的としていた。個々の労働者について「職務遂行能力」の査定を経なければ昇格・昇給できないようにすることで、年功で賃金が上がるという従来のルールを弛緩させ、昇給カーブを複線化しようとしたのである。したがって、年齢給や勤続給とは異なり、職能資格制度そのものは制度的に年功賃金を担保するものではない。

ところが、その後大企業を中心に導入が行われた職能資格制度は、年功賃金を崩すという、その本来の使命を十分に果たすことができなかった。昇給の頭打ちを容認するわけにはいかない労働者側の要求との対抗のなかで、制度上は職能資格制度ではあっても、そこでの昇格を年功的に運用することで、結局は年功賃金を支払わなければならないという不本意な妥協を企業は強いられることになったからである。[3] そこでは資格の「標準滞留年数」といった、制度本来の趣旨からはまったく矛盾するものが設けられてしまった。職能資格制度の唱道者である楠田丘氏も「私の場合はAを取らないと何万年たっても資格を上げないと言っているのを、大体標準五年たったら上に上げていこうという昇格をやるものですから、運用が年功的に流れてしまった」[4]（傍点―引用者）と嘆かざるをえないゆえんである。

ただし、このような、職能資格制度を形骸化させ、そのもとでもなお年功賃金規範を貫徹させてゆこうとする労働者側の圧力は、通常、それを女性にまで及ぼすほどには強力ではなかった。つまり、女性には、男性に適用されている年功的な昇格・昇給というルールが適用されず、低位の資格・低賃金に据え置かれることになったのである。

労使のジェンダーバイアスが強固であればかかる状況が問題視されることもない。しかしながら、そのなかから、女性にも男性と同じルールを適用して男性と同様に年功的な昇格・昇給を行え、との要求が登場することもまた必然であった。

【鈴鹿市役所事件(5)】

この問題を争点化した先駆的事例が鈴鹿市役所事件であると思われる。本件は、原告女性一名が、同期の男性がほぼ年功的に昇格しているもとで、自分には昇格が行われなかったことを差別として、差別を受けなかった場合との差額賃金の支払いを求めた事例である。

被告市における給与制度の運用は民間企業における職能資格制度の年功的運用と酷似していた。すなわち、同市の給与条例は職務給制を採用し、職務の内容が変われば等級も変わり、逆に職務の内容が変わらなければ等級も変わらないという、いわゆる一職一等級制を建前としていた。しかし、実際には、等級別の定数は定められておらず、職務内容の変更を伴わないで昇格する例も稀ではないといったように、職務給制がゆるやかに運用されていた。

しかしその運用において男女は平等ではなかった。一九七〇年、五等級であった原告は四等級への昇格に必要な在級年数、経験年数を満たしていたにもかかわらず、昇格は行われなかった。さらに七一年、被告市では昇格基準が「五等級一六号俸以上の吏員のうち任命権者の認める者」とされていたところ、汚職、怠業などの理由がある者を除き五等級一六号俸以上の男性はすべて四等級へと昇格した。ところが原告については、五等級二〇号俸であったにもかかわらず昇格が行われなかった。

津地裁は、「被告市において……『五等級一六号俸以上の吏員のうち任命権者の認める者』との昇格基準は、男子職員に限って同号俸以上の者で基準に関する所定の在級年数・経験年数の要件を充足している者は、昇格不適当と認める特段の事由のない限り一律に昇格を認める形で運用されたものと推認できるから、右昇格基準が地方公務員法一三条の趣旨にしたがい女子職員に対しても男子職員に対してなされたのと同様の形に平等に運用されていたならば、原告は当然昇格対象者とされ、昇格されてしかるべきものであったと推認できる」として、差額賃金の支払いを命じた。つまり、女性にも男性と同じく年功的な昇格を行うべきであるとしたのである。

【芝信用金庫事件⑹】

昇格差別について論じる以上、芝信用金庫事件を逸することはできない。本件は、原告女性一三名が、同期同給与年齢の男性がほとんど課長職（旧人事制度では副参事）に昇格しているにもかかわらず、自分たちが昇格できないのは女性であることを理由とする差別であるとし、課長職への昇格（退職者を除く）と昇格差別によって生じた差額賃金の支払いを求めた事例である。

被告金庫では職能資格制度が導入されており、賃金もそれに基づいていた。ここで問題となった課長職への昇格については試験制度が設けられていた（人事考課五〇％、学科試験三〇％、論文試験二〇％）。制度上の建前からすれば、原告たちが課長職に昇格できないのは試験に合格しなかったから、ということであり、裁判で被告金庫側もそのように主張してきた。

しかし昇格の実態に立ち入ってみるならば、まず第一に、昇格試験は女性職員にとって実質的に不利なものであった。規程上は職位に関係なく昇格試験を受験できるとはいえ、その内容は専門的な知識を問うものであり（学科試験）、また管理者としての立場の回答を求めるものであり（論文試験）、実際には係長にならなければ合格できないものであった。ところが男性はほぼ全員係長に配置されているのに対し、女性はほとんど係長に配置されていなかった。

加えて第二に、被告金庫では、男性については、昇格試験に合格していないにもかかわらず昇格させるという例外的措置がとられてきた。すなわち、第一組合との和解協定に基づき同組合員一五名他一名を副参事に、四名を「抜擢人事」として参事等に、昇格の遅れていた者一名を「政治的配慮」から副参事に、それぞれ昇格させるといった、男性のみに対する優遇措置が行われてきたのである。

こうしたことを背景として、図表４－２のように、男性は勤続二〇数年で、ほぼ全員が課長職に年功的に昇格する一方、ほとんどの女性は課長職へ昇格することができないでいた。職員全体の男女構成比はおよそ二対一であるにもかかわらず、課長職以上の男女構成比は九九・六％対〇・四％で推移してきたということも、歴然とした男女の昇格差別の存在を物語っていた。

訴えに対して被告金庫側は「職能資格制度の下では、当該職員の職務遂行能力を基礎として昇格をなしているのであって、年功的要素を基準としていない」と抗弁したが、東京地裁は、試験制度についての意図的な女性差別政策の存在は否定したものの、昇格の実態を重視し、次のよう

図表４－２　芝信用金庫における昇格状況の推移

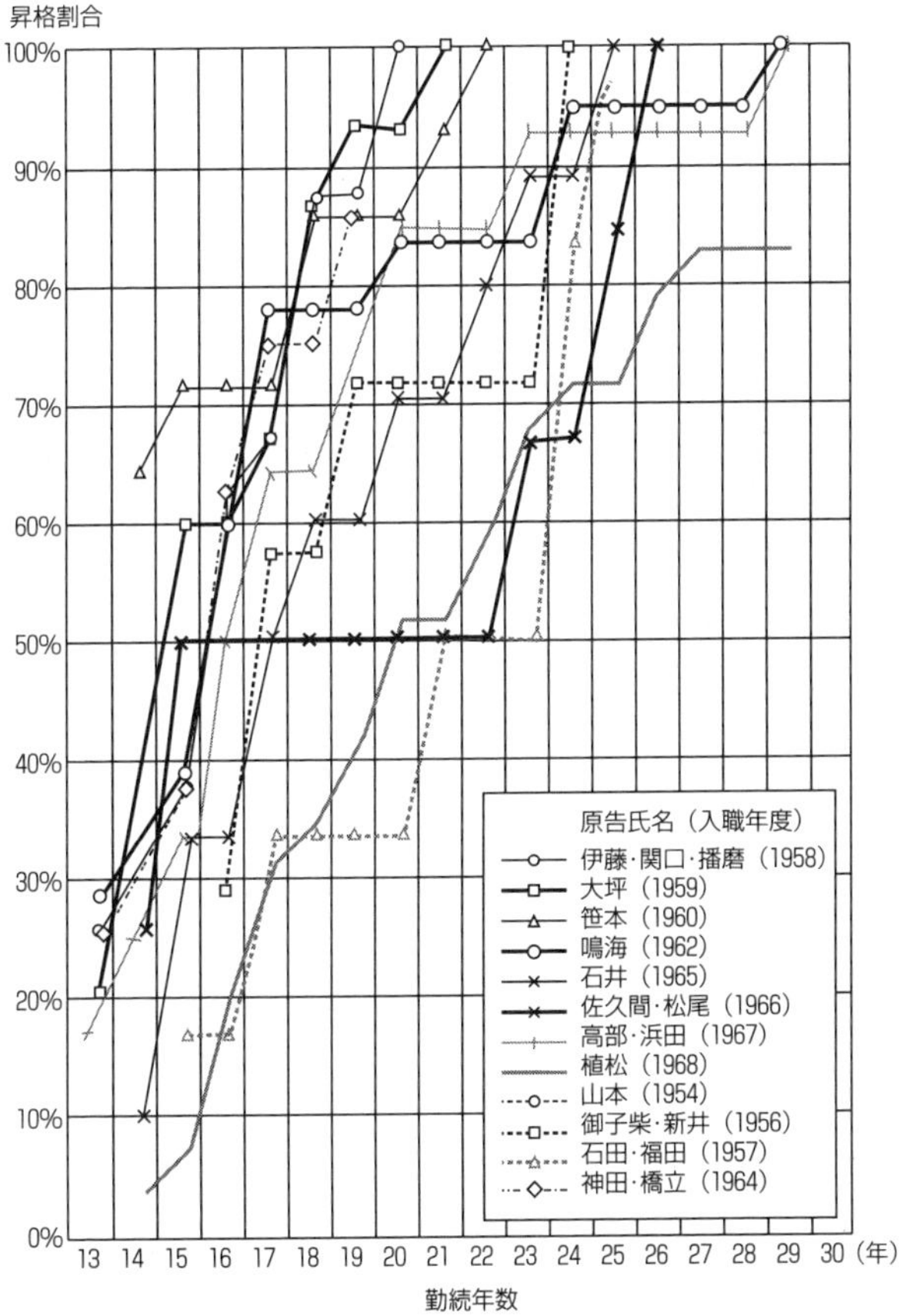

出典：芝信用金庫男女差別是正裁判原告団編『まっすぐに、美しい未来を』（学習の友社、2005年）186頁。伊藤から植松までが原告女性。山本以下は従組（＝少数第一組合）組合員。従組の男性に対する昇格差別も並行して係争していたため、それに関するデータも記載されている。

に判示して原告らが課長職の地位にあることを確認し、差額賃金の支払いを命じた。

同期同給与年齢の男性職員の副参事への昇格については、昇格試験制度の下にありながら男性職員については年功的要素を加味した人事政策によってほぼ全員が副参事に昇格したものであって……このような人事政策は……労使慣行として確立していたものということができる。

ところが、被告は、右のような男性職員に対する労使慣行の適用を女性職員に対しては適用せず、この埒外に置くという人事政策をなしてきたのであるから、このような措置は就業規則三条〔性別等を理由とした労働条件の差別的取扱いの禁止〕に違反することは勿論のこと、現行法秩序のうえからも到底許されることではないといえる。

続く東京高裁においても、男性職員のほぼ全員が課長職に昇格しているという事態は「極めて特異な現象」であるとされ、「同期同給与年齢の男性職員のほぼ全員が課長職に昇格したにもかかわらず、依然として課長職に昇格しておらず、諸般の事情に照らしても、昇格を妨げるべき事情の認められない場合には、当該一審原告らについては、昇格試験において、男性職員が受けた人事考課に関する優遇を受けられないなどの差別を受けたため、そうでなければ昇格することのできたと認められる時期に昇格することができなかったものと推認するのが相当」として同じく昇格請求と差額賃金請求が認められたのである。

差別の是正を求める女性にとって、男性の昇格・昇給が年功的であるという事実が肯定的な意味においてきわめて重要であったのである。

◉芝信用金庫事件の「教訓」

ところで、以上の点に関わって、経営法曹である石嵜信憲氏が芝信用金庫事件について次のように述べているのはきわめて興味深い。曰く、

会社の立場に立って考えれば、昇格試験制度という公平な人事制度の基準を作った以上、それを厳格に運用すべきであったというのが大きな反省点ともいえるし、他の企業にも重要な命題といえる。(7)

そういう〔男性に対する年功的な優遇といった〕例外的取扱いをするということが最終的には女性差別を認める裁判所の最終的な根拠のよりどころになっているような気がしますので、ここらへんはもう、平等規定を作ったらそこからこぼれる男性がいても実務的に救うわけにはいかんというのをきちっとやるのかなというのが全体の話です。(8)（いずれも傍点―引用者）

いわんとしていることは明瞭であろう。つまり、女性を昇格させないためにも男性をずるずると年功的に昇格させるべきではないということ、そうならないように職能資格制度の運用を「厳密に」「きちっとやる」ということ――このことこそ、芝信用金庫事件の敗北から汲み取るべき企業側の教訓なのである。

これを図示してみると、**図表4-3**のように、男性に対する年功賃金規範が強固となっていて昇格・昇給がAのように標準化されていれば、女性の資格・賃金BもAまで引き上げよという要求が強い正当性をもつ、ということである。この論理は訴訟のうえでも労使交渉のうえでも有効で

図表４－３
年功賃金規範が強固な場合の推移

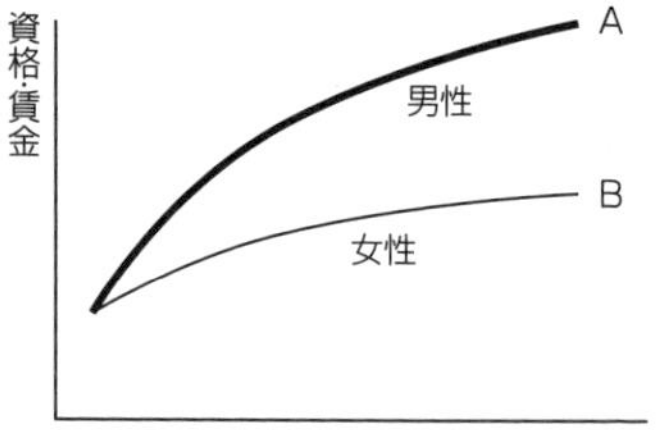

図表４－４　職能資格制度を「厳密に」
運用していく場合の推移

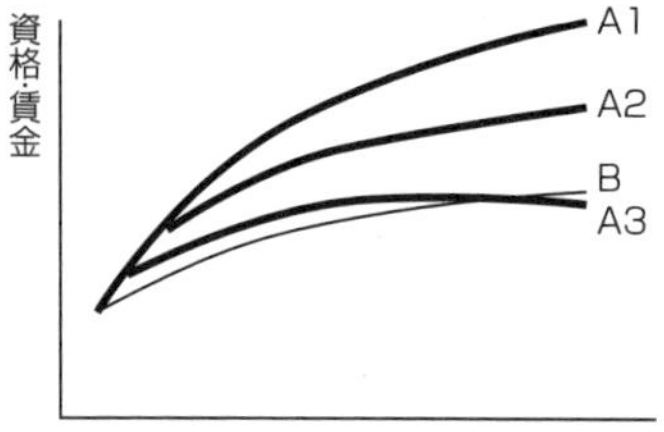

ある。しかしそうではなく、もし、図表4－4のように、年功賃金規範が弛緩して、つまり職能資格制度が「厳密に」「きちっと」運用されて、男性の昇格・昇給が収斂したカーブを描かずにＡ１～Ａ３のように複線化していたとすれば、女性の資格・賃金を男性の年功的なそれに準拠せよという要求の正当性はそれだけ減殺されることになる。「Ａ３のような男性もいるではないか」という抗弁が可能となるからである。差別是正を訴えられた金庫側が、自社の賃金が年功賃金ではないことを示そうとしたのは、まさにこの点を踏まえていたからにほかならない。

しかし、原告女性側の執拗な追及によって、男性の賃金は年功賃金であることが明らかとなった。それによって初めて、年功賃金規範を女性にまで貫徹することができたのである。(9)

2　「女性の職務内容への着目」の意義

◉「仕事に見合わない賃金」としての年功賃金

前述の森氏の基本テーゼに戻ろう。年功賃金が本質的に性差別的であることの根拠として、それが属人基準であることがいわれているが、それと並んで、または表裏の関係で指摘されていることは、年功賃金が「仕事に見合わない」ものでもある、ということである。ほかでも森氏は「賃金決定において女性労働者が職場のなかで日々携わる職務の内容が不問に付され、職務と賃金の乖離が罷り通っている」〔八五〕と述べる。つまり、「職務と賃金」を連動させることで男女賃金差別が是正されるという見通しがそこにはある。

しかし、「賃金決定が仕事基準である⇔仕事基準ではない」という問題と「男女賃金差別が弱い⇔強い」という問題は別次元のことであるように思われる。性差別的な属人給と性差別的ではない属人給があるのと同じように、仕事給についても性差別的なものとそうでないものがある。たとえ賃金が「仕事に見合う」ものであっても、男性には「高級な仕事」、女性には「低級な仕事」を割り当てることによって、「ジェンダーによる格差」は「容易に形成」されるであろう。このことは、かつて松下電器で導入された「仕事別賃金」の経験が示すとおりである。[10]

◉女性の職務内容に着目した裁判事例

また森氏は、「女性の職務内容への着目と女性職務の再評価の流れが形成されつつある」〔二八八〕として、六件の男女賃金差別裁判を紹介し〔二八七〜二八九〕、そしてこれらの事例から「男女賃金差別訴訟において同一（価値）労働同一賃金原則の観点から、原告女性と男性労働者の従事する仕事・職務の内容を意識的に争点化していくことが必要」〔二八九〕と総括を引き出している。

しかし、これらの六事例も「属人基準＝性差別的」「仕事基準＝非性差別的」ということを裏づけるものではない。まず判決の時系列順にその内容をみておく。

【日ソ図書事件[11]】

本件は、退職した原告女性一名が、在職中入社時期および年齢が近い男性四名と同等の職務に従事していたにもかかわらず賃金格差があったのは差別であるとして、差額賃金の支払いを求めた事例である。

原告は一九六六年に正社員として入社した。その担当業務は、当初は補助的・定型的なものであった。しかし入社翌年からは神田店（販売店）の事実上の責任者となり、また七二年からはロシア語書籍カタログから注文書籍を選定するという高度な判断能力を要する業務をも行うようになり、のち店長、次長待遇となった。この職務内容および職位は、入社時期および年齢が近い男性四名と比較して同等のものであった（うち男性一名は原告の部下であった）、にもかかわらず基本給においては明確な格差が存在した。

そのわけは初任給における男女格差にあった。被告会社では毎年、個々の社員について、前年度の基本給に一律のベースアップ率を乗じて昇給を行っており、その結果、賃金は年功的要因、特に年齢との相関性が高くなっていた。ところが、原告は入社時の初任給が低く据え置かれていたため、昇給率が男女同率ではあっても、その後格差が拡大する仕組みになっていたのである。

東京地裁は、初任給格差自体については差別を認定しなかったが、「年齢、勤続年数を同じくする男女間の賃金格差の合理的理由となり得るのは、その提供する労働の質及び量に差異がある場合に限られる」との前提に基づき、原告女性については遅くとも一九七二年の時点で「男子社員と質及び量において同等の労働に従事するに至った」と認定し、このことにもかかわらずその後も放置された格差は労基法四条に違反するとして、会社に差額賃金の支払いを命じた。

【石崎本店事件[12]】

本件も日ソ図書事件と同じく、初任給格差に基づいて差別が生じたケースである。本件は、原告女性一名が、女性であることによって初任給に男女差別が設けられ、その後もそれに基づく差別が継続したとして、差額賃金の支払いを求めた事例である。

被告会社では、毎年定期昇給が各人の基本給に各人の昇給率を乗じて行われており、そのため初任給の格差がその後の賃金額に反映する仕組みとなっていた。中途採用で入社した原告は、同じく中途採用で、年齢、入社時期の近似する男性三人とくらべて初任給が低く設定されていたが、裁判になって、会社側は、初任給格差は「経験工」と「素人工」の区分に基づくものであると主張するにいたった。経験工は高密度・高負荷・複雑作業を行い、素人工は単純繰り返し作業を行うものとして、採用段階において区別されており、これは本人の希望によって決めていたと抗弁したのである。

しかし、審理のなかで、採用時にそのような区別があることを聞いた者はいないこと、また原告が属する製造課では、実際の仕事内容はすべてガラス部品を取り付ける作業で、男女とも同じであったことが明らかとなった。経験工と素人工の区別についての会社側の証言も食い違っていた。

これを受けて広島地裁は、「被告において……経験工、素人工という区別があり、女子は全員素人工となったという……〔会社側の〕証言は信用できず、他に中途採用男女の初任給格差に合理的理由があったことを認めるに足る理由はない」として、会社側の抗弁を退け、男性の初任給から原告の「あるべき初任給」を算出したうえで、それに原告の毎年の昇給率を乗じ直し、差額賃金の支払いを命じた。

【塩野義製薬事件(13)】

本件は、退職した原告女性一名が、在職中同期男性と同一の職務に従事していたにもかかわらず低い賃金に据え置かれたとして、差額賃金の支払いを求めた事例である。

被告会社では、一般従業員について、職務レベル別に二〇の能力給区分が設定されていた。各能力区分ごとに経験年数別の標準者基準額が設定され、さらに査定による調整が加えられていた。

原告は一九六五年に補助職として採用された。しかしその後、基幹職である製品担当の業務を試験的に担当し、そして七九年、女性として初めての「製品担当」となった。ここで原告は同期男性五名と同じ職務を担当するにいたった。

原告は補助職として採用されたことにより、能力給区分は一一であった。ところが、被告会社の能力給は、役付にならなければ能力給区分を変更しないという運用がなされていたために、職種変更にもかかわらず、原告の能力給区分は一一のままであった。他方、同じ業務を担当していた同期男性は基幹職として採用されたことにより、能力給区分は七であった。能力給七と一一は歳を経るごとに格差が増大するものとなっていた。

大阪地裁は、「同じ職種を同じ量及び質で担当させる以上は原則として同等の賃金を支払うべき」であるとして、原告女性の職種を変更して製品担当とさせた一九七九年以降、能力給を是正しなかったことによって生じた男女賃金格差を労基法四条違反とした。そして諸般の事情を考慮して、男性の能力給平均額の九割を差別がなければ支払われていた賃金額と算出し、差額賃金の支払いを命じた。

【内山工業事件⑭】

本件は、原告女性一九名（退職者八名を含む）が、賃金表の適用において差別を受けたとして、差額賃金の支払いを求めた事例である。本件で問題となったことは、秋田相互銀行事件や三陽物産事件と同様の男女二本立て賃金表の存在であった。

一九八一年まで被告会社では、男女別の適用が明示された「男子賃金表」とそれより低額の「女子賃金表」が用いられていたが、八一年以降は、「賃金表Ⅰ表」とそれより低額の「賃金表Ⅱ表」になり、それぞれ勤続給と年齢給が設定された。しかし、実態としては例外なくⅠ表は男性、Ⅱ表は女性に適用された。

原告らはこの適用区分を不当な差別とし、男性と同じくⅠ表の適用を求めたが、しかし会社側は、二種類の賃金表は、労働者が担当する職務を①肉体的負担の軽重、②機械の操作、高度な知識技術の要否、③製造工程か仕上げ工程か、といった工程過程の所属、④作業環境の安全性によって区分したうえで適用を行っており、それゆえ性別による不合理な差別ではないと主張した。ところが、裁判の過程で、こうした区分の根拠はきわめて曖昧なものであることが明らかになった。I表が適用されるとされた金型交換作業を女性も行っていたことなど、仕事上で男女の配置が截然と分離していたわけではなく、人事担当者自身も職務の区分の明確な基準について回答できなかった。

これらをふまえて岡山地裁は、「男子従業員と女子従業員は同価値と評価される職務に従事しているものといえる」と認定し、差額賃金の支払いを命じた。なお、会社は控訴したが、広島高裁岡山支部は「男女の職務の相違というのは後付けの理由にすぎないもの」として、一審判決を維持した。

【京ガス事件⑮】

本件は、原告女性一名が、同期入社の男性社員との賃金格差について、同一価値労働同一賃金原則に基づき、差額賃金の支払いを求めた事例である。

被告会社では明確な賃金制度は存在しなかったが、男性は監督職、事務職ともに年功的に処遇され、年功賃金が支払われていた〔二八五〕。しかし、原告女性（事務職）はそれが適用されず、同期入社である男性S（監督職）との間にはおよそ七割の賃金格差が存在していた。

この事例特有の事情は、原告と比較対象男性であるS監督職との職務が明らかに異なっていたという点であった。原告は施行報告書等の作成、積算・見積もり書の作成等、S監督職は現場での立ち会い、苦情処理等を担当していた。塩野義製薬事件などのように職務が同一といえる場合であれば、ただちにそこを突破口として女性の賃金を同一にまで引き上げるという道筋が描かれるが、そうした事例とは異なり、本件の場合、原告側はまずはS監督職が比較対象となりうるという根拠を説得的に示す必要があった。

ここで重要な役割を果たしたのが森氏による鑑定意見書であった。森意見書は、カナダ・オンタリオ州のペイ・エクイティ法の手法を用いて、原告とS監督職との職務評価を行った。具体的には、両者の職務をそれぞれ一三および一六に分解して、それに要する「知識・技能」、「責任」、「精神的・身体的な負担と疲労度」、「労働環境」を点数化し、両者の主要な五職務についての平均点を算出した。その結果、原告とS監督職の職務評価点が一〇七点対一〇〇点となることが明らかとなった。

これを受けて京都地裁は、原告とS監督職について、「その各職務の価値に格別の差はないものと認めるのが相当」として、差額賃金（ただし男性の八五％）の支払いを命じた。

【昭和シェル石油事件⑯】

本件は、退職した原告女性一名が、在職中女性であることによる昇格差別を受けていたとして、差額賃金の支払いを求めた事例である。職能資格制度に基づいて賃金が決定されているもとで、男性の昇格が年功的に行われていたのに対し、女性の昇格はそうではなかったところ、これを差

図表4－5　昭和シェル石油における男女の賃金分布

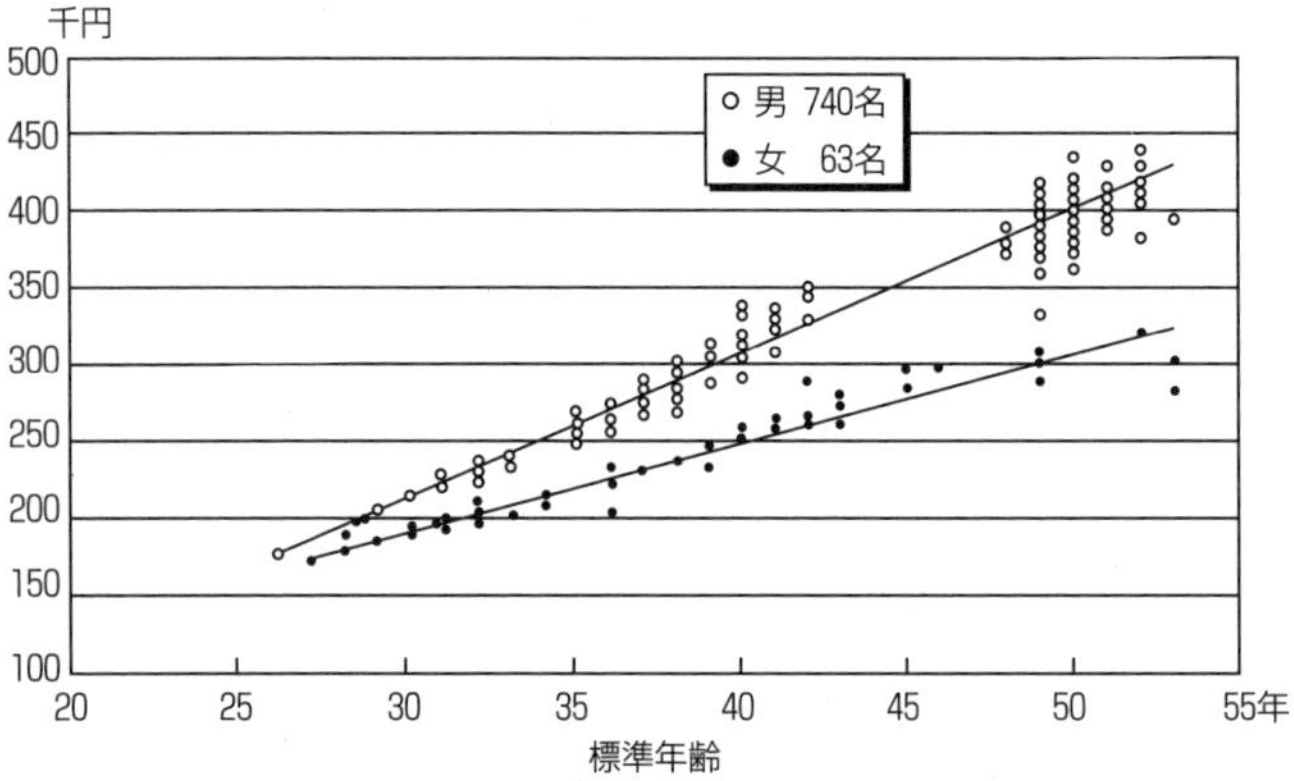

資料出所：原告側文書提出申立による会社側提出資料（甲第112号証）。
出典：木下武男「職能資格制度の年功的性格と性差別的構造について（上）」（『賃金と社会保障』1336号、2002年）5頁

別として訴えたものであり、鈴鹿市役所事件、芝信用金庫事件の系譜に位置するといえよう。

高卒で入社した原告は、一九八五年他社との合併に伴い職能資格G3に格付けされ（当時五二歳）、その後G2に昇格したが九二年に退職するまでそのままであった（被告会社の職能資格は上からM4B－S1－S2－S3A－S3B－G1－G2－G3－G4）。しかし他方で、高卒男性は五二歳までにはほとんどがS2以上に昇格していた。また原告は、定期昇給における人事考課（上からS－A－B〔標準〕－C－D）においても低位であった。こうした昇格差別・人事考課差別は原告以外においても行われ、その結果、男女の賃金分布は図表4-5のようになっていた。原告は、差別がなければ少なくとも合併時にS2に格付けされ、査定においても平均Bを下回ることはなかったとして、差額賃金の支払いを求めたのである。

裁判において特に重要な役割を果たしたのは、組合が入手した「職能資格滞留年数」についての文書であった（本書［九五］にも掲載されている）。この文書には「大卒」、「高卒・技能職」、「高卒補助・短大補助」の区分のもとに、各資格ごとの最短および標準の滞留年数が記載されており、さらに「高卒補助・短大補助」では滞留年数が「高卒・技能職」よりも長く設定され、S3A以上の滞留年数が記載されていなかった。この区分は男女の昇格差別の実態と平仄《ひょうそく》が合っており、会社が職能資格についての要件を一応掲げていたものの、男性に対しては年功的に昇格を行っていたことを示す証拠となった。原告は「これで『昭和シェルの賃金制度は年功賃金ではない』という会社側の主張を覆すことができる」[17]（傍点—引用者）と回顧している。

かくして、昭和シェル石油の賃金は実際には年功賃金であることが明らかになった。これを受けて、東京地裁は次のように判示した。

> 被告は、……〔職能資格制度の〕実際の運用においては、男性社員は学歴別年功制度を基本におき、一定年歳以上はこれに職能を加味し、昇格の時期に幅を持たせて昇格管理を行う一方、女性社員については男性とは別の昇格基準（年功をさほど考慮せず、昇格には同学歴男性より長い年限を必要とし、一定の等級以上への昇格を想定しないもの）を設けて昇格管理を行っていたとみることが出来る。（傍点—引用者）

また、会社側は、原告の職能資格が低位であるのはその担当する職務が「単純定型業務」によるものであると抗弁を行った。しかし、この点について判決は、原告の職務を検討したうえで、「原告と男性社員との格差は、原告の従事した業務やその職務遂行状況によって合理的に説明できるものとはいえ」ないとして、会社側の抗弁を退け、差額賃金の支払いを命じた。

◉検　討

確認すべきことは、以上の六事例がいずれも年功賃金準拠の事例であるということである。本稿第1節で紹介した事例と同じく、ここで追求されていることの実質は男女同一の年功賃金であり、年功賃金規範を女性にまで貫徹させるのか否かという点がここでもまた攻防の焦点である。ただし、これらの事例は、年功賃金規範を女性にまで貫徹させせよとする要求が、「同期同年齢の男性と同一（ｏｒ同等ｏｒ同価値）の労働に従事しているにもかかわらず女性の賃金が低いのは不当である。それゆえこれを是正せよ」という論理によって表現されたことに特徴がある。この論理によって、会社側の差別の不当性と女性側の要求の正当性がいっそう鮮明になったといえよう。しかし、仕事内容を要求の根拠の一つとしているとはいえ、差別を是正する際に、年功賃金が属人基準ということが障害になっているわけではない。「同期同年齢の男性と同一（ｏｒ同等ｏｒ同価値）の労働に従事している以上は同一の年功賃金を支払え」ということである[18]。したがって、これらの事例は「属人基準＝性差別的」「仕事基準＝非性差別的」ということを裏づけるものではない。

そして、これらの事例においては、「原告女性が同期同年齢の男性と同一（ｏｒ同等ｏｒ同価値）の労働に従事している」という原告に有利な具体的条件があったことにも留意しておく必要がある。ところが、森氏はこれらの事例を普遍化して、「男女賃金差別訴訟において同一（価値）労働同一賃金原則の観点から、原告女性と男性労働者の従事する仕事・職務の内容を意識的に争点化していくことが必要」[二八九]（傍点―引用者）と述べている。これは「属人基準＝性差別的」「仕事基準＝非性差別的」という氏の強い「信念」から導出されたものと思われるが、問題の恣意的な一面化であろう。

当然のことではあるが、仕事内容を争点化するべきか否かは、それが当該男女差別の是正要求の根拠として必要かつ有効であるという具体的条件に依存するのであって、そうした具体的条件を離れて仕事内容の争点化が望ましいと一概にいうことはできない。たとえば、芝信用金庫事件のように系統的な職務配置差別が行われている場合には、原告女性側としては、むしろ仕事内容を争点化させないことが必要であった[19]。仕事内容を争点化することの意義と限界を正確に見極めておかなければならない。

これに関連して、賃金差別是正において職務評価の果たす役割についてふれておくと、たしかに京ガス事件に示されたように、この手法によって、比較対象男性が異職種ではあっても価値は同一であるとすることで、同一の賃金を要求することが可能となった。それは、日ソ図書事件判決における「年齢、勤続年数を同じくする男女間の賃金格差の合理的理由となり得るのは、その提供する労働の質及び量に差異がある場合に限られる」との法理を発展させたもの、つまり、「労働の質及び量に差異がある場合」を狭く限定し、同期同年齢の男性の賃金に準拠できるケースをさらに広げたものと評価できよう。また、この手法は、職務評価点が同一でなく格差がある場合でも、「現状の賃金格差を少なくとも職務評価点の格差まで引き上げよ」と要求する論理を提供するものとしても重要である。

しかしながら他方で、職務評価によってむしろ男女賃金格差が拡大する可能性があることも留意されるべきである。たとえば、森氏もメンバーであるペイ・エクィティ研究会による『商社におけるペイ・エクィティ』（一九九七年）は、一五商社を対象に、職種を五つに区分してそれぞれ男女の平均の職務評価点と賃金格差を分析し、賃金格差を職務評価点の比率にまで引き上げることを提唱したものである。しかし、財務職において職務評価を実施したところ、平均で職務評価点は男性一〇〇：女性八三であるのに対して、賃金格差は男性一〇〇：女性八九という結果となった（第一〇章、本書［二四六～二四七］にもその表が掲載されている）。この結果に対して同研究会は「財務職の場合、職務評価点の比率の開きに比べ、賃金格差が小さいので、職務の同等価値にもとづいて同一賃金を支払うべきとするペイ・エクィティの原則の対象とはならない」（七六頁、傍点──引用者）と判断を下している。

理論に殉じるのではなく実質を取ったこの判断は妥当なものと筆者は考えるが、いずれにせよ、職務評価の活用という手法もまた、一般的に望ましいわけではなく、その有効性が具体的条件に依存するものであることに変わりはないのである。[20]

3 結論

まとめよう。森氏が肯定的に紹介する事例も含めて、男女賃金差別をめぐる現実の対抗関係は、年功賃金規範を女性にまで貫徹させるか否かであり、賃金決定基準が属人か仕事かということではない。以上の検討から明らかなことは、森氏のテーゼとはまったく反対のこと、つまり、男女賃金差別是正運動における年功賃金規範の重要な役割である。[21][22] したがって今日、男女賃金差別是正という目的に照らしてみたとき、年功賃金は放棄されるべきものではなく、差別是正要求の根拠または是正基準として擁護されるべきものである。

ところが森氏は、「大きな男女賃金格差の持続に対して、戦後の労働組合運動とその一翼を担う女性労働運動は必ずしも効果的な是正の戦略を対置することができなかった」［一五九］と断定し、「日本の『年功賃金』の属人性と性差別性がもたらす女性の低賃金と仕事に対する低い評価に異議を唱え、賃金決定の基準を性に中立な『職務』へと転換し、女性の遂行する仕事を公平に評価することを要求」［二九一］すべきとして、年功賃金を放棄し職務給へと改変することを説く。なるほど、年功賃金は属人的であるがゆえに本質的に性差別的であるとの前提に立てば、そのような帰結になることは必然である。しかしながら、この前提が誤っていること、およびそうした帰結が現実の差別是正運動とは無縁のものであることは以上で述べてきたとおりである。

結局本書において、年功賃金の放棄を追及する差別是正運動は具体的には例示されていない。[23] 男女賃金差別是正のために年功賃金を放棄することが必要であると主張したいのであれば、森氏は、抽象的に「あるべき賃金」を論じるのではなく、たとえば芝信用金庫、昭和シェル石油などの具体的な職場における差別事例の構造に則して、なぜそこで年功賃金に準拠することが――現実の運動はそれを追求しているにもかかわらず――「効果的な是正の戦略」ではないのかを明らかにすべきである。それがなければ森氏の主張は説得力をもたない。

最後に指摘しておきたいことは、年功賃金への誤った評価が、今日推進されている成果主義に対するいわば武装解除を称揚するものになりかねない、ということである。この点に関連して、森氏は成果主義人事の導入について次のように述べる。

> 成果主義人事制度が、制度の趣旨どおりに実行されるならば、男性社員を対象としてきた年功賃金・年功的処遇は早晩崩れるはずであるが、職能資格制度と接合され、制度として必ずしも純化していないところがジェンダー視点からは関心の的となる。〔一五四〜一五五〕

ここで森氏がいわんとしていることは必ずしも明確ではないが、この文章は、成果主義が「制度の趣旨どおりに実行され」、「制度として純化」されることが「ジェンダー視点」からみて望ましいという意味に解釈しうるし、また「年功賃金＝属人的＝性差別的」との森氏のテーゼからすれば、そのように解釈しなければならない。つまり、いまや労働運動は、年功賃金を崩し成果主義を導入するという点においては企業側と積極的に共闘し、それが「制度として純化」するよう働きかけるべし、ということになる。別の論文で森氏が「資本蓄積に適合した（！）公正な賃金水準」[(24)]を説いているのも、同様の趣旨であると推測される。

いうまでもなく、筆者はこの主張に反対である。成果主義による年功賃金の解体は、つまるところ前述の**図表4-4**のような状態を生じせしめるものであり、そのもとで、男女賃金差別是正を

追及する運動は、その要求の根拠を奪われることによって、むしろ困難を強いられると考えられるからである。(25)

成果主義に幻想を抱くわけにはいかない。そして、いま、年功賃金を攻撃から守ろうとしない運動がはたして将来において「新しい公平な賃金」を構築できるのか、大いに疑問であるといわなければならない。

4 補論：『日本の性差別賃金』におけるその他の論点

本書（『日本の性差別賃金』）には以上の他になお多くの論じるべき諸論点があるが、さしあたり二つの点について言及しておきたい。

◉家族賃金と「個人単位賃金」

本書において、年功賃金が本質的に性差別的であることの根拠として、「年功賃金＝属人給」テーゼと並んで繰り返しあげられているのは、年功賃金が「家族賃金」であるとの指摘である。たとえば、「（年功賃金が本質的に性差別的であることの根拠の）二つめは、年功賃金は、本来、家族賃金イデオロギーに色濃く彩られた男性労働者対象の世帯扶養的生活扶養給の体系であるという点である」［八四］という具合いである。

しかし確認しておかなければならないことは、たしかに、世帯扶養者であることを理由として男性のみに家族賃金を支払うという差別は広く存在するとはいえ、そのことは固定的ではないということである。本稿で紹介した裁判事例は、すべて「男性に支払われている家族賃金を女性にも支払え」と要求して、それを認めさせた事例といえる（現在係争中のものもあるが）。特に重要なのは日ソ図書事件であろう。本件において、会社側は、原告女性の賃金を低く据え置いたことの理由の一つとして、彼女の夫も同社に勤務していたことをあげていた。まさに「世帯扶養者である夫には家族賃金を支払い、家計補助者に過ぎない妻には支払わない」とする差別の典型である。しかし、判決は「原告が共稼ぎであって家計の主たる維持者ではないこと」を理由とした賃金格差は労基法四条違反であるとし、「夫婦が同じ会社で共稼ぎをしているからといって……労働の質及び量に関係なく妻の賃金を低額に押さえても構わないとはいえない」と判示した。これを敷衍すれば、夫のみに支払われていた性差別的な家族賃金を、妻にも支払われる家族賃金へと改変したということである。つまり、本稿で属人給について指摘してきたのと同じく、家族賃金についても、それを宿命的に性差別的なものとみなすことはできない。

しかし森氏は、家族賃金（または世帯賃金[26]）を「個人単位賃金」に改変しなければならないと説く。そして、この「個人単位賃金」の決定基準が同一価値労働同一賃金原則であるという［二九一～二九二］。なるほど、家族賃金が本質的に性差別的であるとの前提に立てば、そのような帰結になることは必然である。しかし、この前提が誤っていること、およびそうした帰結が現実の差別是正運動とは無縁のものであることは以上述べたとおりである。

とはいえ他方で、この「女性にも家族賃金を」という要求の論理は、実は森氏も認めているようにもみえる。森氏は、アメリカのペイ・エクィティ運動が「家族扶養賃金（family-sustaining wage）の概念を女性職にまで広げよう」［二〇〇］とするものであることを紹介し、また「男性職（男性）に家族賃金が支給されているのならば、この原則（同一価値労働同一賃金原則）の適用によってそれを要求することになる」［二九三］とも説いているからである。

しかし、では、このことと「同一価値労働同一賃金原則による個人単位賃金化」とはどのような関係にあるのであろうか。議論が相当混乱しているように思われる。つまり、もし、ある女性が同一価値労働同一賃金原則に基づき男性の家族賃金を自分にも支払えと要求し、そしてそれが実現された場合、当該女性の受け取る賃金は家族賃金であると同時に「個人単位賃金」でもあるということになるからである。そうであるとすれば、実は家族賃金と「個人単位賃金」は何ら対立概念ではないということになる。

そして、さらによくわからないことに、森氏は、家族賃金を同一価値労働同一賃金原則によって「個人単位賃金」にすることは賃金水準の引き下げを意味しないとも述べている。曰く、

> 「個人単位賃金」ならびにその決定基準としての同一価値労働同一賃金原則は、賃金水準を引き下げるものという誤解を生んでいるように思うのは筆者の杞憂であろうか。［二九二］

> オンタリオ州のようにペイ・エクイティ法で男性職の賃金の引き下げを禁止している場合はもちろん、欧米諸国でも男性賃金を女性賃金水準に引き下げて「同一化」したという事例は知見の限りでは見当たらない。それはこの原則の趣旨に反するものである。［三〇四］

たしかに、今日の日本では「賃下げを容認する同一価値労働同一賃金論」が横行しており、森氏がその誤謬を指摘していることは一応評価できよう。[27] とはいえ、ここで森氏が何を論じているのか筆者にはなお判然としない。家族賃金から「個人単位賃金」への改変が賃金水準の引き下げを意味するものでないとすれば、家族賃金と「個人単位賃金」はいったい何によって区別されるのか、つまるところ「個人単位賃金」とは具体的にどのようなものをさしているのか、これらについての適切な説明が必要だと思われる。[28]

◉本書におけるもうひとつの年功賃金論

本稿で紹介したように、森氏の年功賃金批判はまことに強烈であるが、しかし本書にはそれとは異なる視点も存在する。たとえば、本書で森氏は、兼松における男女の昇給カーブの格差に対して「事務職女性の賃金は、勤続年数の延長にもかかわらず三〇歳代以降ほとんど上昇せず」［七七］と批判し、昭和シェル石油における女性昇格差別に対しては「女性は、三〇歳代から四〇歳代にかけて勤続年数の上昇にもかかわらず多くのものがG２（＝低位の職能資格）に格付けされているにもかかわらず」［八九］と批判し、商社の営業職における男女賃金格差に対しては「男性の平均年齢が五歳低いにもかかわらず月収は一三万九〇〇〇円高」［二四四］いと批判している（いずれも傍点—引用者）。

このような現状批判を行うとき、森氏は、「女性も男性と同様に年齢・勤続年数に対応して昇給・昇格が行われる」という状態を、ありうべき望ましい状態として想定しているはずである。そうでなければ、このような森氏の批判の仕方そのものがまったくナンセンスであろう。つまり、ここで森氏が問題としているのは、女性の賃金が「仕事に見合わない賃金」であるということではなく、「年功に見合わない賃金」であるということである。

また、森氏は商社における人事制度の変更について次のように述べる。

> 賃金カーブのフラット化は、会社にとっては女性の勤続年数の長期化がもたらす（年功的ともいい難い）年功的賃金による企業負担の軽減である。定年までの二三年間、賃金上昇のない職場生活を送れというのは、中高年女性に「退職せよ」というに等しいだろう。定期昇給の早期頭打ちは、中高年女性の長期勤続へのいやがらせといったら言い過ぎだろうか。［一二〇］

> 能力考課の賃金へのより直接的な反映と定期昇給の早期頭打ちは、女性の賃金にわずかながらも残されていた年功的処遇を払拭している。……「新・日本的経営」がもたらす能力主義的差別はコース制と複合して、商社におけるジェンダー差別をいっそう深刻化させている。［一二六］

女性にも辛うじて及ぼされてきた年功的賃金——したがって属人的賃金——をフラット化していくことが女性にとっていかに過酷であるかということ、そして、女性に対しても辛うじて適用されてきた年功的処遇——したがって属人的処遇——を払拭することが、実はジェンダー差別をむしろ深刻化させるということ、これらの分析はまったく妥当であり、秀逸であるように筆者には思われる。

しかしながら、ここでも「年功賃金＝属人的＝性差別的」という森氏の基本テーゼは忘却されているといえよう。もちろんこれは歓迎すべきことである。

【付記】本稿で取り上げた京ガス事件は、二〇〇五年一〇月に会社側が解決金を払うことで和解した。また昭和シェル石油事件は、東京高裁判決にて会社側の損害賠償が認定されたが、その後二〇〇九年一月会社側の上告が棄却され、賠償が確定した。

(1) 秋田地裁判決・一九七五年四月一〇日(労働法律旬報八八二号)。なお、荻原輝男「秋田相互銀行・賃金差別事件」(賃金と社会保障六二四号、一九七三年)、金野和子ほか「賃金差別と婦人労働者」(労働法律旬報八八二号、一九七五年)も参照。

(2) 東京地裁判決・一九九四年六月一六日(労働判例六五一号、労働法律旬報一三四〇号)。なお、橋本佳子「『世帯主』『転勤の可能性』を基準とする賃金規定と女性差別」(労働法律旬報一三四〇号、一九九四年)も参照。

(3) たとえば、一九九六年の調査では、職能資格制度の問題点として、「職能要件が抽象的」(五七・二%)、「能力や業績を反映した賃金ではない」(五二・二%)、「年功的運用」(五一・四%)があげられている。「転機に立つ職能資格制度の実態(下)」(労政時報三二八七号、一九九七年)二二頁。

(4) 楠田丘『楠田丘オーラルヒストリー　賃金とは何か』(中央経済社、二〇〇四年)一九五頁。

(5) 津地裁判決・一九八〇年二月二一日(労働判例三三六号、労働法律旬報九九七号)、名古屋高裁判決・一九八三年四月二八日(労働判例四〇八号、労働法律旬報一〇七六号)。控訴審では労働者側が敗訴したが、労働者側上告後、和解。なお、特集「鈴鹿市・山本裁判闘争」(労働法律旬報一一三〇号、一九八五年)、山本和子『女はどうして』(風媒社、一九八七年)も参照。

(6) 東京地裁判決・一九九六年一一月二七日(労働判例七〇四号、労働法律旬報一三九八号)、東京高裁判決・二〇〇〇年一二月二二日(労働判例七九六号、労働法律旬報一四九八号(抜粋))。なお、特集「芝信用金庫事件の総括と法理的検討」(労働法律旬報一五四九号、二〇〇三年)、芝信用金庫男女差別是正裁判原告団編(文・

中西英治）『まっすぐに、美しい未来を』（学習の友社、二〇〇五年）も参照。
（7） 石嵜信憲「女性の昇格差別判決と今後の人事管理」（労政時報三二九〇号、一九九七年）一〇頁。
（8） 石嵜信憲「芝信用金庫事件の判決について」（経営法曹研究会報二〇号、一九九八年）四九頁。石井妙子「最近の労働判例からみた女性労働における法的留意点」（労働経済判例速報一六七〇号、一九九八年）六二頁も同旨。もっとも、注（6）前掲『まっすぐに、美しい未来を』で描かれているように、男性に対する救済は、長年の争議の末に使用者が譲歩として行ったものであるから、それは単なる「実務上のミス」ではない。
（9） なお、「コース別雇用管理」における昇格・賃金差別を争う事例は、以上の男女別賃金表と昇格差別の両手法が融合し「発展」したものと考えられる。このような場合、原告女性側は、当該企業におけるコース区分の明確性・合理性を否定または減殺したうえで、男性の年功的昇格・昇給を女性にも行え、と要求することになる。野村證券事件について、西谷敏「男女『コース別』の違法性とその救済法理」（労働法律旬報一五九五号、二〇〇五年）特に二六頁参照。
（10） 斎藤秀吉「『職務評価』＝職務給導入論の害悪」（労働運動一九九三年五月号）を参照。森氏もこの論文を紹介しているが［三〇三］、検討は行われていない。
（11） 東京地裁判決・一九九二年八月二七日（労働判例六一一号、労働法律旬報一三〇一号）。なお、中島通子「運用上の男女賃金差別は違法」（労働法学研究会報一八九五号、一九九二年）、中島通子ほか『賃金の男女差別の是正をめざして』（岩波ブックレット、一九九四年）も参照。
（12） 広島地裁判決・一九九六年八月七日（労働判例七〇一号、労働法律旬報一三九四号）。なお、三井正信「使用者の裁量的賃金決定にもとづく男女間の賃金格差と労働基準法四条」（労働法律旬報一三九四号、一九九六年）、石崎本店・女性差別賃金訴訟を闘う川原洋子さんを支援する連絡会「男女賃金差別訴訟に勝利して」（あごら二〇三号、一九九六年）も参照。
（13） 大阪地裁判決・一九九九年七月二八日（労働判例七七〇号、労働法律旬報一四六三号）。なお、池田直樹「性差をめぐる賃金格差と『同一労働同一賃金』」（労働法律旬報一四六三号、一九九九年）も参照。
（14） 岡山地裁判決・二〇〇一年五月二三日（労働判例八一四号）、広島高裁岡山支部判決・二〇〇四年一〇月二八日（労働判例八八四号）。

(15)　京都地裁判決・二〇〇一年九月二〇日（労働判例八一三号〔抜粋〕）、労働法律旬報一五一七号）。なお、本書第一〇章、中村和雄「『同一価値労働同一賃金原則』の確立に向けて一歩前進」（労働法律旬報一五一七号、二〇〇一年）、屋嘉比ふみ子「同一価値労働同一賃金の原則を求めて」（職場の人権一六号、二〇〇二年）も参照。

(16)　東京地裁判決・二〇〇三年一月二九日（労働判例八四六号、労働法律旬報一五四七号〔抜粋〕）。なお、本書第三章、野崎光枝「職能資格制度に隠された女性差別」（女性労働研究四四号、二〇〇三年）、中島通子「職能資格制度と女性差別賃金」（労働法学研究会報二二九八号、二〇〇三年）も参照。

(17)　野崎同上論文「職能資格制度に隠された女性差別」一〇八頁。

(18)　正社員と臨時社員（パートタイマー）の賃金差別が問題となった著名な丸子警報器事件・長野地裁上田支部判決・一九九六年三月一五日（労働判例六九〇号、労働法律旬報一三八二号）も、仕事の同一性を認めた事例として紹介されることが多いが、そこで達成された実質的内容は臨時社員の賃金を正社員の年功賃金に準拠させるということである。判決いわく、「原告ら臨時社員の提供する労働内容は、その外形面においても、被告への帰属意識という内面においても、被告会社の女性正社員と全く同一であると言える。したがって、正社員の賃金が……年功序列によって上昇するのであれば、臨時社員においても正社員と同様ないしこれに準じた年功序列的な賃金の上昇を期待し、勤続年数を重ねるに従ってその期待から不満を増大させるのも無理からぬところである。

　このような場合、使用者たる被告においては、一定年月以上勤務した臨時社員には正社員となる途を用意するか、……正社員に準じた年功序列制の賃金体系を設ける必要があったと言うべきである」（傍点―引用者）。なお、平川景子、中野区非常勤職員・賃金差別裁判弁護団、中野区非常勤職員・賃金差別裁判を支援する会編著『女たちのオルタナティブ パートに均等待遇を！』（明石書店、二〇〇五年）一〇七～一〇八頁も参照。

(19)　この点については、今野久子「差別の立証方法」（『講座 二一世紀の労働法』第六巻、有斐閣、二〇〇〇年）二六二～二六七頁を参照。なお、男女差別の推定における仕事内容の位置づけについて、笹沼朋子「雇用における制度上の性差別に関する一考察」（愛媛法学会雑誌二五巻一号、一九九八年）九五～九六、一〇一～一〇四頁も参照。

(20) また、差別是正に寄与する職務評価の実現はすぐれて政治的（〃技術的）な過程であることも留意しなければならない。この点については、リンダ・ブルム『フェミニズムと労働の間』（御茶の水書房、一九九六年）二二、二三五頁、下山房雄「社会政策学と賃金問題」（社会政策学会編『社会政策学と賃金問題』法律文化社、二〇〇四年）八六〜八七頁を参照。

(21) なお、これは思想信条や組合間など他の種類の賃金差別においても同様である。たとえば、「給与関係の処遇が年功序列的に決定されている」もとで、業務遂行能力ないし業務実績が標準者より劣悪であったとはいえない共産党員およびその支持者を、年功序列から外して低く処遇したことは差別であるとした東京電力（山梨）事件・甲府地裁判決・一九九三年一二月二二日（労働判例六五一号）を参照。

(22) 本稿で紹介した事例がすべて裁判であることは、年功賃金に準拠して男女賃金差別を是正することの意義を左右する問題ではない。これらの事例はすべて当初自主的な交渉において年功賃金準拠を追求していた。裁判を経ずに交渉のみで年功賃金準拠を追求し達成した事例（日本信託銀行、日本航空など）も存在する。

(23) 森氏は、［二九六〜二九七］において、職能資格制度を担当職務の難易度とそれを遂行する職能の高さに対応したものへと改変することを提案しているが、従前の差別の構造がどのようなものとして想定されているのか、移行にあたって各労働者の賃金水準はどのように変化するのか、職務に就ける定員数は上位にいくほど絞られるのではないか（そうであれば上位職務に従事できない労働者の賃金は頭打ちになる）等々、この提案を具体的に実践するにあたって不可欠と思われる諸点が明らかでない。

(24) 森「四報告へのコメント」（社会政策学会編『社会政策学と賃金問題』法律文化社、二〇〇四年）九三頁。

(25) 成果主義の具体例については、拙稿「成果主義を考える」（季刊自治体労働運動研究二七号、二〇〇七年）を参照。

(26) 「家族賃金」と「世帯賃金」の両者を別概念として区別する見解も存在するが（木下武男「年功賃金の功罪」職場の人権二八号、二〇〇四年、五〜六頁）、これは珍説であろう。少なくとも本書において森氏が両者を区別しているようには読めない。

(27) たとえば、後藤道夫「労働市場の転換と労働運動の課題（下）」（月刊全労連二〇〇四年一〇月号）三二頁は、「職種化とか資格化とか賃金表の話だと、いままでの賃金を下げられると考える方が多いですけれども、日本型雇用の内部にいた方はそういう面があるかもしれないけれども、逆に上がる場合もいっぱいあるわけです」（傍点―引用者）として、他の箇所では「日本型雇用解体にともなう一方的不利益変更との闘争」を呼びかけながらも（三三頁）、同一価値労働同一賃金による不利益変更を肯定している。また木下武男「賃金をめぐる今日的焦点」（社会政策学会編『社会政策学と賃金問題』法律文化社、二〇〇四年）三七～三八頁は、「『パイ〔人件費総額〕』は『仕事の価値』にもとづいて切られることが、賃金平等の原則である。『パイ』の切り方がブレて、大きな切り分を得たグループは、たんに賃金を多く得たという問題ではなく、他のグループが本来、受け取るべき賃金を、自分の側に削り取って賃金を大きくしているのである」（傍点―引用者）として、上位稼得労働者の賃下げを積極的に提唱している。このような主張は、森氏によれば、同一価値労働同一賃金原則の「原則の趣旨」を忘却した誤謬ということになる。

(28)「個人単位賃金」概念の不明確さは、森氏が肯定的に紹介する労働運動総合研究所基礎理論プロジェクト報告書「均等待遇と賃金問題」（労働総研クォータリー五一号、二〇〇三年）も同様である。

第5章

首切り容易な社会の方が労働者は幸せ？

■脱格差の名のもとに解雇自由化を唱える「労働ビッグバン論」

◉はじめに

雇用失業情勢や労働者の労働・生活条件は相変わらず厳しく、近年非正規雇用労働者、なかでもより雇用の不安定な間接雇用の派遣労働者・請負労働者の増大は著しい。そしてこうした雇用の不安定な非正規労働者の増大は、今日の社会問題である格差社会やワーキングプアの大きな要因をなしている。それゆえ今日の格差社会を解消するためには、雇用失業情勢の改善、非正規雇用の削減が不可欠の課題である。そのためには社会保障の充実とともに、労働者の雇用・労働条件を守り、非正規雇用の活用を制限し、彼らの労働条件を守る労働立法を整備することが必要である。

これに対し、今日のこうした問題の元凶を雇用保護制度(1)による規制、とりわけ正規労働者に対する解雇規制に求め、雇用失業情勢を改善し、格差社会を解消するためにはこうした規制を緩め、非正規労働者の活用をより自由に行えるようにするとともに、何よりも経済的必要がある場合には労働者を自由に解雇できるようにすべき、と主張するのが福井・大竹［二〇〇六］である（章末に参考文献を一括掲載。以下、本文では、著者名と刊行年を記す）。

二〇〇六年から〇七年にかけて、自律的労働時間制度の導入や解雇の大幅な自由化をひとつの内容とする労働契約法の制定（労働契約法はその内容を大きく変えて成立した）等の労働立法改定・制定の動き、労働ビッグバンをめざし経済財政諮問会議に〇六年一二月に専門調査会のひとつである労働市場改革専門調査会（八代尚宏会長）が設置され（〇七年一〇月段階で一四回の調査会実施）、規制改革会議再チャレンジワーキンググループ、労働タクスフォースが〇七年五月二一日に「脱格差と活力をもたらす労働市場へ」を発表するなど、労働条件保護のための規制を大幅に緩和するとともに労働者の解雇をより自由化しようとする動きが活発である。こうした動きのなかでも雇用保護制度については労働者の雇用・生活との関わりがとりわけ大きい。福井・大竹［二〇〇六］は主として雇用保護制度を扱ったものであり、近年のこうした動向のうち特に雇用保護制度改革の理論的バックボーンをなしている。それゆえ、同書の批判的検討は今日きわめて実践的意義をもつ急務の課題である。

ところで、ここまで読んだ読者は、なぜ労働者の雇用を守る規制が非正規雇用の増大や雇用悪化、さらには格差社会の原因になるのか、疑問をもつであろう。福井・大竹［二〇〇六］等によれば、厳格な解雇規制が存在すると、いったん労働者を雇用するとなかなか解雇できないことになるため、使用者の採用意欲は減退し、新規採用が抑制される。その結果、現に正規雇用の職に就いている一部の労働者（壮年男性中心であろう）の雇用は守られるかもしれないが、現在職を求めている労働者（若年・女性・高齢者・リストラ対象者）は職になかなか就けないことになり、結局、失業期間が長期化するか解雇規制が弱い非正規雇用を強いられることになる。さらに採用した労働者の能力不足が判明してもなかなか解雇できないため、採用にあたって企業は安全策をとることを強いられ、学歴（学校歴）差別等の温床になりやすい。かくして解雇規制の存在により一部の規制に守られた安定雇用を享受できる既得権益者である正規労働者（およびその候補である銘柄大学卒業者）とそこから排除され不安定・低賃金雇用に甘受せざるをえない非正規労働者、失業者からなる格差社会が作り出されている、というわけである。そして雇用保護制度を緩和し解雇をしやすくすれば、たしかに正規労働者の既得権は侵害されるかもしれないが、労働移動は活発化し、職に就くチャンスは多くの労働者に開かれ、前記のような格差社会は解消する、とのことである。

こうした論理展開に対してはさまざまな角度から反論が可能であるが、本稿では、「日本の雇用保護制度の規制は厳格か」、「雇用保護制度は雇用に悪影響を与えるか」の二つの論点を中心に検討していくことにしよう。

1　日本の雇用保護制度の規制は厳格か

◉正規雇用に対する解雇規制

そもそも日本の雇用保護制度は、規制が厳格で正規従業員を経済的理由で解雇することも、非正規雇用労働者を活用することも厳しく規制されているといえるであろうか。正規雇用・非正規雇用に対する規制についてみていこう。

(1)一見すると立法上の規制は存在しない?!

「正規雇用」に対する解雇規制については、法律上は当初は「三十日以上の予告期間または三十日分以上の解雇予告手当の支払い」(労働基準法二〇条)が、九八年労働基準法改定以後にはそれに加え、「労働者の請求がある場合の解雇理由の証明書の交付」が義務づけられていた(労働基準法二二条一項)のみであった。[2] しかし二〇〇三年の労働基準法の改定により、労働基準法一八条の二(同条項は、その後労働契約法(二〇〇七年制定、〇八年施行)一六条に移行)に「解雇は、客観的に合理的な理由を欠き、社会通念上相当であると認められない場合は、その権利を濫用したものとして、無効とする」との規定が付け加えられた。[3] ただし現行の労働契約法一六条の規定のみでは、「合理的な理由を欠き、社会通念上相当であると認められない場合」とは何かは明らかではない。

それゆえ、解雇予告期間を設けるか、解雇予告手当を支払うかし、労働者が請求する場合には解雇理由書を交付しさえすれば、使用者は労働者を解雇しうるようにみえる。しかも、最高裁判例によれば、解雇予告期間、解雇予告手当がたとえ欠けていたとしても、その解雇は即時解雇としては効力を有しないが、三〇日経過後、または予告手当の支払いがあれば効力を生ずる(細谷服装事件最高裁一九六〇年三月一一日第二小法廷判決)とのことであるから、一見すると、立法においては、使用者の行う経済的理由での解雇は制約を課せられていないようにみえる。

(2)「整理解雇四要件」とその緩和

しかし判例上は、従来(一九九〇年代末以前)は「整理解雇四要件」が確立され、使用者が労働者を経済的理由で解雇する場合は、「人員削減の必要性」、「解雇回避努力義務の履行」、「被解雇者選定の相当性」、「労働者との協議・説明義務」の四つの要件すべてを満たす必要があるとされていた。この「整理解雇四要件」による整理解雇の判断基準は、東洋酸素事件東京高裁七九年一〇月二九日判決で最終的に確立したといわれている（野川［二〇〇〇］一五六頁）。しかし、九九年度下半期の一連の東京地裁労働部決定・判決に象徴されるように、九〇年代末以降近年裁判において従来とは異なった基準に基づく判断が下されるようになってきている。[4]

たとえば、先に述べた四要件を解雇が正当であるためにすべて満たさなければならない「要件」ではなく、当該解雇が正当であるか否かを判断するための「四つの要素」と捉え、当該解雇の正当性はこの「四つの要素」を総合的に勘案して判断する、という考えである。この立場に立てば、先にみた「四つの基準」のどれかひとつ（またはふたつ）を満たしていなくても、それをもって当該解雇がただちに不当となるわけではない。こうした判断はナショナル・ウエストミンスター銀行事件東京地裁二〇〇〇年決定（同事件については土田［二〇〇二］、労働判例 七八二号二三頁等参照）で示され、現在「裁判例の主流をなしている」（土田［二〇〇二］一七二頁）とのことである。[5]

さらに「四つの要素」の判断にあたっても、「弾力的な」判断がなされるようになってきている。たとえば「人員削減の必要性」については、基本的に「企業の経営判断を尊重して司法審査を控える裁判例」が多くなっており、さらには「企業が全体として経営危機に陥っていなくても、経営合理化や競争力強化のために行う人員整理に必要性を認める例」さえも増えてきている（菅野［二〇〇七］四三二頁）。「解雇回避義務」に関していえば、事前に希望退職募集、配転出向等を行ったかどうかがひとつの基準とされていたが、「希望退職の募集」については「同募集によって有能な従業員の退職をもたらしたり、従業員に無用の不安をもたらす場合の募集の必要性を否定」したり（菅野［二〇〇七］四三二頁）、「希望退職募集によって退職金を支払った場合、退職金原資の不足ゆえに残留従業員の退職金支払いに不安が残るとして全員解雇の方法をとったことを相当と解した例」（土田［二〇〇二］一七三頁）等があり、また「配転出向等の実施」についても、「配転出向義務等を消極的に解した裁判例」もある（土田［二〇〇二］一七二頁）。さらには解雇回避義務については「経済的補償や再就職支援措置で足りると判断する例」（菅野［二〇〇七］四三二頁）までも存在する。このように裁判例をみる限り、九〇年代末以降、正規労働者の解雇に対する規制は、従来に比べ明らかに緩和傾向にあるといえる。

以上のことにより、わが国の「正規雇用」の労働者に対する解雇規制は、立法上は一見すると規制が不在のようにみえ、また裁判例をみる限り、九〇年代末以降を境に明らかに規制が弱まっていることがわかる。

◉非正規雇用の活用に対する規制

次に「非正規雇用」の活用に対する規制の分野についてみていこう。この分野は八〇年代半ば以降、立法上も大きな改革が繰り返し行われた分野である。ここではそうした点等について概観していくことにしよう。

(1)活用規制が存在しないに等しい「有期労働契約」

まず「有期労働契約」に対する規制とその改革についてみていこう。「有期労働契約」に対する現行の規制は、労働基準法で契約期間の定めの上限が規制されているのみである。すなわち労働基準法制定当時は、期間の定めのない労働契約のほかには有期労働契約は「一年以内」と規定されていた(労働基準法一四条)。しかし一九九八年の労働基準法改定により、「新商品の、新役務若しくは新技術の開発又は科学に関する研究に必要な専門的な知識、技術又は経験であって高度なものとして労働大臣(当時—筆者注)が定める基準に該当する専門的知識等を有する労働者との間に締結される労働契約」、「事業の開始、転換、拡大、縮小又は廃止のための業務であって一定の期間内に完了することが予定されているものに必要な専門的知識等であって高度なものとして労働大臣(当時—筆者注)が定める基準に該当する専門的知識等を有する労働者との間に締結される労働契約」、「満六十歳以上の労働者との間に締結される労働契約」については「三年」までの「有期労働契約」が認められるようになった。

さらに労働基準法一四条は二〇〇三年に再改定され、「有期労働契約」の契約期間の定めの上限は原則三年以内とされた。そして「専門的な知識、技術又は経験であって高度なものとして厚生労働大臣が定める基準に該当する専門的知識等を有する労働者との間に締結される労働契約」、「満六十歳以上の労働者との間に締結される労働契約」(労働基準法一四条)の場合は「五年」までとなった。ちなみに、契約期間の定めの上限を原則三年とすることは、使用者にとって使い勝手がよくなることを意味する。なぜなら、労働契約の反復更新の頻度が減少し、労働者に既得権や期待権が発生する余地が少なくなるからである。なお「労働基準法」以外にも「有期労働契約の締結、更新、及び雇止めに関する基準」（二〇〇三年一〇月二二日厚生労働省告示第三五七号）が存在するが、労働者保護としての効力は不十分である。

それゆえ立法上は、「有期労働契約」の労働者を活用可能な分野、活用理由契約更新回数や「有期労働契約」で継続して雇用される期間の絶対的上限、雇い止めに関しては規制がまったく存在しないといっていい状態である。

では、判例上はどうであろうか。裁判において過去に特に問題となったのは、有期労働契約が何回か更新された後に雇い止め（契約更新されないこと）された場合の正当性についてである。この問題につき判例の中には、有期労働契約が一定回数更新されることにより、「あたかも期間の定めのない契約と実質的に異ならない状態で存在していた」（東芝柳町工場事件・最高裁判決七四年七月二二日）ことになり、雇い止めにあたっては解雇に関する法理を類推すべき、としているものもある（武井［二〇〇二］一七七頁）。しかし、その後、最高裁は同事件とは異なった判断を、二カ月の有期労働契約が五回更新された後、雇い止めされた労働者がその効力を争った事件である日立メディコ事件（八六年一二月四日判決）で示している。日立メディコ事件で最高裁は、①有期労働契約はたとえ何回更新されても「期限の定めのない契約」に転化することはない、しかし②有期労働契約による労働者に対しても「契約更新への合理的期待の存在が裁判所により認められる場合」（武井［二〇〇二］一七七頁）は、雇い止めに対しても解雇法理の類推適用が認められる、とはいえ③「解雇法理の類推の効果として、雇止めが無効」とされても、「あくまでも従前の労働契約の更新にとどまる」（武井［二〇〇二］一七七頁）にすぎない、という判断を示した。それゆえ、有期労働契約はたとえ何度更新が繰り返されても有期労働契約のままであり、しかも雇い止めが無効とされても従前の有期労働契約が更新されるのみであり、「さらなる次期の更新が当然に予定されているわけではない」（武井［二〇〇二］一七七頁）のである。最高裁の同判決を見る限り、雇い止めに関して、事実上何の歯止めもかけていないように思われる。

(2) 大幅な規制緩和が進む派遣労働[6]

次に「派遣労働」に関する規制についてみてみよう。日本において「派遣労働」が容認されたのは、一九八五年に「労働者派遣法」が制定され、翌年七月より施行されたことによる。その後、同法は九六年・九九年・二〇〇三年に大幅な改定が行われた。九六年の改定の主な内容は、対象業務を従来の一六業務（なお法制定時は一三業務だったが、法施行と同年同月〔八六年七月〕よりすぐ一六業務に拡大）から二六業務に大幅に拡大したことであり、〇三年改定[7]（およびそれに伴う各種告示等の改定）は九九年改定で設けられた派遣受け入れ期間の絶対的上限の一年から三年への延長等、九九年改定のさらなる規制緩和を主たる内容とするものであった。これに対し九九年改定は、対象業務の原則自由化と受け入れ期間一年の絶対的上限の設定（いわゆる「一年ルール」）というように、根本的な法改定であった。そこでこの点についてみてみよう。

九九年の法改定により、港湾運輸、建設、警備（法律上の禁止業務）、医療関連業務以外の業務についてはすべて労働者派遣が可能となった[8]。それまで日本の労働者派遣法は、「従来、労働者派遣が可能な適用対象業務を例外的に列挙する方式（ポジティブリスト方式）を採用してきたが、九九年改定により、原則と例外を逆転させ、派遣対象業務を原則として自由化し、禁止業務を列挙する方式（ネガティブリスト方式）に改めた」（西谷ほか［二〇〇二］二六八頁）のであるから、対象業務の原則自由化は九九年改定の柱をなす部分である。

次に「一年ルール」については、九九年改定以前の派遣法のもとにおいては、派遣期間の定めの上限（つまり反復更新可能）を規制しているにすぎなかったのが、九九年改定で派遣の受け入れ期間について一年の絶対的上限を設けた。(9) すなわち、「派遣先は、当該派遣先の事業所その他派遣就業の場所ごとの同一の業務……について、派遣元事業主から派遣可能期間を越える期間（法改定時一年、現時点では最長三年―筆者注）継続して労働者派遣の用務の提供を受けてはならない」（派遣法四〇条の二第一項）とされ、一年を超える期間、派遣先は派遣元から「派遣就業の場所ごとの同一の業務」について・同一の派遣労働者を受け入れることが禁止されていた。なおこの「一年」は受け入れ期間の絶対的上限であり、「派遣契約の更新によりこれを越えて派遣を受け入れることはできない」（西谷ほか［二〇〇二］二八三頁）（派遣法は三カ月の「クーリング期間」を定めている）とされた。

これだけをみると、九九年派遣法は派遣の受け入れ期間に関し、かなりの規制強化を行ったように思えるが、この「一年ルール」（現在はいわゆる「三年ルール」）には大幅な例外措置が設けられていた。すなわち、派遣法四〇条の二第一項で「一年ルール」の対象外となる業務を定めており、具体的には「その業務を迅速かつ的確に遂行するために専門的な知識、技術又は経験を必要とする業務」、「その業務に従事する労働者について、就業形態、雇用形態等の特殊性により特別の雇用管理を行う必要があると認められる業務（具体的には施行令により、九九年改定以前に派遣対象業務とされていた二六業務とされた）」、「事業の開始、転換、縮小又は廃止のための業務であって一定の期間内に完了することが予定されているもの」、「産前産後休業、育児休業者の代替要員業務」、「産前休業に先行する休業、産後休業・育児休業に後続する休業で、母性保護または子の養育をするための休業した労働者の代替要員業務」がこれにあたるとされた。[10]

つまり、先に述べた「一年ルール」が適用されるのは基本的には新たに自由化された業務のみであり、九九年改定以前に対象業務とされていた二六業務は「一年ルール」の対象外におかれていたのである。この二六業務のうち二四業務については、[11] 九〇年以来労働大臣により派遣期間の定めの上限は一年とされてきたが、[12] この「一年」は絶対的上限ではなく、契約更新により一年を超えて派遣を行うことは可能なのであった。たしかに行政実務上は一般派遣元事業主（いわゆる登録型派遣の事業主）に対し、「同一の派遣労働者について就業の場所及び勤務する業務が同一の労働者派遣を継続して三年を越えて行うことがないようにすべき」との行政指導が九〇年よりなされてきたが（九〇年一〇月一日職発五四二―三号別添「労働者派遣事業関係業務取扱要領」）、「継続して三年を越え」ることが法的に禁止されているわけではなかった。しかも、一般派遣元事業主に対する「継続して三年を越え」ないようにすべきという行政指導も、〇三年派遣法改定に伴う「労働者派遣事業関係業務取扱要領」の改定（〇四年二月一八日改定、〇四年三月一日より適用）によりなされなくなった。すなわち、九九年改定により、派遣対象業務は原則自由化されたが、それとともに設けられたいわゆる「一年ルール」は（対象業務の原則自由化はそのままで）〇三年改定で「三年ルール」となり、しかも〇三年改定に伴い、それまでなされてきた前述の「一般派遣元事業主に対する継続派遣期間の上限三年の行政指導」もなされなくなったのである[13]。

そうであれば、九九年改定で導入された派遣先に対する「派遣受入期間の絶対的上限一年」という規制も、実は受け入れ期間に上限を設けることよりも、むしろ派遣対象業務を原則自由化することの手段であったと捉えるべきではないだろうか。つまり「派遣労働」分野については、一貫して規制緩和が進んできた分野であり、とりわけ九九年改定以降規制緩和の速度を大幅に速めているといえよう。

2　雇用保護制度は雇用に悪影響を及ぼすか

◉雇用保護制度の効果をめぐる経済学的研究

福井・大竹［二〇〇六］など雇用保護制度の規制緩和を推進する立場では、「雇用保護制度は雇用に悪影響を及ぼす」ということが、あたかも経済学的に自明の定理であるかのように扱われている。しかし非マルクス経済学の領域においても、その点ははなはだ疑問である。

「はたして雇用保護制度は雇用に悪影響を及ぼすか？」という問いは、①雇用保護制度による規制は失業率・就業率の全体水準に対しマイナスの影響を及ぼすのか、②雇用保護制度による規制は、既存の雇用を守る反面、いったん失業した者の再就職を妨げ失業期間を長期化させる、というように「労働市場の活力（Labour・Market・Dynamics）」を阻害するのではないか、③雇用保護制度による規制は壮年男性の雇用を守る反面、女性・若年者・高齢者・低技能労働者等雇用が不安定になりがちな層の雇用に悪影響を及ぼしているのではないか、という三つの論点からなっているといえよう。このうち第二と第三の論点は特に密接に関係しており、福井・大竹［二〇〇六］が「雇用保護制度の規制の緩和による格差の解消を」というとき、この第二と第三の論点について、いずれも雇用保護制度による規制のマイナスの効果を前提としている。では従来の経済学研究（非マルクス経済学領域の）は、この三つの論点についていかなる到達点にあるだろうか。

こうした問題を取り扱っている研究においては多くの場合、分析方法としてとられているのは、各国の雇用保護制度の強さを数値化し、それを独立変数とし、就業率・失業率等、雇用失業情勢を示す数値を従属変数として〝回帰分析〟により両者の間の相関を測定するという方法である。[14]そしてＯＥＣＤの研究の場合、加盟国の雇用保護制度の厳格さを数値化し、各国の就業率・失業率等の間に相関が認められるかを測定している。それゆえ、ＯＥＣＤの研究は国際的視野を有する最も包括的な研究のひとつであるといえよう（ＯＥＣＤの研究の流れについては、藤井［二〇〇七］参照）。

(1) 就業率・失業率の全体水準には悪影響を与えない

まず第一の「雇用保護制度による規制は全体として失業率を引き上げ、就業率を引き下げるのではないか」という論点についてみてみよう。この点については、たしかにＯＥＣＤ［一九九四］、

Esping-Andersen〔二〇〇〇〕等、雇用保険制度と失業率・就業率の間にマイナスの相関が統計的に認められることを指摘する研究も少なからず存在する。一方で、OECD〔二〇〇四〕では単回帰分析ではあるが、「雇用保護制度は就業率の全体水準を引き下げることは明確であるが、失業率の全体水準に対する影響は明確ではない」とした研究とは異なった結果が示されている（OECD〔二〇〇四〕図2-5〔八一頁〕参照）。こうしたなかで特に注目すべきはOECD〔一九九九〕でなされている分析であろう。OECD〔一九九九〕の重回帰分析によれば、雇用保護制度による規制の強さと全体的な就業率・失業率水準との間には統計的な相関が認められないという（表2-9〔七九頁〕、表2-10〔八〇頁〕）。

それゆえOECD〔一九九九〕をみる限り、雇用保護制度による規制は就業率・失業率の全体水準には悪影響を及ぼすと、はっきりとはいえないのではないだろうか。実際OECD〔一九九九〕もこのように結論づけており（五〇頁参照）、またこの問題を扱った従来の多くの研究もこうした結論に達している（OECD〔一九九九〕表2c1、OECD〔二〇〇四〕表2-3、OECD〔二〇〇六〕表3-13等参照）。つまり、「雇用保護制度による規制は就業・失業の全体水準に対してマイナスの影響を有するのではないか」という論点については、今日では経済学の領域では「マイナスの影響についてははっきりと確認できない」ことがほぼ共通の認識になっているといってよい（たとえば、Esping-Andersen〔二〇〇〇〕八四～八五頁、八六～八七頁、九一頁、OECD〔二〇〇六〕表3-13等参照）。

(2)他の政策との組み合わせで悪影響は緩和可能である

次に、雇用保護制度は既存の雇用を守る効果はあるかもしれないが、いったん失業した労働者の再就職を妨げ、失業期間を長期化させるのではないか、つまり雇用保護制度はいわば「労働市場の活力」を阻害するのではないか、という論点についてみてみよう。たしかにOECD［一九九九］の分析では、雇用保護制度による規制は失業流入率を引き下げる（つまり、既存の雇用を守る）効果がある反面、失業脱出率も引き下げ、失業期間を長期化させる効果が明確に確認されている（OECD［一九九九］表3－13〔八八頁〕参照）。

しかしこの問題を改めて分析したOECD［二〇〇四］によれば、「雇用保護制度は失業流入率を引き下げる効果があることは明らかであるが、雇用保護制度が失業脱出率を引き下げ、失業期間を長期化させるという点に関しては微妙である。また、たとえ雇用保護制度にそうしたマイナスの効果があるとしても、積極的労働市場政策（職業能力開発政策等）の活用によってそうしたマイナスの効果を一定緩和することが可能である」とのことである（OECD［二〇〇四］七七～七九頁参照）。そうであれば「雇用保護制度と労働市場の活力」に関しては、雇用保護制度と積極的労働市場政策との組み合わせによって、雇用保護制度の有する既存の雇用を守るというプラスの効果を享受しつつ、その有するかもしれないマイナスの効果はできる限り少なくすることが合理的ということになろう。それゆえ雇用保護制度と「労働市場の活力」に関しての現時点の課題は、「雇用保護制度の緩和」ではなく、「その政策的組み合わせはどうあるべきか」の探求ではないだろうか。

(3)見解が分かれる若年者・女性等への影響

最後に、雇用保護制度は壮年男性の雇用を守る反面、若年者・女性・高齢者・低技能労働者等不安定な雇用に陥りがちな属性の労働者の雇用に悪影響を及ぼしているのではないか、という点についてみてみよう。

この点に関し、諸外国の研究に目を向けると、若年雇用に対しては雇用保護制度による規制がマイナスの影響を及ぼすことを確認する研究が目につく。たとえばEsping-Andersen〔二〇〇〇〕は、先に述べたように雇用保護制度が全体的な失業水準にマイナスの影響を及ぼすことには懐疑を示しつつも、「雇用保護制度はだれが失業するか」に関しては影響を及ぼすとして(Esping-Andersen〔二〇〇〇〕八八頁参照)、雇用保護制度による規制が強いほど壮年失業率に対する若年失業率の比率は上昇するという相関が統計的に認められることを確認している(Esping-Andersen〔二〇〇〇〕表3-4、3-5、八八、八九頁)。

このように、雇用保護制度が若年雇用にマイナスの影響を及ぼすのではないか、ということを示す研究はいくつか存在するが、雇用保護制度と女性の雇用との関係についてはやや見解が分かれているようである。たとえば、Esping-Andersenは雇用保護制度の若年雇用に対するマイナスの影響を確認する一方で、Esping-Andersen〔二〇〇〇〕の分析では、雇用保護制度が女性の就業率を引き下げるという相関は統計的に認められず、女性の就業率に強く影響しているのは「育児コスト」であることを示している(Esping-Andersen〔二〇〇〇〕表4-1、一〇四頁参照)。またOECD〔一九九九〕の単回帰分析の結果(OECD〔一九九九〕表2-7〔七六頁〕参照)は、雇用保護制度による規制は失業率に関しては影響を及ぼしていないが、就業率に関しては壮年男性の就業率を引き上げる反面、若年者とともに女性の就業率を引き下げる、という効果があることを示している。

以上より、雇用保護制度の若年者、女性の雇用に及ぼす影響という論点に関しては、雇用失業の全体水準に対する影響をめぐる論点とは異なり、とりわけ若年雇用に関してはマイナスの影響を及ぼす、としている研究が多いといえよう。

しかし、OECD［一九九九］［二〇〇四］はこうした見解とは明らかに異なった結論を示している。OECD［一九九九］の重回帰分析によれば、雇用保護制度は雇用失業の全体水準に影響を与えないだけでなく、失業者・就業者の構成、すなわち誰の雇用が守られ誰が失業するか、といったことに対しても影響を及ぼしていないということを示している。この点はOECD［一九九九］も結論として重視している点であり、またこの点にOECD［一九九九］の研究の特質があるといえよう。またOECD［二〇〇四］は雇用保護制度と壮年男性、壮年女性、若年者、高齢者、低技能労働者の就業率との相関について重回帰分析を行っているが、そこで明確なのは「雇用保護制度と壮年女性の就業率との間にマイナスの相関が認められる」のみであり、雇用保護制度と低技能労働者の就業率に関してはプラスの相関（雇用保護制度が強まれば低技能者の就業率が高まる）も否定できない結果となっている（詳しくはOECD［二〇〇四］八五頁の表2－4、および八五～八六頁参照）。

それゆえ第三の論点に関しては、雇用保護制度は若年者や女性等の雇用に悪影響を及ぼす可能性を示す研究が少なからず存在している反面、他方で必ずしもそうとはいえないことを示す有力な研究も存在しているという状況であろう。そうであるなら、今日の経済学研究の到達点からすれば、「若年者・女性等の雇用改善のために雇用保護制度の規制の緩和をすすめるべき」との具体的な政策提言を導ける状況にはないといえる。

◉日本の企業・職場の現実のなかの雇用保護制度
——「自発的に行うよう強制される」働き方のなかで

ところで、「雇用保護制度は雇用に悪影響を与えるか」を論ずるにあたっては、それぞれの国の職場労働の実態をふまえ、そのなかで現実に雇用保護制度がどのように機能しているか、という観点が重要である。そうした観点から、このテーマを今一度考えてみよう。

(1)企業・職場労働の特質

日本の中規模以上企業の男性新規学卒正規労働者は、「長期雇用制」「年功制」のもとにおかれてきた。それは「長期雇用制」「年功制」は、日本の民間企業労働者に企業の求める働き方とそれを「〃自発的に〃させ続けることを〃強制する〃」メカニズムを支えるシステムのひとつであったからである。

日本の民間企業正規労働者には、企業目的を内面化し、企業の要請にフレキシブルに対応し、企業第一・企業優先の働き方・生き方が求められている。[15] 具体的には、たとえば「『早出』して定時にはすぐに『外回り』にダッシュできるよう仕事の準備をすませておく、『サービス残業』でノルマを果たし、またQC活動に取り組む、こまめなつきあいでチームメンバーと気心を通じておく、アフターファイブの『自己啓発』で『宅建』の資格を取る勉強をしておく、それからすべての『資本』となる体力を鍛えておく」(熊沢［一九九七］五二頁）といったことである。それに、職場の事情による異動・転勤、さらには希望退職をも甘受する、といったことも付け加えるべきであろう。ここで注意すべきことは、日本の職場においては、従業員にこれらの働き方が単に「強制されている」のではなく、しばしば「自発的にこれらの働き方をするよう強制されている」ということである。前者の場合、その結果の責任は企業が負うことになるが、後者の場合、「建前」は労働者の「自発的な意志」ということになるため、その結果について企業の責任が曖昧化されてしまうのである。

それが端的に示されるのは、まさに経済的理由により人員整理を行う場合である。日本の企業はその際、多くの場合解雇ではなく希望退職という方法を用いる。企業が希望退職を募集すると、多くの場合募集人数と応募人数は一致する。これは考えてみると不思議なことである。なぜなら、希望退職の募集対象は中高年層が多いが、中高年層の再就職は困難であり、さらに雇用失業情勢が悪い時期にはなおさらそうであるからである。しかも希望退職募集は、企業にとってはリスクを伴うことである。なぜなら、企業にとって退職してほしい人材が応募せず、今後の企業にとって必要だと考えている人材が応募し、結果として希望退職を実施したことにより、企業の状況はかえって悪化してしまう恐れがあるからである。全体的な雇用失業情勢が悪化しているときには、特にこの危険性は大きい。しかし現実には、こうしたリスクに直面する企業は稀である。それは、企業にとって不要だとされた労働者は〝自発的に〟希望退職に応募するよう〝強制される〟メカニズムが日本の企業の中では機能しているからである。そうしたメカニズムを支えているのは、ひとつは、〝協調性〟〝積極性〟といった恣意的になりやすく、さらに労働者の言動が幅広く評価対象となってしまうような項目を要素とする「情意考課」が人事査定のなかで少なくない比重を占めているという日本的な人事考課システムである。そしてもうひとつが、「長期雇用制」「年功制」といったシステムなのである。

(2)「長期雇用制」「年功制」のひとつの本質⑯

「長期雇用制」「年功制」が、前に述べたような働き方を労働者に〝自発的に〟させ続けさせるメカニズムを支えるシステムである理由は三つある。

第一は、労使関係的な理由である。労働者にこうした働き方を〝自発的に〟させ続けさせるためには、民間企業の職場でかつて一定の影響力があった「戦闘的労働運動」の影響力を殺ぎ、職場で「協調的労使関係」を確立する必要がある。そのためには「〝従業員〟の雇用と生活の安定は〝労働者〟が労働運動によって〝たたかいとる〟ものではなく、〝従業員〟が企業のために〝自ら〟働き企業が発展することにより〝提供される〟ものである」ということが具体的に示されなければならなかった。これが第一の理由である。

第二は、労働者の前記のような働き方を長期にわたり〝自発的に〟させ続けさせるためには、労働者から一定の「納得」を確保する必要があったことである。「長期雇用制」「年功制」はその納得性を確保する手段であったのである。ちなみに、この第二の理由と第一の理由は相互規定的である。

第三は、コスト的な理由である。前記のような働き方を〝自発的に〟行うよう〝強制〟されることを受け入れられる能力を潜在的に有するのは若年層、とりわけ新規学卒者である。それゆえ正社員の需要は若年層、とりわけ新規学卒者に集中することになる。「長期雇用制」「年功制」は初任給水準を市場価格以下に引き下げるとともに、企業組織がピラミッド型の構成をとる限り、長期にわたりコストを削減する機能を果たしたのである。

それゆえ「長期雇用制」「年功制」とは、「長期継続雇用保障制度」「勤続年数による自動昇進昇給制度」のことではない。最小のコストで労働者に長期にわたり企業中心主義的な行動様式を〝自発的に〟行い続けさせるとともに、職業生活の過程で企業の要請に応じて行われる労働者の選別・排出を労働者側に〝自発的に〟受け入れさせることを制度的に保障するシステムなのである。こうした制度的枠組みのなかで日本の民間企業正規労働者は激しい昇格昇進競争、長時間過密労働とその極端な結果としての過労死、海外にまで及ぶ広域転勤、「希望退職」という名の「退職の強要」等を〝自発的に〟受け入れる働き方をさせられているのである。

しかし、こうした働き方を実際に甘受し続けられる層は社会のなかで多数とはいえない。少なくない数の労働者は入り口段階で排除され、それをクリアした層もまた少なからずが職業生活の過程でこうした働き方からの自発的退出を強制される。そしてそれらの層には非正規雇用か、正規雇用であっても条件がきわめて悪い雇用が待っているのである。非正規労働者の問題を、「既得権を享受する正規労働者」対「そこから排除された非正規労働者」の枠組みで捉えるのは、きわめて皮相的な見方である。

(3) 整理解雇四要件の現実的機能

こうしたなか、日本の数少ない雇用保護であった整理解雇四要件は、いわば〝手段〟であり〝建前〟にすぎない「長期雇用制」を、司法の場では〝目的〟であり〝本音〟としてとりあえず位置づけ、労働者が救済を求めた場合（もちろんここまでたどり着ける労働者はきわめて少数である）の最後の手段、最後の命綱であったのである。このことの含意は二つある。ひとつは日本の企業・職場労働の現実をみれば、解雇規制がたとえ制度として存在しているとしても、それと経済的理由での人員調整のスムーズな実施とは両立しうる構造にある、ということである。ふたつめは、とはいえ、その規制の緩和が法律的に担保されてしまうと、日本の民間企業労働者は抱えているさまざまな問題（〝自発的に過度に働く〟ことの強要、過労死、〝自発的な〟退職を強要するための嫌がらせ的異動、リストラ等）の前に、救済手段なしに放り出され、現実にはたどり着ける可能性が少ないとはいえ、ともかくも存在していた細い命綱さえ断ち切られてしまう、ということである。それゆえ、解雇の自由化等が法律的に担保されることの労働者への悪影響はきわめて大きい。

また、解雇規制の存在は企業の短期的判断に基づく行動からの損失を少なくする効果ももつかもしれない。前記のような働き方から距離をおく労働者が、長い目でみて企業にとって必要なこともある。ワンマン経営者の非合理的な経営決定をいさめる社員、企業不祥事を勇気をもって告発する社員は、企業の長期的な発展を考えた場合必要な存在である。しかし解雇規制が緩和されると、そうした社員の解雇もその時々でより安易に行われてしまう恐れがある。そして最近の企業不祥事の続発をみると、企業は必ずしも長期的な視野に立って合理的な判断をするとは限らない。一定の解雇規制の存在は、そうした企業の短期的視野に基づく判断の誤りを少なくする効果ももつのではなかろうか。

「雇用保護制度は雇用に悪影響を及ぼすから、その規制の緩和により雇用改善、格差社会の改善を」との主張について、労働者の多くの共感が得られないのは、決して多くの労働者が認識不足だからではなく、日本の企業・職場労働の現実のなかでは雇用保護制度がそのように機能しているわけではないことを経験的に認識しているからだと思う。そうであるなら、以上の疑問に対して福井・大竹［二〇〇六］は日本の企業・職場実態に即して具体的な回答を提示する必要があるだろう。

3　その他四つの疑問

「日本の雇用保護制度は厳格か」、「雇用保護制度は雇用に悪影響を及ぼすか」という論点に絞り福井・大竹［二〇〇六］を批判的に検討してきた。ここで検討した論点以外にも、福井・大竹［二〇〇六］には疑問とすべき点は数多い。そのうち四つの点を指摘し、本論の結びとしたい。

疑問の第一は、雇用保護制度を緩和すれば、使用者の採用意欲を刺激し、雇用も増大し雇用改善がなされるといえるのだろうか、という点に関してである。雇用保護制度が緩和された際、使用者がとるべき選択肢は多数ある。既存の労働者を一定解雇し、一人あたりの仕事量を増やすことで対処する、自動化・機械化を積極的に進める、事業の縮小・海外移転を進める、さまざまな形態の不安定雇用労働者を活用する等、雇用増や雇用改善とは結び付かず、かえって雇用減や雇用不安の拡大となる選択肢も少なからず存在する。そしてそれらのどの連環になるかは、その時々の社会経済状況・各企業の経営状況等さまざまな要因によるであろう。雇用保護制度の緩和による雇用増・雇用改善とは、いくつかある可能性のひとつにすぎないのではなかろうか。またそれと関連することであるが、雇用保護制度の緩和による若年雇用の改善という主張にも疑問を感じる。なぜなら、雇用保護制度の規制が緩和されれば、企業から解雇される労働者も増えるわけだから、労働市場に実務経験のある従来より実践的な職務能力に相対的にすぐれた求職者もまた多く存在することになり、実務経験の乏しい若年求職者はそうした求職者との競争を強いられ、かえって労働市場において不利な立場におかれる可能性も否定できないからである。

第二は、雇用保護制度の規制が強いから、採用における学歴（学校歴）差別が存在する（たとえば福井論文）、という議論に対する疑問である。日本において解雇規制が相対的に強かったのは、整理解雇四要件が確立され機能していた七〇年代末から九〇年代半ばにかけてのことであるが、採用における学歴差別は明らかにそれ以前からである。ちなみに、それ以前のほうが指定校制度の公然たる存在等、採用における学歴差別はあからさまであったように思える。その点をどう考えるのであろうか。さらに、そもそも解雇の困難性と学歴差別との相関はきわめて薄いのではないか。いくら解雇をしやすくしても、能力の劣る労働者をいったん入社させ一定期間働かせることと自体、企業にとってはコストであり手間である。それゆえ、解雇しやすかろうがしにくかろうが、採用にあたっては優秀である可能性が高い労働者を選抜しようとするであろう。しかし、特殊な職業分野以外では多数の応募者があるのが現状であり、新規学卒採用の場合はそれが顕著である。そうであれば選抜の第一段階で学歴でふるいにかけることは、企業にとって「合理的な」行動となろう（ただし筆者が〝合理的〟と考えているわけではないことに注意してほしい）。採用における学歴差別は解雇規制の問題ではなく、多数の応募者の中から優秀である可能性の高い労働者を短期間で選別する「合理的」な方法の問題ではなかろうか。なお民間大企業の採用において銘柄大学出身者が優遇されるのは、第2節でみた企業・職場労働の現実と関係があると考える。厳しい受験勉強に耐えたという実績は、企業が労働者に求める働き方ができるという有力な〝お墨付き〟となるからである。ちなみに、日本の企業においては入社日から本採用になるのではなく、三カ月から数カ月の「試用期間」という、いわば〝お試し期間〟を設けており、その後本採用になるというのが一般的である。

第三は、解雇規制が緩和されると、思想信条、性別、組合活動等を理由とした差別的解雇が「経済的必要」の名のもとにより安易に行われ、それに対する救済がきわめて行われにくくなり、結果として差別的解雇がよりまかり通ることになるのではないか、という疑問である。経済的理由の名のもとでそれらの解雇がなされた場合、労働者はその解雇が「経済的理由ではない」ことをも証明する責任を負うことになろう。そして労働者がその証明を行うことはきわめて困難である。こうした疑問に対する福井・大竹［二〇〇六］の回答は、おそらく「使用者が不当な解雇を乱発すれば、優秀な人材の離反、優秀な人材の確保難を招き、市場で激しい競争を行っている使用者は結局市場競争で不利な立場におかれることになるから、そうしたことはありえない」というものであろう（たとえば福井・大竹［二〇〇六］の安藤論文一三六〜一三七頁）。こうした議論に対しては、日本の企業社会のなかで「優秀な人材」とは何か、そこに社会的正当性はあるか、との問いかけがそもそも必要なのだが、この議論の認識枠組みを仮に認めるとしても、市場競争には企業の思想信条、性別、組合活動等を理由とした差別的解雇までをも抑制する効果をほとんど期待できないことは明らかであろう。しかしそれは、基本的人権や民主主義の根幹に関わるきわめて重要な問題なのである。

疑問の第四は、格差社会の内実をどうみるか、という点である。福井・大竹［二〇〇六］を読む限り、格差社会の構図は「正規労働者対非正規労働者・失業者」として描かれている。しかし、正規労働者は今日の格差社会の上層部分を構成する存在なのだろうか。先に述べた日本の企業・職場労働の実態からすれば、民間企業正規労働者を既得権益者として描くことは疑問である。もちろん、正規労働者と非正規労働者・失業者との間には雇用の安定性・賃金その他について格差が存在している。とはいえ、今日の格差の本質はそこに存在するわけではない。

本質的な格差は、高額所得を得ることができ、政治的・行政的に大きな影響力を有する大企業経営者、マネーゲームの勝利者、保守政党の政治家、一部のキャリア組国家公務員と、それ以外の勤労者大衆との間に存在するのではないだろうか。ちなみに、〇六年度の大企業取締役、大企業男性正規労働者（労働者のなかで最も恵まれた層のひとつ）、女性非正規労働者（労働者のなかでも最も恵まれていない層のひとつ）の平均年報酬・賃金額はそれぞれ、約四八五〇万円、約七三五万円、約二二五万円であり、比率にして六・六：一：〇・三となり、大企業男性正規労働者と女性非正規労働者との格差より、彼らと大企業取締役との格差のほうがずっと大きい[17]。

たしかに正規労働者の解雇を自由化すれば、正規労働者の雇用の不安定化、労働条件の悪化等により正規労働者と非正規労働者の「格差」は縮小するかもしれない。しかし、本質的な格差である経営者等と労働者の格差は縮小するどころか、かえって拡大するであろう。福井・大竹［二〇〇六］の議論は、身近で実感しやすいが全体からみれば本質的とはいえない格差である労働者間にある格差を（とはいえ、その格差の解消自体重要な課題である）、「正規労働者＝既得権益者」と描きことさら強調することにより、労働者間に反目と分断をもちこみ、今日の格差社会の本質を覆い隠す役割を果たしているのである。タイトルの〝脱格差社会と……〟とのタームにかかわらず、大企業経営者と労働者との経済格差、大企業経営者・保守政党政治家や一部のキャリア組国家公務員と労働者との間の政治的・行政的影響力の格差について本質的なメスを入れようとしないのはなぜだろうか。

（1） 雇用保護制度とは労働者保護の観点から、経済的理由による正規労働者の解雇や、さまざまな形態の非正規雇用の活用に規制を加える制度のことである。

(2) 正確には、労働基準法三条、一九条、一〇四条二項、労働安全衛生法九七条二項、男女雇用機会均等法八条、育児介護休業法一〇条、一六条、労働組合法七条一項等一定の理由に基づきなされる解雇を禁止する規定も若干は存在する。

(3) 同年改定によりそれ以外にも、「解雇予告期間中も労働者は解雇理由の証明書を請求できる」との条文が加えられ(二二条二項)、さらに就業規則の絶対的必要事項として八九条三項に「解雇の理由を含む」との文言が加わった。

(4) 東京地裁労働部の一連の決定・判決とは、具体的には、東洋印刷事件・九九年一〇月四日決定、日本ヒルトン事件・九九年一一月二四日決定、角川文化振興財団事件・九九年一一月二九日決定、明治書院事件・〇〇年一月一二日決定、ナショナル・ウエストミンスター銀行事件・〇〇年一月二一日決定、東京魚商協同組合葛西支部事件・〇〇年一月一三日判決である(詳細は日本労働弁護団[二〇〇〇]参照)。

(5) とはいえ、この「四要素説」の枠組みに立ちながらも整理解雇無効としているケースも存在し、また近年においても九州日誠電気事件・熊本地裁〇四年四月一五日判決等、「整理解雇四要件」説を維持している判決もあるとのことである(詳しくは菅野[二〇〇七]四三二頁参照)。

(6) 労働者派遣法については、現在一定の規制強化を含む改定がなされようとしている。しかし、現時点ではその方向、改定の実現可能性等は不明確である。

(7) なお九九年改定派遣法は改定時に法施行後三年後の見直しが付帯決議で決められており、〇三年改定はそれに基づくものである。

(8) 生産工程業務については、九九年改定時は、労働者派遣法付則四項により「当分の間」は派遣対象業務外とするとされていたが、〇三年派遣法改定に伴い二〇〇四年三月一日より、当該業務についても労働者派遣が解禁された(受け入れ期間の絶対的上限は〇七年二月まで一年、それ以降は最長三年[付則五項])。

(9) ただし、ここで述べたように実際には例外が多かった。なお〇三年改定(〇四年三月施行)でこの派遣受け入れ期間の絶対的上限は事実上三年に延長され、現在にいたっている。それゆえ以下の「一年ルール」についての説明で「一年」とあるところは現在は「三年」である。

(10) 二〇〇三年改定で、さらに「その業務が一ヵ月間に行われる日数が、派遣先の通常労働者の所定労働日数に比べ相当程度少ない業務」、「介護休業取得者の代替要員業務」が加えられた。

(11) 具体的には、二六業務のうち「建築物清掃」、「建築設備運転・点検・整備」、「駐車場管理」、「テレマーケティングの営業」以外の業務である。

(12) 一九九〇年一〇月一日労働省告示八三号、ただし〇三年一二月二五日労働省告示四四六号(〇四年三月一日適用)により、この期間は「三年」に延長された。

(13) 二〇〇三年の改定では、四〇条の四で「旧来の二十六業務以外で派遣労働者を絶対的上限を越えて活用しようとする場合の雇用契約申し込み義務」、四〇条の五で「二十六業務で同一派遣労働者が三年を越えて同一業務を行っている場合、その業務に労働者を雇い入れる際の、その派遣労働者に対する雇用契約申し込み義務」が定められた。ただし、これらは「雇用義務」ではなく、「申し込み義務」である。

(14) 非常に大雑把かつ日常用語的に述べれば、〝回帰分析〟とは、独立変数(数値)が一ポイント増加したら、従属変数は全体の傾向としてプラス・マイナスどちらの方向にどれだけ変動するか、それは統計上信頼できる相関と認められるか、を測定する方法のことである。単回帰分析とは、独立変数をひとつとして測定を行うことである。重回帰分析とは複数の独立変数をとり、対象としたい独立変数(ここでは雇用保護の規制の強さ)以外の変数を一定とした場合に、独立変数の一ポイントの増加に応じて、従属変数は全体の傾向としてプラス・マイナスどちらにどの程度変動するか、それは統計上信頼できる相関と認められるか、を測定する方法のことである。重回帰分析の結果のほうがより厳密度が高い。詳しくかつ正確には、たとえば高橋・井上[二〇〇五]等を参照されたい。

(15) ちなみに、これは〝従業員たる能力〟、あるいは熊沢[一九九七]のいう「生活態度としての能力」とでも呼ぶものであろう。

(16) ここでの筆者の含意は一部に存在する「左」からの「長期雇用制」「年功制」解体論に与するものではないことに注意してほしい。「長期雇用制」「年功制」には、ここで述べたような労務管理的機能とともに、生活保障的な機能もあることは確かである。それゆえ、課題は生活保障的機能をどう強化するかである。

(17) 大企業取締役の年収は、三月決算の上場企業で〇七年三月末の時価総額上位一〇〇社のうち前の期と比較可能な九七社の取締役の退職慰労金を除いた報酬の平均で、日本経済新聞社調べ(〇七年八月二八日付朝刊)。

大企業男性正規労働者は従業員千人以上企業の男性正規労働者を対象。労働者については、いずれも賞与等を含む。労働者の年賃金額は『〇七年版賃金センサス』より算出。なお、大企業取締役の年収平均額についての調査がその後みあたらないため、二〇〇六年度の数値を使用した。

【参考文献】

Esping-Andersen, G [2000] Who is Harmed by Labour Market Regulations・In Esping-Andersen, G and M. Regini *Why Deregulate Labour Markets? Oxford*, Oxford University Press（伍賀一道監訳［二〇〇四］『労働市場の規制緩和を検証する』青木書店）

OECD [1994] Labour Adjustments and Active Labour Market Policies, In *The OECD Jobs Study*, Evidence and Explanations Part, Paris・OECD

OECD[1999] Emplonment Protection and Labour Market Performance, In *OECD Employment Outlook*, Paris・OECD

OECD [2004] Employment Protection Regulation and Labour Market Performance, In *OECD Employment Outlook*, Paris・OECD

OECD [2006] *OECD Employment Outlook*, Pris・OECD（樋口美雄監訳［二〇〇七］『世界の労働市場改革』明石書店、第二部）

神林龍［二〇〇八］『解雇規制の法と経済』日本評論社

熊沢誠［一九九七］『能力主義と企業社会』岩波新書

菅野和夫［二〇〇七］『労働法〔第七版補正二版〕』弘文堂

菅野和夫・西谷敏・荒木尚志編［二〇〇二］『労働判例百選〔第七版〕』有斐閣

高橋信・井上いろはほか［二〇〇五］『まんがでわかる統計学〔回帰分析編〕』オーム社

武井寛［二〇〇二］有期労働契約の拒否―日立メディコ事件」菅野・西谷・荒木編『労働判例百選〔第七版〕』有斐閣

土田道夫［二〇〇二］「整理解雇―東洋酸素事件、ナショナル・ウエストミンスター銀行事件」菅野・西谷・荒木編『労働判例百選〔第七版〕』有斐閣
西谷敏ほか編［二〇〇二］『労働法　2―個別的労働関係法』法律文化社
日本労働弁護団［二〇〇〇］「解雇権乱用法理と整理解雇法理を変質させる東京地裁労働部を糾す」労働法律旬報四月二五日号
野川忍［二〇〇〇］「解雇の自由とその制限」日本労働法学会『二一世紀の労働法　四　労働契約』有斐閣
福井秀夫・大竹文雄編［二〇〇六］『脱格差社会と雇用法制』日本評論社
藤井宏一［二〇〇七］「ＯＥＣＤにおける雇用保護法制に関する議論について」『ビジネスレーバートレンド』七月号

第Ⅱ部

開発主義と福祉国家

第6章

日本における新自由主義の性格規定について

◉はじめに

すでに現代日本では、財政・行政・金融から労働・教育・福祉等の分野にわたって新自由主義的な改革が進められてきた。安倍政権のもとでそれらがさらに加速されようとしている現在、新自由主義に対する的確な分析と批判理論の必要性はますます高まっている。

こうしたなかで、日本の新自由主義をどのように把握すべきかについて、ひとつの有力な仮説を呈示しているのが後藤道夫氏である。後藤氏の新自由主義論の大きな特徴は、日本の国家・社会システムを「開発主義」と規定し、これを日本の新自由主義の攻撃対象と捉えることにある。そして後藤氏はこの点に欧米と異なる日本の新自由主義の特徴がある、とする。これは氏のほとんどの著作で繰り返し述べられているテーゼであり、その議論のなかでも枢要な位置を占める論点である。

しかしながら、このテーゼの妥当性はそれほど自明なものではなく、多角的な検討・検証が加えられるべきであるように筆者には思われる。しかも、それは単なる抽象理論の次元にとどまるものではなく、具体的な運動の方向性に関わる問題として、特に社会保障運動や労働運動内部でその是非をめぐって論争が沸騰してもおかしくないような問題提起を含んでいる。だがこの後藤テーゼについては、管見の限り、これまで検討らしきものはほとんどなされてこなかった。

そこで本稿では、このたび後藤氏の『戦後思想ヘゲモニーの終焉と新福祉国家構想』（旬報社、二〇〇六年）が刊行されたことを機会に、氏の所説の検討を試みたいと思う[(1)]（後藤氏の著作を番号で示し、その後に引用頁を記す。引用文献は注（1）を参照）。この作業は、日本における新自由主義をどのように性格規定すべきかについて、いわば後藤氏の胸を借りながら、しかし後藤氏とは異なる筆者の仮説を構築する試みでもある。

1　後藤道夫氏の「日本＝開発主義＝非福祉国家」テーゼ

後藤氏は戦後日本を「開発主義」と規定する。開発主義とは「持続的経済成長を目的とした長期的な政府介入を含む資本主義体制」［③八九］と定義される。「長期的な政府介入」とは具体的には、第一に「政・官・財」の密接なネットワークを通じた国家の財政・行政の総力をあげた企業成長支援のことであり、第二に、公共事業、自営業・農業保護政策などによる自民党の利益誘導のことである［⑤一一〇〜一一二］。こうした開発主義のシステムは、戦後日本における高度経済成長の達成に際しても、石油ショック大不況からの脱出に際しても、農民・中小企業家に対する「社会統合の危機」の克服に際しても、決定的な役割を果たしてきた、とされている［③八九以下］。

さらに、この開発主義は、自民党による利益誘導といった日本政治の一側面にとどまらず、「開発主義国家体制」として、つまり、戦後日本の国家・社会システム全体を貫くものとして理解される。この開発主義国家体制は、欧米の福祉国家体制との対照において、日本独特の現代国家のあり方として描かれている。たとえば社会保障について、後藤氏は戦後日本の社会保障制度を一括して「開発主義的社会保障」と規定する〔④一九〇〕。日本の医療保険や年金保険は制度的に分立し制度間に格差があり、これは「大企業の資本蓄積に著しく有利」〔④一九六〕というのである。こうした特徴をもつ日本の社会保障制度を「開発主義的社会保障」と形容する理由は筆者にはよく理解できないが、ともあれ、後藤氏が日本の社会保障制度を総じて福祉国家的なものとみなしていない点が確認できる。

労働市場規制についてもこれとほぼ同様である。後藤氏は、日本の企業主義的統合を開発主義国家体制の一部と捉えたうえで〔③八七〕、そこに階級妥協の要素（＝福祉国家的要素）はみられないことを強調する。たとえば、「日本の企業主義的統合を、時期区分なしに階級妥協の一類型とみなすのは無理がある。第一次石油危機以前は階級妥協局面といえるが、一九七〇年代中葉の『大合理化』期以後は、ある種の資本独裁といっても過言ではない」〔①八九～九〇、傍点―引用者〕と述べている。「資本独裁」とは、「階級妥協」の反対語であり、それ以上に資本の力が強い状態を想定できない、ということである。

つまり、社会保障についても労働市場規制についても、戦後日本の国家・社会システムは資本蓄積を阻害することのない徹底的に非福祉国家的なものであった。このように後藤氏は日本を規定する。

そもそも、成人男女の参政権や市民的自由を承認する現代国家においては、資本主義経済秩序に順応する国民の何らかの「合意」の調達が不可欠になる。もし、そうした合意の調達ができなければ、国民大衆に与えられた参政権や市民的自由の行使によって、資本主義経済秩序が転覆される可能性が生じてしまうからである。これがいわゆる「大衆社会的統合」の問題であるが、後藤氏においては、欧米の福祉国家と日本の開発主義とは、その大衆社会的統合の対照的な二類型と位置づけられる。福祉国家が社会保障や労働市場規制等を通じて直接的に国民の生活を保障し、資本主義経済秩序に対する合意を調達し、体制転覆の可能性を封じるのに対し、開発主義は企業の成長を通じて間接的に国民の生活を安定させ、合意を調達する〔⑥七二～七三〕。

このような認識に基づき、後藤氏は欧米の新自由主義と日本の新自由主義との間に本質的な相違を見出す。それは新自由主義の解体対象に関する相違である。すなわち、日本の新自由主義の解体対象は開発主義国家体制であったのに対し、「欧米の新自由主義が解体対象としたのは、高度に発達した福祉国家と福祉国家体制であった」〔③八七〕――これが後藤テーゼである。日本は福祉国家ではないのだから、新自由主義がそれを解体しようにもその対象はない。では日本の新自由主義は何を解体するかといえば、欧米の福祉国家と異なる大衆社会的統合のシステムである開発主義、ということになる。日本の新自由主義的改革路線がそのスローガンのなかで破壊対象としてあげるもの、たとえば、「膨大な官僚規制」、「官僚の強い裁量権限」、「官庁の縦割り行政」、「政・官・財癒着」、「自民党の利益誘導政治」、「護送船団方式」、「業界横並び体質」、「巨額の財政投融資による民間金融の圧迫」、「官僚天下りのための特殊法人」、「地方の公共事業依存、補助金依存体質」等々、これらがさし示す対象こそ日本独特の開発主義である〔③五〜六〕。

このような欧米と日本の対照性はまことに重大であって、日本ではマルクス主義的知識人をも含めた広範な人々の支持が新自由主義に集まることの根拠も、その解体対象が福祉国家ではなく開発主義であることに求められる。新自由主義が福祉国家を解体しようとすれば広範な人々の反発を招くが、そうではなく新自由主義が忌わしき開発主義を解体してくれるのであれば、「保守派との連携を含めたいていのことには目をつぶる」〔⑥九二〕、ということになるからである。

後藤氏による新自由主義論の要旨はおおむね以上のように整理できよう。

2　日本の位置と日本の新自由主義の攻撃対象

しかし結論的にいうと、こうした後藤氏の議論は、社会保障運動や労働運動が新自由主義に対抗していくうえで、少なからぬ混乱を招くものであるように筆者には思われる。なぜならば、後藤氏のように現状を理解すると、論理的には、この日本では、新自由主義は開発主義を解体するという進歩的役割を担っていることになってしまうからである。

たとえば後藤氏のいうように、日本の社会保障が「開発主義的社会保障」であるならば、社会保障への新自由主義の攻撃に対して、私たちは反対できなくなってしまうのではないだろうか。「開発主義は解体すべき」〔③六〕と主張する以上、「開発主義的な日本の社会保障は解体すべき」ということにならざるをえない。また、日本の企業主義的統合が「資本独裁」であり、そこに労働者にとって守るべき階級妥協の要素が皆無であれば、新自由主義がそれを解体しようとすることに対しても、特に反対する理由はない。むしろ、忌わしき開発主義を葬り去るべく、社会保障運動も労働運動も新自由主義との共闘の余地を見出すべき、ということになる。まさに運動は一八〇度の方向転換を迫られよう。

もちろん後藤氏自身の意図が新自由主義批判にあることは疑いない。しかし、論理的な帰結としてはそうならざるをえないのである。

筆者は、このような帰結はとうてい支持しえないと考える。そこで問題を解きほぐすためには、「日本＝開発主義＝非福祉国家」という後藤氏の規定について検討を加えておくことが必要である。今一度繰り返せば、後藤テーゼは、日本を開発主義（＝非福祉国家）、欧米を高度に発達した福祉国家と位置づけ、それゆえ新自由主義の解体対象も日本と欧米では根本的に相違する、というものである。しかしこの図式は、明らかに、日本の福祉国家的要素の過小評価とアメリカの福祉国家的要素の過大評価に基づいている。福祉国家的要素の強弱を尺度にとれば、欧と米はむしろ対極にあり、日本はその両者の中間に位置づけられるべきである（図表6-1参照[2]）。そして、このように位置づけることによって初めて、日本の新自由主義が何を攻撃しているのかを説明することができると考えられる。

具体的事例に即してこの点を少し掘り下げておくことにしよう。

図表6-1

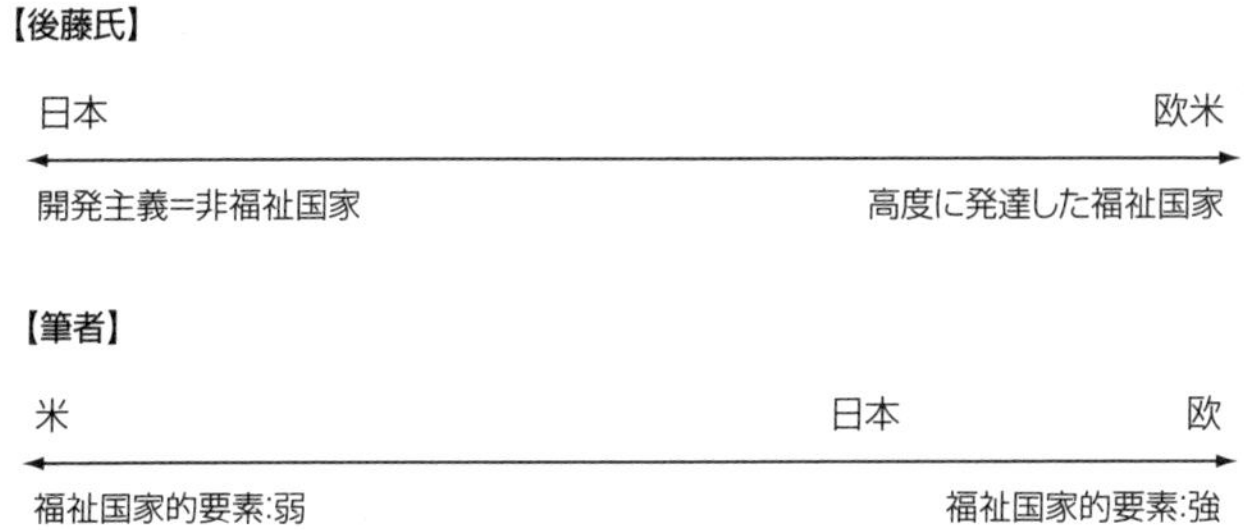

◉医療保障

たとえば医療保障についていえば、周知のように、アメリカには現在でも全国民をカバーする公的医療保険は存在しない。メディケア（高齢者対象）とメディケイド（貧困者対象）があるのみである。このため、四〇〇〇万以上の人々が民間医療保険に加入できず無保険者となることを余儀なくされている。持病をもった身体的弱者や経済的弱者は民間保険会社によって加入者から排除される（サクランボ摘み）。民間医療保険に加入できたとしても、大企業従業員向けの保険料は優遇される一方、その分中小零細企業向けの保険料が上乗せされるなど、医療に対するアクセスは財力によって階層化されている。また支払いを抑制すべく、保険会社は医療内容に対して管理制限を行う（マネジドケア）。保険適用が限定されているために、患者は手術後、麻酔が抜け切らないうちに帰宅させられるケースもあるという。

さらに、治療費や薬価は市場の需給関係によって決定され、価格を管理する制度はない。医療サービスの取引において、通常供給側（医師、病院、製薬会社）は需要側（患者）よりも強い力をもつので、この仕組みのもとで、供給側は医療費をつり上げることができる。公的皆保険制度と公定価格の欠如という条件が、医療をビジネスとして営むことを可能にしているのである[3]。

他方、日本の医療皆保険制度の福祉国家的水準は国際的にも高い評価を受けている。健康達成度の総合評価一位、平等性三位（WHO）、GDPに占める医療費の割合一八位（OECD）、ちなみにアメリカはそれぞれ一五位、三二位、一位である[4]。そして周知のように、財界や新自由主義者たちは、この医療保険制度の改変を執拗に要求している。

たとえば、現在（二〇〇七年）経済財政諮問会議の民間議員である八代尚宏氏[5]（八代氏の著作をアルファベットで示し、その後に引用頁を記す。引用文献は注（5）を参照）は、従来の日本の医療保険制度を「提供側主体のシステム」として、これを「利用者本位」のものに改革すべきと説く。具体的には、診療報酬が出来高払いであることが際限のない医療費支出を招いているので、これを疾病ごとの包括払いに転換すべきという。また、利用者の選択肢を拡大するために混合診療の全面解禁が必要だとする［b六章、d六章］。

このようにして公的保険の適用範囲が限定化され、さらに自己負担分が増加された先に八代氏が展望するものは、日本における各種医療ビジネスの拡大である。「今後、患者の自己負担が高まれば、公的保険でカバーされる範囲が、事実上縮小することになる。そうなれば、自己負担分をカバーするための民間保険が登場する」［b一四三］、「現行の社会主義的な統制を外し、医療サービスの消費者としての患者のニーズに応えた『公益的な産業』としての発展が期待される」［d一四二］というのである。「利用者本位」の名による露骨な資本の論理というべきであろう。

こうした議論が示すのは、アメリカのごとく医療をビジネスとして営むことを可能にする条件が日本には欠如しており、そのことが依然として隘路となっている、ということである。日本の医療保険制度が「大企業の資本蓄積に著しく有利」ではないがゆえに、言い換えれば、福祉国家としての相対的に高度な水準が維持されているがゆえに、それを崩そうとする財界や八代氏のような医療制度改革要求が登場する、といえる。

もっとも後藤氏も、日本の医療制度改革の行き着く先が「アメリカ型の自己責任論」であると指摘している［②六〇］。もちろんこれは正しい。しかし、そのアメリカを「高度に発達した福祉国家」と規定するのであれば、日本はそれ以上に「高度に発達した福祉国家」である。ともあれ、どのように表現するにしても、日本の福祉国家の水準をアメリカ以下とみなすことはまったく不適切である。[6]

◉労働市場規制

労働市場規制においても、アメリカの規制の弱さは際立っている。すなわち、解雇は原則自由であり、派遣労働の活用についても特段の規制はない。また、現在日本で導入が問題となっているホワイトカラー・エグゼンプションがアメリカ起源であることはいうまでもない。

こうした条件のもと、アメリカの企業はフレキシブルに労働力を活用するべくさまざまな手法を行使できる。たとえば、労働者の同意を得ずに——場合によっては本人が知らないうちに——その雇用関係を他企業に移し替えること（ペイロール）ができる。雇用責任を回避し、賃金や付加給付を削減したい企業のニーズに適う仕組みである。そして、このような業務を専門的に引き受け、顧客企業の従業員をいったんペイロールしたうえで、その企業にリースバックするという、PEOが急成長を遂げているのである。[7]

しかし、現在の日本ではここまでのことはできない。まず日本には解雇規制があり、本人の同意なく雇用関係を解消することは容易ではない。以前、梅森浩一『「クビ！」論』（朝日文庫、二〇〇四年）が話題になった。「リストラ請負人」である著者が従業員を「自主的に」退職させるべく、手練手管を尽くして説得するという話であるが、これを読むと日本の現行の解雇規制がそれなりに強力なものであることが逆説的に浮かび上がってくる。整理解雇四要件をはじめとしたハードルがなお存在する日本であるからこそ、企業が解雇実施に踏み切ることはリスクが高く、それゆえ梅森氏のような「苦労」が必要になる。解雇が自由であれば、このような問題そのものが発生しない。一方的に解雇を通告すればすむ話だからである。

また、たしかに労働者派遣法は、この間業種や期間の制限が緩和され、その活用範囲が拡大されてきたが、しかしそれでも間接雇用は「例外」であるとの原則は維持されている。

その結果、企業の要請からみて、間接雇用に対する現行の規制は依然として狭隘である。このことを端的に示したのが、昨今問題となっている偽装請負である。電機・自動車産業などにおいて、使用者責任を回避し人件費を削減する手段としての請負が拡大してきたが、指揮命令を請負会社のみに委ねることは技術的に困難である。それゆえに、職安法違反、派遣法違反が構造的に発生せざるをえない。このことを手がかりに、ユーザー企業の責任を追及する争議が相ついで起きており、その結果、ユーザー企業への直接雇用化・正規雇用化の成果が生まれている。また、ユーザー企業と請負労働者との労働契約の成立を認める判決も出ている。

こうした動向を受けて、二〇〇六年末、経済財政諮問会議で派遣労働の全面自由化、解雇規制や労働時間規制の緩和等を内容とする「労働ビックバン」が打ち出された。周知のように、この「労働ビックバン」の主唱者も前述の八代氏である。かねてより八代氏は、「多様な働き方」の選択肢を広げるべく、派遣労働や有期雇用に対する規制を全面的に撤廃することを説いてきた。氏は「なぜ、それ〔正規雇用〕以外の多様な形態の雇用契約を、正規社員の雇用に代替するものとして、あたかも疫病のように禁止・制限しなければならないのだろうか」［a一六七］という。そして今日、改めてその主張を展開している。「労働者派遣法では派遣社員は正社員になるための前段階と位置づけているが、間違いだ」、「対象業務の制限、事前面接の禁止など非現実的な規制をなくす」［c］というのである。

こうした「労働ビックバン」論は、それがあたかも非正規労働者の利益になるかのような論理立てになっているが、もちろんそのようなものではない。「多様な働き方」の承認として、たとえば派遣労働の例外的性格が払拭されてしまうと、上述したような派遣・請負労働者の弱い雇用保障を正規雇用のそれに準拠させようとする運動はより困難になるであろう。

このように「多様な働き方」を推進する一方で、八代氏は準拠規範である解雇規制そのものに対しても攻撃を加える。「正社員の過度の雇用保障が若者や主婦の参入を妨げている」［c］という論理である。そうであれば、解雇の金銭解決も当然認めるべきで、「やめてほしいと言われた会社で無理に働くより、手切れ金をもらって新しい仕事を探した方がいい」［c］という。

医療問題と同様、ここでも資本の論理は露骨であるが、こうした「労働ビッグバン」論の展開は、裏を返せば、日本において一定の労働市場規制とそれを根拠に企業の責任を追及しようとする運動が依然として根強く存在することを物語っている。労働時間規制についても、相つぐサービス残業の摘発や管理監督者の拡張適用を認めない判決動向など、企業にとっての制約は小さくない。こうした諸々の資本蓄積にとっての隘路を突破しようとする攻撃が「労働ビッグバン」である。その意味で、朝日新聞が「労働ビッグバン」を「財界の逆襲」（二〇〇六年一二月一日）と表現したことは、まことに正鵠を得ていた。

しかしもし、後藤氏のいうように、七〇年代の段階ですでに日本が「資本独裁」になってしまったのであれば、なぜ今になって「財界の逆襲」が試みられているのか、およそ説明することができない。「資本独裁」が達成されたもとで財界はそれ以上何を望む必要があろうか？

要するに、日本＝開発主義＝非福祉国家という前提に問題がある。

以上でみたように、アメリカと比較した場合、日本における福祉国家的要素の強さは明らかであって、それは資本蓄積に対する一定の制約となっている。なるほど日本の福祉国家的要素は、特に北欧諸国などと比較した場合、多くの欠陥や限界を免れていないが、しかし、その積極面を過小評価すべきではない。それは、これまでの諸運動の力によって獲得され守られてきた、貴重な成果である。まずこのことを強調したい。

そして、日本の新自由主義はまさにこれらを攻撃し、縮減・解体しようとするものである。これまではその代表的な事例をみてきた。この点をふまえるならば、他国に同じく、日本においても新自由主義は福祉国家へのバックラッシュであり、運動の成果と運動そのものに対する「財界の逆襲」であり、デヴィッド・ハーヴェイの表現を借りれば、「階級権力の回復」[8]である。「守るべきもの」が今壊されようとしている。そうであるからこそ、今日、日本の社会保障運動や労働運動は新自由主義と正面から対決せざるをえないのである。

しかし、日本における福祉国家的要素が看過されれば、新自由主義が何を攻撃しているのかは不分明となり、なぜ運動が新自由主義を批判すべきなのかも不分明になる。前述したように、日本の新自由主義の攻撃対象が福祉国家ではなく開発主義であるといった理解に立てば、論理的には、むしろ運動は新自由主義の正当性を承認しなければならなくなるであろう[9]。

日本の福祉国家的要素とそれを支えてきた運動を清算的にみるのではなく、その力と方向を自覚することが、新自由主義に対抗していくために不可欠であると筆者は考える。

3 「新自由主義 vs 開発主義」対抗図式の意味

もちろん、「開発主義」論にまったく根拠がないわけではない。たとえば、公共事業を媒介にした利益誘導政治等がこれまでの保守政治のなかで続いてきており、新自由主義的改革のもと、この改変が進行している。そのような意味で「開発主義の解体」に相当する事態はある。そしてこのことは、日本の新自由主義のひとつの特徴であるともいえよう[10]。

しかしながら、そうした認識からさらに「発展」して、日本の新自由主義が欧米の新自由主義とは根本的に異なった性格をもつとまでいうのならば、それは大きなミスリーディングである。新自由主義が福祉国家を攻撃しているという関係においては、日本も例外ではない。「開発主義の解体」は日本の新自由主義の重要な特徴ではあるが、あくまでその一側面を表しているにすぎない。

むしろ問題とすべきは、「新自由主義vs開発主義」なる対抗図式が今日の日本においてもつイデオロギー上の役割であろう。つまり、「政・官・財癒着、自民党の利益誘導政治の打破」といったまさに「開発主義批判」の装いをとりながら、実際には福祉国家が攻撃されているという関係である。代表的には野口悠紀雄氏の「一九四〇年体制論」である。それは、「開発主義的なるもの」に対する一般国民の嫌悪感を利用し、新自由主義への批判勢力を開発主義の擁護者として描き出すことで、福祉国家への攻撃を糊塗しようとするものであった。八代氏が構造改革の対象を「個人や企業よりも政府が指導しなければならない家父長主義」[d三]と描き出すのも同様の手法である。

ところが、後藤テーゼのように、新自由主義と開発主義一色に染まった日本の国家・社会システムが本当に全面対峙しているかのごとく描かれると、「一九四〇年体制論」の日本国家像・日本社会像は実は妥当だということになってしまい、このすり替えは逆に認識できなくなる。後藤テーゼは、大衆社会的統合を遂げた諸国のなかにあって唯一日本だけが開発主義=非福祉国家に位置するという、極端な日本特殊性論に陥っている。しかし、これは正確な現状認識を歪めるものであって、そうではなく、日本も福祉国家の一類型として位置づけられる必要がある。

後藤氏は、日本のマルクス主義的知識人に内面化されてきた近代主義的な傾向――つまり、日本の現状を「近代の不足」とみて「市民社会化」「近代化」に展望を見出す傾向――が新自由主義への幻想的期待をもたらしたと批判する〔⑥九二〕。しかし、戦後日本をもっぱら悪しき国家介入のシステムと捉え、そこに福祉国家的な「守るべきもの」をみないという点において、後藤氏と近代主義との間に実はそれほどの距離はない。両者とも論理的には、「開発主義を解体してくれるのであれば新自由主義も悪くはない」として、「一九四〇年体制論」と共鳴することになる。

したがって、いま新自由主義を批判するためには、現在日本で喧伝されている「新自由主義 vs 開発主義」の対抗図式を真に受けるのではなく、そこに隠されている「新自由主義 vs 福祉国家」という実際の対抗関係を浮き彫りにすることが必要であると思われる。イデオロギーと現実を取り違えてはならないのである[11]。

おわりに

今日曲がりなりにも民主的な政治体制が維持されているなかで、新自由主義は、資本蓄積を阻害する諸運動とその成果を排撃して階級権力を回復するという、その真の目的をできる限り隠蔽しなければならない。そこで新自由主義は、歴史をともあれ前進させる「解決者」として立ち現れる。そこでは、既存の国家・社会システムの欠陥やそれに対する一般国民の不満が逆手に取られる。曰く、「官から民へ」を推進することによって腐敗が解消される、「多様な働き方」を認め、解雇規制を緩和することで格差社会が是正される、女性保護規定の撤廃によって雇用平等が前進する、仕事給の導入によって年功賃金のもとでの賃金差別が克服される、等々。

しかし、これらはみな、不当な言いがかりをもって運動の到達点を引き下げようとする「やつら」の論理である。私たちがこれに迎合しないためには、新自由主義によって何がどのようにして壊され、それはどのようなイデオロギーによって正当化され、そしてそれに対抗する手がかりはどこにあるのか、具体的に分析を加え議論を深めなければならない。しかし、その作業はきわめて立ち遅れているといえよう。

（1）引用に際して後藤氏の著作を以下の番号で示す。
①『収縮する日本型〈大衆社会〉経済グローバリズムと国民の分裂』（旬報社、二〇〇一年）
②『反「構造改革」』（青木書店、二〇〇二年）
③「特集解題」および「開発主義国家体制」（ポリティーク五号、二〇〇二年）
④「日本型社会保障の構造―その形成と転換」（渡辺治編『高度成長と企業社会』吉川弘文堂、二〇〇四年）
⑤「岐路に立つ日本」（後藤編『岐路に立つ日本』吉川弘文堂、二〇〇四年）
⑥『戦後思想ヘゲモニーの終焉と新福祉国家構想』（旬報社、二〇〇六年）

（2）後藤氏が日本との対照でアメリカを福祉国家と規定している箇所は、前述した③八七のほかにも①五二、八九、⑤九、⑥三二一、三三一等がある。他方、福祉国家を「西欧」に限定して論じている場合もある。①一八六等。

（3）三浦清春『市場原理のアメリカ医療レポート』（かもがわ出版、二〇〇三年）

（4）日野秀逸「医療保障における『構造改革』路線と国民医療路線」（同編著『市場化の中の「医療改革」』新

日本出版社、二〇〇五年）九〇頁。

（5） 引用に際して八代氏の著作、インタビューを以下の記号で示す。
a『雇用改革の時代』（中公新書、一九九九年）
b『規制改革 「法と経済学」からの提言』（有斐閣、二〇〇三年）
c「派遣として雇用安定を」「社員解雇規制の修正も」（朝日新聞二〇〇六年一一月一五日）
d『「健全な市場社会」への戦略』（東洋経済新報社、二〇〇七年）

（6） なお後藤氏は、（i）日本では福祉国家の第一段階（ベヴァリッジ・プラン段階）に照応する社会保障水準はかろうじて成立しているが、福祉国家の第二段階（「豊かな社会」段階）については「不在あるいは脆弱」［⑥三二］であること、（ii）新自由主義は福祉国家の第二段階を解体して第一段階の水準に逆戻りさせるものであること（同前）、を指摘する。（i）と（ii）からは論理的に、「日本の社会保障は新自由主義によって解体される余地がないほど低水準である」という命題が導かれるが、現実はもちろんそうではない。

（7） 連合通信編集部編『労働法解体―米国流規制緩和で職場はどうなる!?』（連合通信社、二〇〇四年）

（8）「新自由主義化は、グローバルな資本蓄積を再活性化する上ではあまり有効ではなかったが、経済的エリートの権力を回復させたり、場合によっては（ロシアや中国）それを新たに創出したりする上では、目を見張るような成功を収めた。」（デヴィッド・ハーヴェイ『新自由主義』〔渡辺治監訳、作品社、二〇〇七年〕三二頁）

（9） 後藤氏の賃金論にも同様の問題がある。参照、拙稿「新自由主義批判の視座―年功賃金をめぐる議論状況を手がかりとして」（法律時報七八巻六号、二〇〇六年）

（10） ただし、この間進行していることは、公共事業一般の削減ではなく、スーパー中枢港湾など、資本蓄積により適合的な公共事業への集中・再編であることも留意されなければならない。また、日本の高度経済成長は官僚主導であった（そしてそのシステムが現在攻撃されている）という後藤氏の理解についても再考を要するように思われる。この問題についてはさしあたり、本書第7章の菊池論文を参照。

（11） ただし、こうしたイデオロギー批判の観点が後藤氏の議論の中にないわけではない。たとえば、「国民的な開発主義批判が福祉国家的諸制度の攻撃へと流し込まれている」［③六］とか、「『開発主義』型の国家介入と、国民経済のバランス維持のための国家介入と、福祉国家型のそれが、ともに市場への国家介入として一括して批判され、削減されるという状況があらわれている」〔⑥二二八〕といった記述である。しかし「開発主義と一括して批判されるところの福祉国家的諸制度」とは具体的に何であるのかは明らかにされていない。前述したように、後藤氏においては社会保障制度さえもが開発主義なのである。

第7章 官僚主導国家観の大いなる幻想

■日本は「開発主義国家」か?

◉はじめに

官僚主導の構造を改めなければならない——このような官僚批判を耳にしない日はないといっていいほど、官僚制度への風当たりは近年とみに強くなっている。

戦後五〇年。日本の再建は官僚主導の保護貿易によって成功したものの、一度作られた保護主義を解放することは難しく、日本の改革は、一〇年遅れたといわれる……Japan-bashing から Japan-passing そして Japan-nothing とさえいわれるようになった。バブルや住専問題のつまずきはその象徴であり、官僚の中の大物といわれる官僚があいついで汚職で摘発されるのは官僚の権力とおごりの結果である……かくて官僚主導経済を是正しなければならない。（加藤寛『官僚主導国家の失敗』東洋経済新報社、一九九七年）

かつての日本は、官僚に導かれて未曾有の経済成長を成し遂げたが、今やそれは国の桎梏になっている。ここで批判的に述べられているのは、「時代遅れの規制者」としての官僚像である。

しかし、本当にそうなのだろうか。筆者は、バブルや住専問題の責任を官僚に求めるとしたら、あるいはそもそも日本の経済成長が官僚の敷いた保護主義のゆえだというなら、いずれの認識も官僚の「過大評価」から導かれたものではないかと考える。逆説的にいえば、「世界に冠たる日本の官僚」と形容されてきた彼らへの期待感と、「エリート主義」に対するコンプレックスの裏返しがそこからは窺える。皆が皆、いわば官僚主導神話に取りつかれたフリをしているように思えてならないのである。

日本の官僚に関するこれまでの議論を振り返ると、族議員が官僚に優位するようになったというものや、政・官・財が癒着して利益を享受し合っているといったものもあったが、やはり「政治的指導力の欠如という歴史的に長い伝統」（潮見憲三郎「日本『官僚王国』は変え得るか」『世界』八〇年二月号）という認識（GHQの戦後改革にもかかわらず、官僚機構のみが戦前との組織的、人的連続性を保っていた経緯から導かれる）に基づく、国家主導の実質的当事者としての官僚像が支配的であった。

では、そのような官僚像はどこからやってきたのか。

1　経済官僚たちは本当に優秀だったのか

官僚組織が腐敗したとき、国家は内部から崩れていく。日本は政治は三流だが、官僚が支えている――諸外国からはそう見られてきた。今度の事件（筆者注：大蔵省の元幹部、中島義雄氏の蓄財疑惑）は、その『官僚神話』が幻想になったことを教えている。（朝日新聞　一九九五年九月一二日朝刊社説）。

ここでいわれている諸外国とは欧米のことであり、国家を支えてやまない官僚像は、日本の高度経済成長に驚き、畏怖しかつ呆れた米国を中心とした欧米先進国によって発見されたものだと思われる。

米商務省の報告書によって有名になった「日本株式会社」というレトリックが使われだしたのは、七〇年頃のこと。米国による日本の官僚の「過大評価」は、E・ヴォーゲルの『ジャパン・アズ・ナンバーワン』（TBSブリタニカ、一九七九年）、C・ジョンソンの『通産省と日本の奇跡』（同、八二年）で頂点に達した。この頃主として重要視されたのは——日米繊維問題を通じ英字経済紙によって名づけられた「悪名高き《ノートリアス》通産省《MITI》」というニックネームが物語るように——日本の企業側に立ってタフな交渉を続ける通産省であった。通産官僚たちは、廃墟同然の日本を、市場経済に許認可や行政指導などの規制を巧みに組み合わせることによって、効率よく重化学産業化させたというのである。以後米国は、長い間日本の官僚の役割にあまりに取りつかれていた。そのような米国の認識はごくごく最近、一九九〇年の日米構造協議の頃まで続く。

ところで、米国の注目が日本の高度経済成長にあったことを考えれば、官僚主導神話は基本的に経済官僚神話ということになる。しかしながら、そうした見方には現実との時間的なズレがあった。経済官僚が華々しくマスコミに登場するのは、一九六一年。前年に起こった安保闘争や三井・三池争議で混乱した世相を沈静化するため、バラ色の未来を国民に提供しようとした「国民所得倍増計画」が発表された後のことである。科学的な推計法に基づく成長ビジョンをひっさげ、元大蔵官僚で池田勇人首相のブレーンといわれた成長論の「教祖」下村治や、経済企画庁で

「国民所得倍増計画」の実際の計画策定にあたった大来佐武郎がさっそうとマスコミに登場し、各界に向け、次のように縦横に説いて回った。

やっぱり日本の産業の恐るべき適応力というのですか、それから恐るべきバイタリティ、それから非常に高い投資率ですね。イギリスの鉄鋼業などに比べて日本の製鉄業はずっと新しいので、ずっと能率的なんですね。（「貿易自由化は第二の黒船か?」『文藝春秋』一九六一年九月号における大来の発言）

だが、こうした官僚たちが表舞台にさっそうと登場できたのは、五五年前後からすでに始まっていた高度経済成長のおかげでもあった。実際、終戦直後の官僚は自信喪失状態にあり、むしろGHQのパージで幹部層がいなくなり、中堅の管理職クラスだけで再出発した企業経営者のほうがはるかにエネルギッシュだった。

それまでは商工省の官僚たちは、ずっと長い間統制経済でやってきた。ところが民主化ということになると統制はもうできないと考えこんで、ちょっと混迷状態にあって、もうなんにもできないという感じがあった。（有沢広巳の証言。安藤良雄『昭和経済史への証言 下』毎日新聞社、一九六六年）

政治家あるいは官僚は、長期的な見通しとかあるいは計画を立てていろいろ経済政策を実行するとなると、ビジョンという点で、どうもビジネスマンよりは一段劣っていて、ビジネスマンの方が日本経済を引っ張っているという感じがするのですが。（シンポジウム「経済成長とエリート」における小宮隆太郎の発言。エコノミスト別冊 一九六一年四月一〇日号）

こうした証言に照らし合わせると、たとえば次のような財界有力者の官僚に関する発言は、企業経営者の優位性の現れであったともいえるのではないだろうか。

官僚というのは一番頭がいい。それに総合的にものを判断するトレーニングをしている。それから常識もあるということ。これを国会のなかに、いかに組織的にうまく植えつけていくか。……けっきょくある程度官僚の力をどう利用するかということしかないと思うのです。だからそれには、組織的に、自分の思うように、活用できるような人をすえるということがいちばん大事なんですね。（座談会「塗りかえられる財界地図」エコノミスト　一九五九年六月一六日号）。

2　語られざる「国民所得倍増計画」の正体

さらに言い尽くされた感があるが、大蔵省、通産省、経済企画庁といった日本の経済官庁の主役たちは、経済の専門家ではなかった（もっとも、企業経営者が経済の専門家ばかりでもあるまいが）。いうまでもなく、大蔵省、通産省は法学部出身の官僚が占めていたし、前述した経企庁の大来は工学部の出身であった。

通産省については、前述のC・ジョンソンが「経済官庁かもしれないが、経済学者からなる官庁ではない。七〇年代に入るまでは、通産省の上級官僚のなかで経済学で博士号をもった者は二人しかいなかった」（前掲『通産省と日本の奇跡』）と記している。そしてジョンソンは、このことをもってむしろ官僚が政治的に政策決定を行っている証拠であるとみて官僚の主導性の根拠としているのだが、経済政策が政治的であればあるほど、それは経済界や政界の影響を受けやすくなり、官僚主導の形から離れていく可能性を孕んでいたことも確かだった。

他方、本来の意味での経済官庁である経済企画庁については、「所得倍増計画がすんなりと実施されたのは、それまで関係各省が企画庁に対してタカをくくっていたため、干渉するところがすくなかったから」（草柳大蔵『官僚王国論』文藝春秋社、一九七五年）とまでいわれている。事実、経企庁の地位はその後漸次後退していった。経済官庁の中で最初に力を失っていったのである。

その所得倍増計画の中身を再検討してみて気づくのは、この計画の前文に今日の官僚批判につながる内容がすでに盛り込まれていたことである。

1．本計画を具体化するため、制度、機構の改善を含め必要な措置を講ずること

2．成長を維持するために直接的統制手段を強化したり、行政の繁雑化をもたらすことはさけること（傍点——筆者）

それもそのはず、同計画を答申した経済審議会は、経済界の代表である財界の意見を多く盛り込んでいたからであった。同計画を謳《うた》った文章では、「農業三割論」と呼ばれた産業構造の転換による劣位産業の後退も語っているが、それが大企業を中心とした経済界のための計画であったということを考えれば当然の流れである。

一方、官庁の中の官庁である大蔵省は、米国からも当時はあまりマークされておらず、マスコミにもなかなか登場しない。大蔵省はこの計画に当初は乗り気でなく、このことから考えても、そもそも「国民所得倍増計画」のような五カ年計画を官僚主導の国家運営の象徴のように捉えることがいかに誤っているか、わかると思う。ちなみにその大蔵省も、いざ計画が決すると今度は健全財政主義を捨てるかのような積極財政を行って、後の財政破綻の遠因を作っていく。

また、「土建国家」のもとになった「全国総合開発計画」（全総）は、この所得倍増計画の翌年に、国民所得倍増計画では切り捨てられるかのように取り扱われた農業や集中的な投資の対象とみなされなかった地方部の危機感を受け、農水省をはじめとする各官庁が予算の獲得に乗り出し、これに財界が「公共投資してくれるならば」と乗った末に立案された政策であった。全総は、経済的自由主義が標榜された所得倍増計画のちょうど裏の関係にあたっていたわけである。

国民は高度経済成長の恩恵に浴し、マスコミはそれが所得倍増計画と全総によってもたらされたものというイメージを植え付けた。さらにその恩恵は、官僚主導神話といった明瞭なものではなかったが、経済官僚の力によるものと理解されるようになったのである。池田勇人をはじめ、佐藤栄作や福田赳夫、大平正芳といった経済官僚ＯＢが内閣にあったことも、イメージの膨張に一役買ったことだろう。そして他の省庁も、成長の果実を全総などに基づいた補助金の形で全国に分配することで、その存在を正当化していったのである。

どういうものか、官僚出身者は選挙に強い。官界や労組からの政界進出も、そろそろ先がつまって、新人が入り込む余地も少なくなりはしたが、それにしても、官僚出身者は新旧を問わず選挙に強い……なぜ官庁が選挙に威力を示すのか不思議だが、どうも補助金や土木事業がモノを言うらしい。（「今日の問題『選挙に強い官僚』」朝日新聞　一九六二年六月四日夕刊）

そして、こうした新聞のコラムで述べられたような状況が、日本各地に広まっていったのである。

3　実際にはもっと短かった「官僚たちの夏」

このようにみてくると、通常経済官僚が国内で力を振るったと思われていた時期、戦後復興から六〇年代までですら、官僚が主導したかどうかは怪しいものとなってくる。前述のジョンソンも「一九五二年から六一年までが通産省の黄金期であった」と述べている。

さらにいえば、財界は五〇年代の終わり頃から独占禁止法をめぐって通産省に失望し始めていたから、凋落はそれ以前から起こっていたといっていい。独禁法の規制緩和を望んでいた財界に対して、通産省は公正取引委員会との直接対決を避け、業種別に官僚統制まがいの特例カルテルを例外的に施行するという妥協に堕していたからである。

通産省の凋落を決定づけたのは、通産省企業局の「特定産業振興臨時措置法案」（特振法案）の挫折である。同法案は城山三郎の小説『官僚たちの夏』のモデルとなった通産官僚・佐橋滋を中心としたグループが、貿易自由化に備えて国内産業を同省主導で合併、資本増強しようと狙ったものであった。この法案が実現すれば強制的に拠出を迫られることが予想された金融業界が反対するのはもっともだったが、審議されていた六三～六四年には、すでに製造業も通産省の過保護ともいえる産業政策に反対するほどになっていた。特振法案は「スポンサーなき産業振興案」と呼ばれ、以降「佐橋連帯」と呼ばれた保護主義的な通産省の路線は消滅していく。

この失敗以降、通産省は面と向かって産業政策ができなくなったため、行政指導という方式に切り替える。周知のとおり、その後経済界はこれすらやめてくれと規制緩和を要求し始めるほどに成長していった。

六〇～七〇年代は、経済界と官僚の関係が大きく変わった時期で、同時に社会も大きく変わった。とりわけ七〇年代に入ると、公害反対を叫ぶ市民運動や革新自治体の誕生など、事態は複雑化し、大衆的な広がりをもった利害の相克が生じた。こうした時代を背景に官僚を論じた草柳大蔵が「思えば、『権力』とその『司祭者』とが暮夜ひそかに談合していた時代の方が牧歌的であったのです」(『官僚王国論』文藝春秋社、一九七五年)と語っているのはうなづけるところである。

電通総研の初代所長で、国際派のエコノミストとしてならした天谷直弘も、かつては佐橋連帯の一員として過ごした通産官僚OBであり、以前はこう語っていた(この点については、特振法当時、公正取引委員会に所属していた経済学者の御園生等も述懐している。「経済官僚の自律性について―『官僚たちの夏』は終わったか」『唯物史観』第二三巻、一九八二年)。

通産省では企業を無色のものと見ず、民族資本と外資系企業とでは価値が異なると考えているので、国内市場の大きさが有限である以上、市場が巨大外資系企業によって寡占されるよりも、民族系企業による寡占の方が望ましいと思う。われわれは、ビッグ・スリーの力を跳ね返し得るような力を持った民族系企業の発展を望む。そのためには、民族系企業同士で、業務提携や合併が行われることが望ましいと考えた。これは国内企業だけをとって考えれば、寡占化が望ましいということになる。(『日本経済政策学会年報 一九七〇年』「寡占と経済政策」、天谷直弘「寡占と経済政策に関する若干のコメント」)

彼は一時期国内の産業政策から退いていたが、復活後の八〇年代には「官僚は、オーケストラの中におけるバイオリンやチェロの奏者」であるべきだと語り、かつ次のように大蔵省批判をし始める。

私は大蔵省の財政健全化政策が間違っていたと思う。もっと内需を刺激すべきであるにもかかわらず、財政健全化ということにプライオリティを置きすぎたのです。(VIPインタビュー「日米のライバル時代が到来した」『月刊知識』一九八七年六月号)

八〇年代に入ると、通産省は「国際派」と称し、それまでのように国内産業を保護しようというのではなく、積極的に国内市場を開いていこうとした。それは八六年に元日銀総裁・前川春雄の手により、内需中心の経済成長と、経常黒字を出しやすい経済の構造改善をめざした「経済構造調整研究会」報告書(前川レポート)を予告するような動きであった。貿易摩擦が通産省の手に余るようになるなど、大企業はもはや一国内にとどまれないほど巨大になり、海外への直接投資(現地生産)といった欧米先進国企業同様の「多国籍企業化」が必至、という時代の流れに呼応していたのである。

4 オポチュニストとしての官僚

この流れを加速させたのは、八五年のプラザ合意後の円高であった。六〇年代の貿易の自由化や資本の自由化は、経済界の動向が国内にとどまっていたため(株式の持ち合いやカルテルなどを敷いた)、通産省の志向と一応の整合性をみせていた。しかしながら、今度ばかりはそうはいかなかった。通産省は機敏に自らの新しい有用性を誇示しようと、貿易摩擦を起こしている米国本国や東南アジアへの自動車産業の進出を後押しすることになったのである(通産省は早くから日本IBMなどの外資系企業に天下りを出していたから、日本の大企業が多国籍企業になっても大過ないと高を括っていたのかもしれない)。

こうした官僚のオポチュニスト(御都合主義者)ぶりは、行政学者の村松岐夫のように、政治家が官僚に対して優位に立った現れであるとみる者も多かったが(これは族議員が力をもったという見方である)、振り返ればこれもまた、経済界が官僚機構をよりうまく使えるようになっただけのことともいえる。事実、通産省から初めて自動車業界に天下った山本重信は、しぶるトヨタ自動車に積極的な海外展開を勧めたという。だがトヨタ自動車は、いざ多国籍企業化すると掌を返したように経団連会長を務め、『21世紀に向け新しい規制緩和推進体制の整備を望む』といった提言（九七年九月一八日）を矢継ぎ早に行うなどして官僚批判を煽り始めたのだから、経済界も負けず劣らずオポチュニストである。

他の省庁も経済界の変化のあおりを受けて、大きく基盤が揺らいだ。通産省ＯＢの経済学者・並木信義は「過去四分の一世紀にわたる日本の石油産業政策は、世界最低の産業政策」と言っているし、「円切り上げ（七三年八月）は〝寝耳に水〟だったな」（元大蔵省財務官・柏木雄介の証言。『証言・戦後経済史』日本経済新聞社、一九八八年）という証言が物語るように、そもそもブレトン・ウッズ体制（一ドル＝三六〇円）の崩壊のときにいつまでも外国為替市場を開け続け、大損を出した大蔵官僚の権威も大きく傷ついていた。

また、官界がロッキード事件（運輸官僚を巻き込んだスキャンダルだった）に揺れた際、代表的な経済団体のひとつである日経連の桜田武が「日本はこれから危機を迎える、しかし検察・警察・裁判所および所要の官僚機構がしっかりしているならば、もう一つは、職場を基礎とする労使関係が安定しているならば、この危機を乗り越えることができる」と発言した。この発言は一般的に、官僚の優秀さを裏づける例として理解されているが、以上のように官僚が経済の国際化の前に限界を露呈し、力を減じていたという文脈から解釈すれば、それだけ経済界は官僚を従えるまでになっていたのである。

こんなわけだから、七九年に日本の経済を担っている官僚を必死に探した田原総一朗は、結局その証拠をみつけられず、ひたすら省庁のなわばり争いの現状をレポートするはめになった（『日本の官僚1980』文藝春秋社、一九七九年)。その結果、かえって「新しい時代に対応し、あるいは時代を先取りするために大きく変わろうとしている官僚、そして官僚機構」を捉えることになり、「欧米に追いつき追い越せ」という目標が達成され、自ら新しい道をみつけなければならなくなった官僚の姿を描くことになったのである。さらに田原は、八六年の続編で、その変化を「行政改革」という明白な圧力として受けとめ、より劣勢になっていく官僚を目の当たりにしたのだった(『日本大改造——新・日本の官僚』文藝春秋社、一九八六年)。

5　民間企業の防波堤たち

東西冷戦のなかで、日本は西側の繁栄の象徴として一方的な経済発展が許されるという、類い稀な国際環境に恵まれていた。それは経済企画庁OBの小島祥一が「達観してみれば、このような世界情勢のもとで日本の高度成長は当然の現象であったともいえる」(小島祥一『日本経済改革白書』岩波書店、一九九六年)と語っているように、いわゆる「ただ乗り論」と呼ばれる環境のなかでの成長でもあった。たしかにブレトン・ウッズ体制が七〇年代までもっていてくれなければ、日本は現在のアジア諸国のように通貨危機に見舞われていたかもしれない。あのような時期まで一ドルが三六〇円だったとは、まったく驚くべきことだ。

所得倍増計画に代表される、自由放任主義的な経済政策(これを経済政策というんだろうか?)に基づいた放漫な投資とインフレは、それを可能にしてくれた国際環境のおかげで破綻せずに済んだ。さすがにその後あった数々の五カ年計画はこの路線の修正を迫ったものの、文字どおりの官僚の作文に堕し、一顧だにされなくなった（「生活大国五カ年計画」がつい一昨年〔一九九六年〕まで続いていたなんて、誰が覚えているだろうか）。

もっとも、民間企業が力をつける、あるいは海外展開を終えるまでは、官僚は依然として魅力的な存在である。

通産省は産業政策の観点からみれば力を失っていたが、対米貿易摩擦の防波堤としては依然として経済界にとって有用で、半導体摩擦の交渉（八五年）にあたった黒田審議官はさながら無謀な米国の要求に対抗するヒーローに仕立て上げられた。

だが結果的には、半導体にこだわっているうちに日本は米国のヒッピーや学生の作ったパソコンに一杯食わされた形になった。米国に対抗できたのは、民間企業がケタ違いに高い土地を担保に借金して投資するという体力勝負が得意になっただけで、特別に官僚が有能なわけでも、民間企業が優れていたわけでもなかったことを窺わせる事例である。

しかしながらこれも、たいていは次のような官僚の誤謬として処理されてしまっている。

超LSI計画で気をよくしてか、通産省は、その後、何発も派手に『日の丸プロジェクト』を打ち上げてきたが、最近、成功事例はめっきり減った。たとえば第5世代コンピュータなどは、世界中から参加していいですよなどといっていたが、その割に、成果は全然聞こえてこない。

結局、官主導の親方日の丸でビッグ・プロジェクトをやろうとしても、うまくいかない時代になったのだ。

（大前研一『平成官僚論』小学館、一九九四年）

6 「粗大ゴミ論」へといたる道のり

現在の官僚論の「結論」はおおむね「官から民へ」だが、その考え方は大別して二つに分かれる。一つは、市民が主導権を握り、官僚を公僕たらしめようというものである。「官から民へ」というときの「民」はふつう住民や国民といった市民をさしている。

もう一つは、許認可や行政指導を排して民間企業の創意に任せ、それによって景気の回復、産業構造の高度化を図れというものである。この場合の「官から民へ」というのは一見市民をさしているようにみえるが、実は企業のことである。最近ではこの見解に「グローバルスタンダード」なる公準が与えられて、さもそれが当然の流れであるかのごとく語られている。

二つの結論に共通しているのは官僚の力が強大だということであり、それを前提にしているからこそ、経済が失敗するや否や官僚に全責任が負わされることにもなる。西部邁がいう「市場経済の失敗を政府の失敗に帰す」(「総ざらいエコノミストの犯歴〔上〕」『財界』一九九八年三月三日号)というやつである。

さて、今回の官僚批判が盛り上がるのは、九三年に自民党一党支配体制が終わりを告げ、細川政権が成立したのを起点としている。第三次行革審の答申が提出され、マスコミは細川の動向に期待したものの、何らこれまでと変わるところがなかったからである。

今後の展開は首相の指導性にかかっているのだが、行政改革の旗手とされる首相も、このところ官僚ペースにはまっているとの評判がもっぱらだ。（朝日新聞 一九九三年一〇月二八日朝刊社説）。

大蔵主導といわれた「国民福祉税構想」は非常に評判が悪かったが、続く村山政権では結局は消費税率のアップが実現した。もともと政治に過剰な期待を抱いたのはマスコミだったが、政変にもかかわらずより強権を行使するようになったかにみえた官僚機構に、マスコミは反感を募らせたのだった。そして冷戦構造という国際的な環境がすでに失われていたなか、基本的には古典的な「市場の失敗」、つまり企業経営の失敗による不況の深刻化でそれまでのツケが一気に吹き出したのである。

屋山太郎の『官僚亡国論』（新潮社、一九九三年）をはじめ、大前研一の『平成官僚論』等、以降の官僚批判論はまさに百花繚乱である（ちなみに、いずれの著作も週刊誌に連載されていたのだが、連載当時のタイトルはそれぞれ「平成官僚ほめ殺し」「官制粗大ゴミ」という、よりショッキングなものだった）。世論調査の結果から「中央省庁の統廃合などの行政改革が必要と考える人が全体の七割以上を占め、民間企業への『天下り』を否定する人が六割強に達した」（日本経済新聞社『官僚——軋む巨大権力』一九九四年〈付録〉）と報じられるようにもなり、官僚にその「ツケ」を負わせる世論が形成されることになったのだった。

海外の論調も、K・V・ヴォルフレンの『日本／権力構造の謎』（早川書房、一九九一年）に見られるように、九〇年代に入ると日本は異質な国だとみる「日本異質論」に転化し、むしろ日本をかつてのソ連のように封じ込めてしまえというトーンに変わった。特に日米構造協議を境に、米国はそれまで主としてマークしていた通産省から、大蔵省へとそのターゲットを変え、名指しで日本の官僚を叩くようになった（Eamonn Fingleton, "Japan's Invisible Leviathan", Foreign Affairs, March/April 1995）。『戦略的資本主義』（日本経済新聞社、一九九四年）を著したK・カルダーのよう な、そもそも日本の高度経済成長は大蔵省をはじめとする金融当局の放漫な金融政策の結果だとする議論が出てくるのも、九〇年代初頭の日本の政変と時期を同じくしていた。

7　経済界の意向に左右される「行革」

このように海外の官僚主導神話も大きく変化していったなか、国内の官僚批判が昔ながらの「時代遅れの規制者から民主導へ」のままで果たしていいのだろうか。このような官僚批判は的をはずしていないだろうか。

そもそも九三年の政変は、市民主導の国家や生活大国を作るというよりも、経済界がドラスティックな行政改革を行ってくれる政権を必要としたからだった。「再び自民党が政権についたとき、自民党と大蔵省との関係は一九九三年以前とは全く異なるものとなっていた」（真渕勝『大蔵省はなぜ追いつめられたのか』中公新書、一九九七年）という点を見落としてはいけない。

行革は常に、経済界の力が増し、既存の規制の枠組みが邪魔になるときに行われてきた。過去の行政改革が行われた時期を振り返ると、第一次臨時行政調査会は所得倍増計画による急成長の産物であり、第二次臨調は第二次石油ショックを減量経営と洪水輸出で乗りきった余勢をかっていた。今回の行革は一見不況が最大の原因のようにみえるが、むしろこれまでと違って経済界の意見が大きく二派に分かれたこと、すなわち円安で最高益を出す企業と危機に瀕した企業が同一の業界に存在するような状況に対応しているといえる。勝ち組にとっては、負け組のための保護が桎梏となったのである。

金融機関の破綻に関していえば、国際優良株とされる企業はすでに国際的に生産基盤を分散し、国際的に資金を調達できるため、あえて護送船団方式に頼る必要がなくなっていたという背景がある。九四年の一ドル＝八五円という円高は、金融系シンクタンクを中心に産業の「空洞化」の懸念を巻き起こした。彼らは製造業が海外に逃げるのを防ぐために、国内の農業や流通に対する規制を緩和し、欧米企業に市場を提供しろと迫ったのである。

だがそもそも、優良株の企業は円高や円安に一喜一憂しない。むしろ外資系企業のように、豊富な貯蓄をあてに金融や保険業界に参入したいので、金融機関の破綻にはむしろ冷淡になる（日本の保険会社を救ったのが米国の家電メーカーや自動車会社系列だったことを思い起こしてほしい）。金融機関もコメや流通と同様に扱われたのである。

また、第二次行革審が国鉄や電電公社などの現業部門を民営化の対象としていたのに対し、今回の行革はホワイトカラーの削減を背景に、官僚そのものの削減を目論んでいる。これなどは経済界のその時々のリーディング産業の意向によって、官僚機構を役に立つか立たないかで取捨選択している最たる例だろう。

大蔵省は、かような次第で財界に見捨てられ、それはまた政治にも反映された。金融と財政の分離が説かれ、一方の日銀では経済同友会の前代表幹事・速水優が総裁の座に就いた。こうした人事や、さらには法人税減税の公約の後にようやく金融機関の具体的な救済策が出てきたのをみると、一連の金融危機は、あたかも法人税減税の人質のようである。

官僚批判は最初に提示したような「今はもう時代に合わなくなった規制者」というイメージではなく、遺憾ながら、これまであまり国民のために必要な規制をしてこなかった「企業のための哀れな奉仕者」というところから始めなければならない。「官僚主導」国家神話は幻想――本当は官僚たち自身、とっくの昔からそう思っていたが、自尊心が邪魔して素直になれなかっただけなのかもしれない。

【後記：日本は「開発主義国家」か】

本稿は、一九九八年一〇月に出版された『別冊宝島408 官僚が言えなかったホンネの話』(宝島社刊)に寄稿したものである(原タイトル：官僚主導国家観の大いなる幻想を斬る！)。

その後、出版社の了解のうえに評論家・翻訳家の山形浩生さんによって氏のホームページに転載され、以後、筆者が知らないうちにネット上を一人歩きしていたものである(http://cruel.org/other/stupidburo.html)。

今回本書にこんな古い文章を収録させていただいた理由は、執筆から一〇年以上経つ今もって、日本が官僚主導型の「開発主義国家」である(あった)のか、それとも資本が官の規制から解き放たれ、好き勝手をやってきた国家であるのか、その点について検討が進んでいないからである。デヴィッド・ハーヴェイの『新自由主義』（作品社、二〇〇七年）、そしてそのハーヴェイが依拠するダニエル・ヤーギン、ジョゼフ・スタニスローの『市場対国家』（山岡洋一訳、日本経済新聞社、一九九八年）からして、日本については依然としてかつてC・ジョンソンが規定した、「発展指向型国家」を当然視して議論を展開している。

自民党の中川秀直による『官僚国家の崩壊』（講談社、二〇〇八年）も興味深い。この本は一五年前に出版されたものといっても誰も疑問に思わないであろう。そこには一九九六年から始まった橋本龍太郎政権下の改革とその破綻も、二〇〇一年の省庁改革とそのもとでの財投抜本改革も、二〇〇八年の米国のサブ・プライム・ローン破綻から続く金融危機のもと、再び国家が資本家によって呼び戻されている過程も、すべてがバイパスされている。

今また政権を獲得した民主党も、官僚主導国家からの脱却を掲げている。

しかしながら、今日ほど一九九八年に提起した疑問がより鮮明になったときはない。世界で最も新自由主義が進んでいたはずの米国と、遅れていたはずの日本が、一五年という長い歳月を経てまったく同じ道程を歩んでいることをどう説明すればよいのであろう。サブ・プライム・ローン破綻後に米財務省やFRB（連邦準備制度理事会）がみせた体たらくは、バブル崩壊後の大蔵省、日銀とそっくりだったのではないか。山一証券の破綻とリーマン・ブラザースの破綻の間に、バブル崩壊後の不良債権について大蔵省が把握できなかったことと米財務省がCDS（クレジット・デフォルト・スワップ）取引の実態を把握できなかったことの間に、何か差があるのであろうか。

筆者には、一九八〇年代の日本も、一九九〇年代以降の米国並みに新自由主義が貫徹した、資本の自由に任せた国家だったように思われる。それは本稿で縷々述べたとおり、高度経済成長そのものが官僚主導によるものではなく、企業の自由主義に基づいていたからなのではないか。

その意味ではハーヴェイの『新自由主義』も同様の欠点を抱えている。ハーヴェイは新自由主義が破綻した際、それを補填するための国家の出動も新自由主義の一環であると主張する。では、一九九〇年代の日本、そして今日の米国は新自由主義政策を講じているのであろうか。また、ケインズが登場した一九三〇年代についてはどう評価されるのであろうか。

バブル崩壊後の、日本が「開発主義国家」であったがゆえに米国（そして英国）に新自由主義改革で遅れた、という議論は、まさしく日本国家を論じるうえで「失われた一五年」をもたらしたといって過言ではないだろう。その結果、私たちは今日の米国の経済破綻についても、それを評価する明確な座標軸を欠いてしまっているのである。

【注】「官僚主導国家観の大いなる幻想を斬る！」の収録にあたっては、論旨に影響を与えない限りにおいて、出典が確認できなかった部分を削除し、不正確な文言を修正した。

第8章

開発主義論と新自由主義との政治的親和性

■『情況』新田論文の教訓

◉はじめに

『情況』の二〇〇八年一・二月合併号は、デヴィッド・ハーヴェイの『新自由主義』（作品社、二〇〇七年）についての特集を組んでいる。その中で注目に値するのが宇野派の中堅の論客である新田滋氏の論文である。「新自由主義の虚像と実像—デヴィッド・ハーヴェイ『新自由主義』書評論文」と題された同論文は、「書評論文」としながら、最初の一頁目でハーヴェイの著作に否定的に言及しただけで、あとはすべて戦後日本の政治変遷をめぐって自分の主張を展開するという、いささか偏った構成になっている。とはいえ、新田氏の論文は、戦後日本を開発主義体制とみる見方がいかに日本型新自由主義に親和的なものになるのかをはっきりと示しており、その意味で非常に有意義な教訓を与えるものとなっている。

戦後（ないし戦前も含めて）、日本の国家体制の基本原理を「開発主義」あるいは「開発国家」とみなし、日本における新自由主義の解体対象を、戦後曲がりなりにも存在していた福祉国家的側面に設定するのではなく、この開発主義に設定する考え方は、本質的に新自由主義と親和的な理論であり、新自由主義を免罪するものにほかならない。そして、開発主義という理論的前提を堅持したうえで、その前提に合致した形で議論を進めればどういう結論にいたるのかを示しているのが、この新田滋氏の議論なのである。

なお、この論文は『情況』二〇〇八年七月号に掲載された論文に加筆・修正したものである。

1　新田氏によるハーヴェイ批判の検討

まず最初に、新田滋氏のハーヴェイ批判について簡単にみておこう。新田氏は論文の冒頭で、二点にわたってハーヴェイを批判する。その第一点は次のようなものである。

> デヴィッド・ハーヴェイ『新自由主義』……は、サッチャー、レーガン政権の前後の時期に新自由主義がヘゲモニーを獲得していった過程を主としてイデオロギー審級において捉えている。だがそれは、①産業技術の発展にともなう規制構造の再編成の必要性がもたらしてきた産業・貿易・金融・流通・運輸・通信の個別具体的な諸分野における自由化・規制緩和、②日本・東アジア・中国の輸出志向工業化戦略による「グローバリゼーション」がもたらしてきた欧米諸国における労働条件、社会保障水準の切り下げ、③高齢化社会による福祉国家の財政基盤の弱体化、などといった経済審級における固有の諸要因に促されるかたちでイデオロギー審級ひいては政治審級におけるヘゲモニーの変動が受動的に促された側面を明確にしていない。（『情況』二〇〇八年一・二月合併号〔以下、『情況』合併号〕、七九頁、傍点―引用者）

まず、「サッチャー、レーガン政権の前後の時期に新自由主義がヘゲモニーを獲得していった過程を主としてイデオロギー審級において捉えている」というハーヴェイ批判についてみてみよう。これはおそらく、『新自由主義』の第二章を念頭においた批判であろう。だが、第二章の課題は、どうして新自由主義政策が支配層のあいだで登場し、支配的になったのかを明らかにすることではなく（それは第一章の課題だ）、なぜそれを自由民主主義国家であるはずの国の市民が自己の利益に反して受け入れていったのか、そのような「同意の調達」がいかにして可能になったのかを明らかにすることであった。「イデオロギー審級」という言い方が正確かどうかは別にして、大衆の意識における変化を議論の中心におくのは、同章の課題からして当然であろう。

しかし新田氏は、第二章だけを念頭においてそう批判しているのではなく、ハーヴェイの著作全体をそうした「イデオロギー審級」に新自由主義を還元した見方だと批判しているようでもある。それは、新田氏が新自由主義化を促したもろもろの経済的要因を列挙して、それが「イデオロギー審級ひいては政治審級におけるヘゲモニーの変動が受動的に促された側面を明確にしていない」とハーヴェイを批判している点からもうかがえる。

この批判の意図は何だろうか。新田氏が非常に重視する「日本発のグローバリゼーション」（二〇〇七年の新田氏のハーヴェイ書評）をハーヴェイが重視していないということだろうか。もしそれに限定されているのなら、たしかにハーヴェイの議論では日本の位置づけが弱いという周知の異論になるだろう（だからこそ渡辺治氏による特別付録が付けられたのだが）。しかし他方では、もし新田氏の批判の意図がそうしたもろもろの経済的諸要因に関するハーヴェイの論究不足という点にすぎないのなら、ハーヴェイのこの著作は、資本蓄積危機を生み出した種々の原因を詳細に明らかにすることを目的としたものではない、という反論が成り立つだろう。どんな著作であっても、すべての問題を論じ尽くすことはできない。あれが足りない、これが足りない、といった類の批判は、特定のテーマをもった特定の著作に百科事典的役割を求めるに等しい。この著作の主眼は、資本蓄積危機をもたらしたさまざまな諸要因を詳細に論じることではなかった。それはすでにこれまでの多くの著作が遂行している。資本蓄積危機（けっして「全般的危機」のイメージで捉えてはならない）をもたらした種々の要因がいかなるものであれ（それはハーヴェイがいうように国によって実にさまざまだ）、それに対する対応が最終的にはなぜ新自由主義化という形で収斂することになったのか。それに対してはさまざまなアプローチがありえた。けっして新自由主義が唯一の回答ではなかった。にもかかわらず、なぜそれが「唯一の回答」としてヘゲモニーを獲得するにいたったのか、それがハーヴェイが解明しようとした主要問題であった。ハーヴェイは第一章で次のように述べている。

一九六〇年代の終わり頃、国際経済および国内経済の両方において「埋め込まれた自由主義」が解体しはじめた。資本蓄積の深刻な危機の徴候があらゆる所で姿を現わした。失業率とインフレ率が各地で上昇し、ほぼ一九七〇年代いっぱいまで続く世界的規模の「スタグフレーション」をもたらした。税収が急落し社会支出がうなぎ上りに増大した結果として、各国で財政危機が起こった（イギリスは一九七五〜七六年にＩＭＦの救済を受けざるをえなくなった）。ケインズ主義的政策はもはや機能していなかった。一九七三年の中東戦争と石油輸出国機構（ＯＰＥＣ）の石油禁輸措置が起こる前にはすでに、金準備に支えられた固定相場制をとるブレトンウッズ体制は混乱状態に陥っていた。……一九四五年以降、少なくとも先進資本主義国では高い成長率を実現してきた「埋め込まれた自由主義」は明らかに使い果たされ、もはや機能しなくなっていた。危機を克服するためには何らかの対案が必要であった。(『新自由主義』二四頁)

この引用文にあるように「社会支出がうなぎ上りに増大した」ことは一言ふれられている。この要因には、新田氏の重視する「高齢化」の要素もあるだろう。だが、そんなことを同書で詳しく語る必要があるだろうか。そこにこの本の主眼があるのではないのだ。さらに、ハーヴェイはこの問題に対する左翼コーポラティズム的な対処の失敗について論じた後、次のように述べている。

われわれが解かねばならない問題の核心は、新自由主義が、いかにしてなぜ、この問題への唯一の回答として勝利したのかということである。今から考えればその答えは必然でありかつ自明であるように見えるかもしれないが、しかし当時においては、どのような回答が有効で、どうしたらいいのかを誰もはっきりとはわからなかったし、理解していなかったと言っても不当ではなかろう。資本主義世界は、新自由主義化という回答へと手探りで向かった。その過程で一連の動揺や混乱した実験が見られたが、結局は一九九〇年代に「ワシントン・コンセンサス」として知られるようになる新しい正統性へと収斂していった。……新自由主義が地理的に不均等な形で発展したこと、国家や社会の編成構造の違いによってたいてい部分的ないし特定の側面に偏って適用されたことは、新自由主義的解決策が確固たるものではなかったことを示している。それはまた、新自由主義化のプロセスが実際に生じる原因や過程が、さまざまな政治勢力や歴史的伝統や既存の社会的諸制度によって複雑に規定されていることを証明している。(『新自由主義』二五～二六頁)

このようにハーヴェイは、この著作で解くべき問題の核心を設定している。この問題設定からすれば、蓄積危機をもたらした諸原因についての詳細な分析がないという批判が的外れであるのは明らかであろう。さらに、ハーヴェイが「新自由主義化のプロセスが実際に生じる原因や過程が、さまざまな政治勢力や歴史的伝統や既存の社会的諸制度によって複雑に規定されている」と述べることで、種々の還元説（新田氏の憂慮するイデオロギー還元説を含めて）をはっきりと退けている。

ついで新田氏は、以上の第一の批判点をふまえてハーヴェイに対し、次のような第二の批判を行っている。

> また、そのような一九七〇年代と二〇〇〇年代の中間にあたる二〇年間の経済政策の過程についての言及はほとんど抜け落ちている。そのために、イデオロギー審級における新自由主義の思想・理論そのものと、その後の二〇年間の現実的な政治審級と経済審級における諸変化とが直線的に結びつけられ、すべてが新自由主義のヘゲモニーのもとで進行してしまったかのようにみなしている。（『情況』合併号、七九頁、傍点──引用者）

だが、すでに引用した文章からも明らかなように、ハーヴェイは、「イデオロギーとしての新自由主義→経済・政治における新自由主義化」というベクトルで論じているのではなく、経済・政治における広範な資本蓄積危機（プラス、左翼勢力の伸張による階級支配の危機）、それの解決に向けた支配層の手探りの努力、これをまずもって出発点に据えているのであり、そこから新自由主義化へと事態が進んだと捉えているのである。さらに、新自由主義思想との関係については、ハーヴェイは次のように述べている。

このように新自由主義は、国際資本主義を再編するという理論的企図を実現するためのユートピア的プロジェクトとして解釈することもできるし、あるいは、資本蓄積のための条件を再構築し経済エリートの権力を回復するための政治的プロジェクトとして解釈することもできる。以下で私は、二番目の目標が現実面では優位を占めてきたことを論じていく。新自由主義化は、グローバルな資本蓄積を回復させる上ではあまり有効ではなかったが、経済エリートの権力を回復させたり、場合によっては（ロシアや中国）それを新たに創出したりする上では、目を見張るような成功を収めた。新自由主義的議論に見られる理論的ユートピアニズムは主として、この目標を達成するために必要なあらゆることを正当化し権威づける一大体系として機能してきたというのが私の結論である。また、種々の証拠が示しているように、新自由主義的原理がエリート権力の回復・維持という要求と衝突する場合には、それらの原理は放棄されるか、見分けがつかないほどねじ曲げられる。思想の力が歴史的・地理的変革を推し進めるような働きをすることを否定しているのではない。そうではなく、新自由主義思想の力と、新自由主義化の現実の実践——それは、この三〇年間にわたってグローバルな資本主義の機能の仕方を変革した——との間にある創造的な緊張関係に焦点を当てたいのだ。（『新自由主義』三二頁、傍点ママ）

みられるように、ハーヴェイは、イデオロギー審級に新自由主義化を還元してもいないし、ましてや、イデオロギーとしての新自由主義のヘゲモニーのもとで一貫して政治的・経済的な新自由主義化が推し進められたなどという議論もしていない。(1) むしろそれとは反対の議論をしている。

ハーヴェイは「新自由主義」という用語を、何らかの特定の理論体系や思想やイデオロギーに限定したものとしてではなく、ある特定の政治的・経済的実践を、すなわち「資本蓄積のための条件を再構築し経済エリートの権力を回復するための政治的プロジェクト」として理解しているのである。ここに本書『新自由主義』の主たる論点がある（『新自由主義』に私が付した「訳者あとがき」を参照せよ）。

もちろん、だからといって、ハーヴェイは、思想がもっぱら単に政治的実践の正当化にのみ使われ、社会を変革するうえで何の独自の力ももってはいないなどといっているのではない。このような逆の極端には陥っていない。そうではなく、まさに「新自由主義思想の力と、新自由主義化の現実の実践……との間にある創造的な緊張関係」にハーヴェイは焦点をあてているのである。したがって、新田氏が描き出すハーヴェイ像は、因果関係の順番に関しても、その連関の単線的性格に関しても、ハーヴェイの実際の議論と似ても似つかない。

新田氏は、新自由主義という言葉をどうやら、もっぱら新オーストリア学派の議論やマネタリズムや公共選択論といった新自由主義イデオロギー・理論のレベルでのみ理解しているようである。すなわち、新自由主義をイデオロギー審級でのそれに還元してしまっているのは、新田氏自身なのである。まさにこのような理解こそ、ハーヴェイが同書で批判し克服しようとしたものにほかならない。ところが、新田氏は自らの狭い新自由主義認識に基づいてハーヴェイの議論を解釈し、それに基づいてハーヴェイを批判しているのである(2)。

2　新自由主義イデオロギー賛美と開発主義的戦後日本像

しかし、このような的外れなハーヴェイ批判以上に深刻なのは、新田氏が、新自由主義のイデオロギーそのものを実は高く評価し、それがかなりの点でマルクス主義やケインズ主義よりも優れているとみなしていることである。新田氏が、新自由主義イデオロギーと現実社会の変化との間の「直線性」を否定したのは、現実社会の変化を批判するためというよりもむしろ、新自由主義イデオロギーのほうを擁護したいからなのである。その姿勢は次の文言にはっきりと示されている。

しかし、このような見方は、思想・理念としての新自由主義の内容——かなりの面で実際にマルクス主義やケインズ主義を克服している——に対する誤解や過小評価を含むものである。逆に、政治審級、経済審級に対する現実的効果、影響力を過大評価し、この間に起こった悪いことは何でもかんでも新自由主義によるものだというように、新自由主義を怪物化してしまっているものでもある。（『情況』合併号、七九〜八〇頁、傍点—引用者、以下同じ）

このように、新田氏が用いる「新自由主義」という用語はすべて基本的にこの「思想・理念としての新自由主義」であり、そうした狭い新自由主義観に基づいて、ハーヴェイの議論を「新自由主義を怪物化」するものだと批判しているわけである。そして、この新自由主義イデオロギーは新田氏によると「かなりの面で実際にマルクス主義やケインズ主義を克服している」のであり、それを「怪物化」している(?)ハーヴェイは、この素晴らしい思想を「誤解」するものであり、「過小評価」するものだ、というわけである。

近代主義的であった講座派と対立していたはずの宇野派が、これほどやすやすと種々の新自由主義理論に親和的になるのは何ゆえなのか、という問題はそれ自体非常に興味深い問題だが、これについては別の機会に委ねるとして、ここで決定的に重要なのは、新田氏における、このような新自由主義理論に親和的な姿勢が、戦後日本に対するあるきわめて通俗的な見方と密接に結び付いていることである。その見方とは何か。それこそまさに、戦後日本を、明治維新以来一貫して官僚主導の開発主義国家であり、市民社会的自由がいまだ確立されていない国だとする「開発主義論」である。

新田氏は、アメリカにおける「二〇年間の経済政策の過程」について持論を展開したのち、「日本における新自由主義」と題した節において、日本における新自由主義のもつ意味について次のように述べている。

それ〔一九八〇年代における外圧による構造改革〕は、……官僚主導型、開発独裁型の国家資本主義的な構造の改革ということを含意するものであった。日本では、自由主義がイデオロギー審級、政治審級においてヘゲモニーを掌握したことは大正時代の一時期を除いて殆どなかった。明治以来の官僚主導型、開発独裁型の国家資本主義がようやく自由化、規制緩和、市民社会主導への転換を経験するようになりつつある、そのような中で、「外圧」によって構造転換を迫られたのであるが、その「外圧」と同時に当時のイ

ギリス、アメリカにおける新自由主義の影響を受けることとなった。（『情況』合併号、八五頁）

このように新田氏は、新自由主義派の論客たち（野口悠紀雄氏の四〇年代体制論など）や一部の左派（『週刊金曜日』に集っている市民主義派や、雑誌『ポリティーク』に集っている共産党系の知識人たち）や主流メディアと同じく、戦後日本の体制を「明治以来の官僚主導型、開発独裁型の国家資本主義」と把握し、そうした「開発主義」を覆すものとして「自由化、規制緩和、市民社会主導への転換」への動きを理解している。そして新田氏は、基本的に「自由化、規制緩和、市民社会主導への転換」を肯定しながら、「その『外圧』と同時に当時のイギリス、アメリカにおける新自由主義の影響を受けることとなった」とつけ加えている。すなわち、自由化も規制緩和も本来の新自由主義ではなく、それは官僚主導の体制を覆して市民主導の体制をつくるものなのだが、不幸なことに、それと同時に、理論・イデオロギーとしての英米型新自由主義も持ち込まれ、それがこの「市民社会主導への転換」と混同されてしまったことが問題なのだ、というわけだ。

しかし、問題だといっても、悪い「新自由主義理論」がよい「市民社会主導への転換」と混同されたから問題だと新田氏はいっているのではない。すでに紹介したように、新田氏は欧米の新自由主義理論を高く評価しているのである。そうではなく、実際には日本では新自由主義は「悪い」ものではないのに、欧米で「怪物化」された新自由主義が日本で「市民社会主導への転換」と同時に移入されたので、「新自由主義」も「市民社会主導への転換」も悪いものだとみなされたことが問題だと、新田氏は考えているのである。このような姿勢は、次の一文にはっきりと示されている。

日本のような後発国では依然として「市民社会」的自由が確立しておらず、実践的な意味では新自由主義と旧自由主義とを区別することは無意味となる。（『情況』合併号、八七頁）

すなわち、日本のような後発開発主義国家では、新自由主義も旧自由主義と同じく実践的には進歩的性格をもちうるのであり、それを「新自由主義」などと名づけて敵視するのは間違いであるというわけだ。「開発主義」論がいったいどこに行き着くかをこの新田論文はよく示しているといえる。

3　中曽根改革と労働運動解体に対する徹底した過小評価

このような戦後日本理論、新自由主義理解から必然的に出てくるのは、まさにハーヴェイが新自由主義の核心として理解した「階級権力の回復」、およびそれと不可分である労働運動に対する解体攻撃を、新自由主義の範疇から完全に排除してしまい、それを非本質的なものとして扱うことである。新田氏は、国鉄労働運動の解体をはじめとして、日本労働運動の背骨を打ち砕く一連の改革を実行した一九八〇年代半ばの中曽根改革の意味を徹底的に過小評価する。新田氏は、中曽根改革がまさに日本労働運動を解体する改革を行ったことを正当に指摘しながらも、それについて次のように総括している。

> さらに、中曽根氏は、レーガン大統領との個人的な関係を「ロン・ヤス」関係と誇示した。このことは、日本では、イデオロギー審級における狭義の新自由主義の移入すらまだほとんど未成熟な時期に、政治審級における「小さな政府」論と階級決戦の遂行が行われたに過ぎないにもかかわらず、あたかも強固な新自由主義イデオロギー（理論、思想、信念の体系）が存在しているかのような仮象、虚像すらもたらしたのであった。実際、レーガン・サッチャー・中曽根といささか過分な位置づけを献上したのは、ほかならぬ左翼陣営だった。（『情況』合併号、八四頁）

驚くべき文章だ！　新田氏は、「政治審級における『小さな政府』論と階級決戦の遂行が行われた」ことを、「〜に過ぎない」という言葉で受けている。新田氏にとって、「階級決戦の遂行」は「〜に過ぎない」と表現しうることなのだ。そして、それと対照的に「イデオロギー審級における狭義の新自由主義の移入」には「すら」という強調語が付与されている。「イデオロギー審級における狭義の新自由主義の移入」すらできていないのだから、中曽根改革が本格的な新自由主義化であるはずがない、というわけだ。冒頭で、ハーヴェイをイデオロギー審級に偏っていると批判しておきながら、実際には、イデオロギー審級を異常に過大評価しているのはほかならぬ新田氏のほうなのである。

このような中曽根改革への過小評価は、さらに次の文章にもはっきりと示されている。

実際のところ、一九八〇年代の中曽根時代のそれ〔新自由主義〕は、まったく「張り子の虎」の新自由主義にすぎなかった。政治家、官僚はもちろん、臨調における加藤寛氏や、元ブント系の公文俊平、香山健一の諸氏などといった〔新自由主義を〕移入する学者すらごくわずかであり、それらの人々も近々一〇年未満に米英の新しい理論動向としてにわか仕込みしたにすぎなかった。（『情況』合併号、八四頁）

新自由主義を新自由主義イデオロギーに還元したうえで、中曽根改革においてはそうしたイデオロギーが「ごくわずか」だったのだから、中曽根改革など、新自由主義の観点からすれば「張子の虎」にすぎないというわけである。[3]

4　アカデミズムの「審級」への還元

新田氏のこのイデオロギー偏重はさらに、イデオロギー審級内部でのアカデミズム偏重とも結びついている。新田氏によれば、日本におけるイデオロギー審級での新自由主義の弱さを証明するものは、何よりもアカデミズムにおけるその弱さなのである。新田氏は、一九八〇年代から九〇年代にかけてそれなりに新自由主義イデオロギーが広がったことを不承不承ながら認めつつ、次のようにつけ加える。

しかし、日本においては、新自由主義はアカデミズムの中枢には容易には入り込めなかった。これについては、近代経済学の宇沢弘文氏が七〇～八〇年代頃、自分の目の黒いうちは絶対に東大にアメリカ主流派経済学系はいれないといっていたという伝説がある。事実、非東大系の一橋、慶応の経済学者が、アメリカ主流派経済学にもとづく新自由主義的な経済政策を主張するようになった。竹中平蔵氏がその象徴的な人物である。竹中氏の実務的手腕の評価は別として、イデオロギー審級における思想的・理論的なヘゲモニーというには程遠いものがある。（『情況』合併号、八五〜八六頁）

以上の議論は、日本がアメリカと比べて特別にアカデミズムにおける新自由主義派が弱いということを前提としている。しかし、第一に、アメリカでも、一九七〇年代の大学は、シカゴ大学のような新自由主義派の牙城を除けば、主要な大学はリベラル派の牙城とみなされていたのであり、それゆえ、保守派は保守系の財団の全面的な支援を受けて大学外に多くのシンクタンクをつくり、そこを理論的牙城にしなければならなかったのである[4]。大学内でのマルクス経済学の普及度が根本的に異なるという基本的土壌の相違があるのはたしかだが、アメリカでもやすやすとアカデミズムを新自由主義派が支配したわけではない。第二に、アメリカのアカデミズムは国際的な知的ヘゲモニーを有しているのであり、そこでの覇権の獲得は国際的な意味でも――対米従属の強い日本にとってはなおさら――知的覇権の獲得を意味するのである。

また、先の引用文における最初の命題――「日本においては、新自由主義はアカデミズムの中枢には容易には入り込めなかった」――を裏づける唯一の論拠は、宇沢弘文氏の発言をめぐる「伝説」だけである。さらに、新田氏の次の命題――「事実、非東大系の一橋、慶応の経済学者が、アメリカ主流派経済学にもとづく新自由主義的な経済政策を主張するようになった」ことを証明する唯一の根拠は、今度は竹中平蔵氏が一橋・慶応人脈であったということだけである。こっちは伝説にではなく事実に基づいているが、いずれにせよ、ここで新田氏は、「アカデミズムの中枢」とは東大だけをさし、それ以外はすべて周辺だとみなしているようである。この奇妙な東大偏重・アカデミズム偏重の姿勢は、次の一文にもはっきり示されている。

いずれにせよ、マス・メディアのレベルでは「改革」機運が高まったものの、その支持層は都市ビジネス層に限定されていた。……日本では、本格的な知的ヘゲモニーが不在のまま、財界、都市ビジネス層、メディアの要望を反映した中曽根、小泉という個性的な政治家のスタンドプレーによってのみ、新自由主義的改革路線は導入されたのであった。(『情況』合併号、八六頁)

主流のマスメディア(『週刊金曜日』のような左派メディアも同じだったのだが)が見事に新自由主義的論調に支配されたことこそ、新自由主義の知的ヘゲモニーを示すもの以外の何ものでもない。ところが、新田氏にとっては、それは「知的ヘゲモニーの不在」を意味するものでしかない。英米では一般の市民(都市ビジネス層ではないブルーカラー労働者や農民など)が、学者の書くむずかしい論文や著作を日頃から読んでいてそれの直接的影響を受けているとでも思っているのだろうか。学者の主張はマスメディアで適当に平易化されたうえで初めて知的ヘゲモニーを獲得する(アメリカではテレビ伝道師や宗教組織がそれをさらに低俗化して普及する)。それは日本でも基本的に同じである。東大の学者のうちどれだけの割合が新自由主義の信奉者になっているかということとはまったく無関係に、新自由主義を信奉する学者がメディアで重宝され、持ち上げられ、発言力をもち、その主張がメディアの人間によって受け入れられ、それが広く流布されるならば、それは十分に「知的ヘゲモニー」を獲得した状況を意味するのである。

このように新田氏は、新自由主義をイデオロギーに還元し、イデオロギーをアカデミズムのそれに還元し、さらに、アカデミズムを東大に還元している。この三重の還元によって生まれたのが、「日本では、本格的な知的ヘゲモニーが不在のまま……個性的な政治家のスタンドプレーによってのみ、新自由主義的改革路線は導入され」たという命題なのである。

5 小泉改革への肯定的評価

新田氏のこうした開発主義的立場からは必然的に、小泉改革へのかなりの程度の肯定的な評価が出てくる。新田氏は小泉改革について次のように述べている。

> 小泉純一郎首相……は、旧田中派の利権構造としての政官財＝鉄のトライアングルこそが問題であり、郵政三事業に標的を定めていた。小泉理論によれば、郵貯・簡保の資金が財政投融資へと運用され、これが特殊法人に流れ込むしくみと、それに寄生する旧田中派を中心とする政官財＝鉄のトライアングルこそが、日本政治においてすべての改革を閉塞させている諸悪の根源なのであった。（『情況』合併号、八六頁）

「小泉理論によれば」とあるように、この引用文では一見したところ、この理論に対して距離をとっているようにみえるが、実際には、このような現状認識それ自体は新田氏によって受け入れられているのである。なにしろ、戦後日本は「明治以来の官僚主導型、開発独裁型の国家資本主義」であり、そこから脱却して「自由化、規制緩和、市民社会主導への転換」を果たすことが一九八〇年代以降の日本の課題になっているというのが、この論文の最初からの新田氏のモチーフだったのだから。さらに、竹中平蔵氏の起用による不良債権処理についても、「それ自体は景気回復に効果的だったのは事実である」（同頁）と新田氏は高く評価している。この「景気回復」なるものが、賃金の上昇をまったく伴わないどころか、ますます労働者の非正規化と低賃金化を推し進めるだけの、大企業と一部エリートにとってのみの「階層的景気回復」であった事実は完全に無視されている。小泉改革に対する新田氏の評価は結局、いろいろ問題はあったにせよ、それは全体として戦後日本の古い体質を解体する積極的なものであったというものである。

新田氏はこうして、「開発主義の解体」という小泉改革のマスコミ的建前（知的ヘゲモニー）を基本的に受け入れる。だが実際には、小泉改革の本質は、開発主義的構造の解体にあったのではなく、資本蓄積を妨げる種々の福祉的制度、国民保護、労働者の既得権などをさらに解体することにあった。したがって、小泉改革はハーヴェイの定義する新自由主義化と完全に合致する。ただ違うのは、それに対する「同意調達」の手段が、官主導の古い自民党政治（すなわち開発主義）の打破というイデオロギーであったことである。そしてこのイデオロギーは、市民主義左派の『週刊金曜日』や共産党系左派の『ポリティーク』だけでなく、宇野派の左派論客たる新田滋氏をも見事に「つかんだ」（宇野派流にいえば）のである。

ところで、新田氏も、小泉改革のもとで弱者切り捨てがなされたことはさすがに否定しえない。

ではそれはいったいどのように把握されているのか。それは、以下にみるように、本来の正しい政策（開発主義の解体）とそれほど正しくない政策（弱者切り捨てや格差社会）とが「混同」されたというものである。

小泉首相に特有の、前近代的「お上」支配と「大きな政府」（官僚機構）の混同によって、「市民社会」の成熟と「小さな政府＝自由放任」＝弱肉強食の格差社会が混同され、「お上」的体質の官僚制天下り機構の温存のもとで弱者……の切り捨てが臆面もなく強行された。（『情況』合併号、八六頁）

小泉改革のターゲットそのものが、「弱肉強食の格差社会」を作り出すことであり、「弱者の切り捨て」であるとは理解されておらず、それらが不幸にも「前近代的『お上』支配」の解体や「『市民社会』の成熟」と「混同」されたことがよくなかったのだというのだ。

ところで、右の引用文は一見したところ、「小さな政府」や弱者切り捨てそのものについては糾弾しているようにもみえる。「切り捨て」とか「臆面もなく」というような否定的なニュアンスをもった言葉が使われているからだ。だが、実際には、新田氏は一頁先では、小泉改革のもとでなされた福祉切り捨ては、経済的必要性に迫られたものにすぎず、新自由主義的な福祉削減ではないとして、小泉改革を結局は免罪しているのである。そうした姿勢は最初のハーヴェイ批判とも通じる。

政策効果としては、新自由主義は「小さな政府」に帰結し、それは事実上「小さな救済機関」ということになってゆく。しかし、この側面では新自由主義の影響力を過大評価してはならない。ほとんどは経済審級の必要性に迫られての政策変更の範囲内であり、新自由主義イデオロギーが要求したような福祉削減は実際には不可能であったからである。（『情況』合併号、八七頁）

ここでの「新自由主義」は相かわらず純粋理論としての、一種の市場原理主義としての新自由主義であり、その極端な水準からみれば今の福祉削減などたいしたものではなく、それは単に「経済審級の必要性」（つまり高齢化社会の到来）の範囲内にすぎず、「新自由主義の影響力を過大評価してはならない」と、またしてもしっかり釘が刺される。まるで新自由主義イデオロギーは、冤罪事件の被害者となった無力な一般市民のように、ことあるごとにその無罪が主張されなければならない存在であるかのようだ。

だが、このような主張は、新自由主義をイデオロギーに還元して理解したとしても、まったくナンセンスである。新自由主義の純粋イデオロギー（原理主義）をそのまま現実化することが不可能であるというのは、新田氏が説教するまでもなく当然のことである。だが、その純粋イデオロギーどおりではなかったことをもって、新自由主義の影響力がほとんどなかったかのようにいうのは馬鹿げている。それは、イデオロギーの役割を根本的に誤解するものである。

極端なイデオロギーの存在は、それが全社会的に排撃されるのではなく、支配層の側から薄められた形で受容され、社会的に一定の市民権を得ることで、すでに影響力をもっているのである。

実際に実施される政策は、新自由主義の「原理主義」からすれば常に中途半端である。レーガン革命もサッチャー革命も、市場原理主義者からは中途半端だとののしられたし（岩田弘流にいえば「インチキ性」）、ブッシュの帝国主義政策もキリスト教右派的政策も、より極端な思想の持ち主（再建主義派）からみればまったく腰砕けの日和見主義にすぎない。だが、そのような批判が右から絶えずあること自体が、実際の政策に重大な影響力を及ぼすのである。

問題は、実際になされた政策が、新自由主義の純粋イデオロギーのストレートな反映であるかどうかではない。問題は、その政策が、大企業とエリートの権力回復に役立ったのかどうかである。そして、高齢化社会の到来によって必要に迫られての政策変更といっても、二つの方向がありうる。大企業とエリートの負担増によって福祉費用をまかない、国民的福祉を守るのか、それとも、大企業とエリートの負担を逆に軽減しつつ国民一般の負担増だけを追求し、国民的福祉を階層的福祉へとしだいに縮小再編していくのか、である。どちらを取るかで、それが新自由主義的政策なのかどうかが決定される。

6　オルタナティブとしての「ソフトな新自由主義」

さて、以上のような新自由主義理解、戦後日本理解から必然的に出てくるのが、脱開発主義と一体となった新田氏のオルナタティブ、すなわち、現在進行中の新自由主義を半ば受け入れたうえでの「ソフトな新自由主義」としてのオルナタティブである。新田氏は、「以下の四点にわたる混乱を解きほぐしてゆくことが重要」だとして、その四点について述べている。一つひとつみていこう。

①均衡財政論は小さな政府論とはイコールではない。なぜなら高福祉・高負担でも均衡財政は可能だからである。（『情況』合併号、八七〜八八頁）

主としてどの階層がどのような手段を通じて負担するのか、という肝心かなめの点を何も示さないまま「高福祉・高負担」を漠然と主張することは、実際には、消費税アップと種々の保険料アップによって福祉費用をまかなうという新自由主義型の「（低）福祉・高負担」路線をも肯定するものになりうる。論文末尾の新田氏自身によるオルタナティブ提示でも、「高福祉・高負担の均衡財政」とだけ語られ、どの階層がどのような手段で負担するのかについて何も語られていない。また、福祉の問題においては、誰がどのような手段で福祉費用を負担するのかという問題と並んで、誰がどのような手段で福祉サービスを直接提供するのか、という問題も重要である。この問題についても新田氏の立場は新自由主義にきわめて親和的なのだが、それについては③のところで取り上げ、まず②をみておこう。

②財政支出において公共土木事業と社会保障・医療・教育・文化事業とはイコールではない。したがって、公共事業を削減した分は社会保障・医療・教育・文化事業に回して構わない。（『情況』合併号、八八頁）

無駄な公共事業を削減して社会保障にまわすということ自体は、日本共産党が二〇年ぐらい前からいっているものであり、今さら新田氏が「混乱を解きほぐす」ほどのことではない。だが問題は、新田氏が公共事業だけを問題にし、軍事費などの問題についてはまったく沈黙していることである。これは共産党の提唱する政策水準からみても、はるかに現状追随的である。現在の日本の主要問題は開発主義の解体であると思い込んでいるから、公共事業以外に削減対象を思いつかないのである。

次に三番目の「解きほぐし」についてみてみよう。新田氏は次のように述べている。

③所得再分配と「大きな政府」（官僚機構）とはイコールではない。なぜなら、貨幣給付だけなら所得再分配のためにさほど「大きな政府」（官僚機構）は必要ないからである。（『情況』合併号、八八頁）

「貨幣給付」だけなら「大きな政府」は必要ない、とはどういうことか。では具体的な福祉サービスの提供はいったい誰がやるのか。新田氏は、ここにおいて、その反福祉国家的スタンス、新自由主義に親和的な姿勢を明確に示す。政府が貨幣給付として所得再分配をすることまでは否定しないが、公的セクターが福祉サービスを直接提供すること（現物給付）や公的セクターがさまざまな規制措置を実行することは、「大きな政府」（つまり大きな官僚機構）につながるから絶対に反対なのである。これこそまさに、今日における新自由主義の基本路線である。[5] つまり、介護保険事業のように、サービス提供そのものは民間セクターがやるべきだというわけである。介護保険事業が、多数の超低賃金労働者と長時間労働に依拠した劣悪な福祉事業であるのにもかかわらず、こちらのほうが、公的セクター自身が公務員を雇って福祉サービスを直接提供するよりもましだと考えているわけである。

しかし、新田氏も、その民間セクターを民間営利企業として明示することはさすがに気がひけたようだ。論文末尾で自己のオルタナティブを提示している文脈で新田氏は、「NPOなどによる社会サービスの提供」と書いている。まずもって、「NPO」に、国の隅々まで無差別平等に必要な福祉サービスを提供することなど絶対に不可能であろう。それは部分的にのみ可能である。だがそんなことは、実は新田氏も承知である。だから、NPOに「など」という言葉をつけたのである。では、「など」の中にはいったい何が入るのか。個々人のボランティアか。愛の無償労働を提供する家族か。もちろん、そうではなかろう。「など」の中に真っ先に入るのは、まさに民間営利企業である。[6] これこそ、新田氏が「現実的」だと考える福祉給付システムなのである。

この「ソフトな新自由主義（主流新自由主義）」を「ハードな新自由主義」よりましだと考えてはならない。新田氏もいうように、純粋イデオロギー（原理主義）にのっとった「ハードな新自由主義」は、多くの場合実行不可能であり、それは実際には「ソフトな新自由主義」として実現されるのである。「ソフトな新自由主義」をまだましなものだとして国民に受け入れさせることこそ、「ハードな新自由主義」のイデオロギー的役割なのである。

さらに四番目の「解きほぐし」として新田氏は次のように述べている。

④公共事業削減と規制緩和・自由化＝自由放任とはイコールではない。なぜなら、公共事業削減は産業構造の高度化にともなう財政支出先のシフトであるのに対して、規制緩和・自由化は個別具体的な産業技術の変化に規定されて不要になった個別具体的な規制を取り除くことだからである。(『情況』合併号、八八頁)

新田氏は公共事業削減に賛成しているだけでなく、現在進行している規制緩和・自由化路線をも「個別具体的な産業技術の変化に規定されて不要になった個別具体的な規制を取り除くこと」だとして肯定している。この点は、その数行先における、新田氏自らのオルタナティブ提示でも明らかである。そこでは、新田氏は⑤として、「個別具体的に不必要となった規制・保護の廃止」と掲げている。だが、具体的にはいったい何が「個別具体的に不必要となった規制・保護」なのか。そして、これまでの新自由主義改革のなかですでに廃止になった規制のうち、その「不要になった個別具体的な規制」はいったいどれぐらいの割合を占めているのか。新田氏は何も語ってくれない。

さて、新田氏は、以上のような「混乱の解きほぐし」作業をふまえて、自らのオルタナティブを五点にわたって提示している。そのうち、②から④は、すでに紹介した四つの「混乱」と同じ内容である。唯一新たに加わったのが①であり、そこにはこうある。

①特殊日本的な課題としての「お上」的体質の官僚制天下り機構の解体＝「市民社会」的自由の奪取。(『情況』合併号、八八頁)

「『市民社会』的自由の奪取」というと戦闘的に聞こえるが、実際にはこれは具体的に何を意味しているのか。「天下り」のシステムをなくせばいいのか。公務員の定年を延長して、定年後は民間企業や特殊法人等への再就職を禁止するというごくささやかな措置のことをいっているのか。それとも、「天下り」云々はただ素人にもわかりやすい事象なのでそれをあげただけであって、実際にはもう少し大きな何かを解体するといっているのか。そして、解体とは、具体的に何をすることであり、解体した後にはいったいどのような行政機構ができるのか。まるで不明である。

また、「『お上』的体質」とはいったい何か。高級役人の単なる官僚的振る舞いをいっているのか。あるいは政官財癒着のことをいっているのか。またそれがどうして「特殊日本的」なのか。しかし、実際には、政府行政機構と民間企業との癒着は特殊日本的現象ではなく、むしろそうした現象がもっとも大っぴらに進行しているのは新自由主義の本家アメリカである。日本では、上(政府)から下(行政法人や民間)への天下りという一方通行が主流だが、アメリカでは、「回転ドア」といわれているように、上(政府)と下(民間大企業)とは頻繁に「回転ドア」を通じて相互に行き来しあっている。新自由主義化は、そうした癒着をなくすのではなく、それをむしろ貫徹するのである。

以上、戦後日本を明治維新以来の官僚主導体制＝開発主義とみる見方が、今日の日本においていかに新自由主義と親和的なものになってしまうか、あるいは、しばしば主流の新自由主義そのものになってしまうかを明らかにした。これこそ、新田論文が、新自由主義を批判する陣営に提供している政治的・理論的教訓であり、この教訓はきわめて重大である。なぜなら、これはけっして新田氏だけの問題ではなく、批判派の知識人の中にも最近急速に影響力を増している「開発主義」論、「官主導」論に共通した問題でもあるからだ。小泉改革フィーバーの時代に、『週刊金曜日』やリベラル系のキャスター・政治評論家たちが小泉改革を熱狂的に支持したことはけっして偶然ではないし、現在でも、民主党や「みんなの党」を含む多くの政治勢力が官僚支配の打破や公務員の削減を呼号していることも偶然ではない。そして、こうした潮流を批判していたはずの人々でさえ、開発主義論を唱えて、日本における新自由主義の主たるターゲットは労働運動や福祉国家ではなく、開発主義体制であるなどと言い出したのも、けっして偶然ではないのである(『ポリティーク』)。[7]

(1) 新田氏も二〇〇七年の書評では、理論としての新自由主義と実践としての新自由主義との矛盾についてハーヴェイが指摘していることにもふれていた(『情況』二〇〇七年七・八月号、二二五頁)。しかし新田氏は、新自由主義をあくまでも理論レベルで理解していたので、このハーヴェイの指摘の意味を理解していないようだ。

(2) 同種の的外れなハーヴェイ批判は、同じ号の『情況』に掲載された岩田弘論文にも見出せる。「ハーヴェイが見逃している第二の事象は、政権に就く前のサッチャー、レーガン主義と政権成立後のそれとの喰い違いであり、政権成立以前の新自由主義・市場原理主義のコマーシャルと、政権成立後のその実態との乖離である」(『情況』合併号、一一六頁)。ハーヴェイの著作を真面目に読んでいるとはとうてい思えない批判である。新自由主義を、新自由主義イデオローグのユートピア的プロジェクトに還元して理解している岩田氏は、論文の最後で次のようにいうことでサッチャー・レーガンの新自由主義とそれを批判するハーヴェイの両者に対して壊滅的批判をしたつもりになっている――「新自由主義、市場原理主義が真に要求する政策は、金本位制の自動調整機構を復活させることであったが、サッチャー、レーガンの主張のインチキ性は、これを回避しているところにあった。またハーヴェイの新自由主義批判のインチキ性は、この回避に対する批判を彼が回避していることにある」(『情況』合併号、一三〇頁)。このような新自由主義理解こそ、イデオロギー審級への偏重という新田氏の批判があてはまるだろう。

(3) 中曽根改革に対するこうした徹底した過小評価は、他の開発主義論者にもみられる。ハーヴェイの『新自由主義』に付された渡辺治氏(彼もまた宇野派の影響を強く受けている)の解説論文「日本の新自由主義——ハーヴェイ『新自由主義』に寄せて」は、戦後日本を新田氏と同じく「開発主義体制」と理解したうえで、中曽根改革をあくまでも「早熟的な新自由主義改革の試み」(『新自由主義』二九七頁、傍点ママ)だと総括している。さらには、新田論文と同じ号の『情況』に掲載された同氏の論文「D・ハーヴェイ『新自由主義』の問題提起と日本における新自由主義の展開について」では、新自由主義の開始は最初から一九九〇年代中葉に設定され、中曽根改革は完全に無視されている。特に、中曽根改革の階級的核心であった国鉄分割民営化をはじめとする組合解体攻撃については、解説論文でも『情況』論文でも言及さえされていない。さらに、新田論文が八〇年代の「階級決戦の遂行」を「過ぎない」ものとみなしていたことと一致して、渡辺氏も次のように日本における新自由主義化を総括している——「日本の新自由主義化は、ハーヴェイが新自由主義化のねらいとして強調するような、労働運動への攻撃と階級権力の再確立という契機を含まなかった」(『新自由主義』三〇一頁、傍点ママ)。これは実に驚くべき認識である。

それとは対照的に、同じ号の『情況』に掲載された金子勝氏のインタビューでは、日本における本格的な新自由主義化の起点が中曽根改革に設定されており、中曽根改革が日本社会のその後の成り行きに対してもった重要な(否定的)意義が詳細に明らかにされている。そのうえで金子氏は次のように総括している——「もう一度、繰り返しましょう。中曽根政権期に種が撒かれ、個人の格差、地方の格差、医療の崩壊、農村の崩壊、などにしわ寄せされて出てきている。中曽根改革の状態を基にして小泉が構造改革と称してやったという事実の流れを捉えなければならない」(金子勝「国家原理に行き着いたグローバリズム」『情況』合併号、一二〇頁)。また中曽根改革における国鉄分割民営化を、イギリスのサッチャーによる炭鉱組合潰しと比定しているのも正当である(『情況』合併号、一二一頁)。渡辺治氏は、一九九三年の政治改革をサッチャーによる炭鉱潰しとアナロジーさせていた。しかし残念ながら、金子氏も新自由主義化の流れについて「イデオロギー先行になっている」とし、「市場原理イデオロギーが事実を無視して一人歩きして、それを追求していけばいくほど、その原理とは正反対に帰結してしまう。まさにグローバリズムの果てに行き着いたのが、国家原理なのです」(『情況』合併号、二〇頁)と結論づけている。ここでも、新自由主義を市場原理イデオロギー次元に還元する見方がみられる。イデオロギーが一人歩きしたのではなく、市場原理イデオロギーを利用しつつ階級権力の回復がもくろまれ、そしてそれに成功したのである。国家原理の登場は市場原理イデオロギーとは矛盾するが、新自由主義の核心たる階級権力の回復とはけっして矛盾しない。

(4) この点に関しては以下の文献を参照せよ。スーザン・ジョージ『アメリカは、キリスト教原理主義・新保守主義に、いかに乗っ取られたのか?』(作品社、二〇〇八年)特にその第一章。

(5) 「福祉」を諸個人への均等な現金給付に還元する発想(均等現金給付主義)は、新自由主義的な福祉政策であり、教育予算を子どもの数で割って個々の子どもへの教育バウチャーに変えるよう要求したミルトン・フリードマンの主張がその典型である。ちょうど新自由主義の理想とする課税制度が一律均等課税であるように、給付の均等主義と現金主義とは本質的に新自由主義的な「福祉」制度である。新自由主義が福祉そのものを完全否定していると思うのは間違いであり、現実政策においてそうした完全否定は不可能であろう。それゆえ、現実の福祉政策に照らせば、新自由主義政策か否かはより具体的な基準で判断する必要がある。すなわち、福祉否定か福祉肯定かという抽象的基準ではなく、諸個人への(均等な)現金給付に還元ないし偏重した福祉政策か、公的セクターによる、必要に応じた現物給付(現物給付は必然的に必要に応じたものになる)を中心とする福祉政策(現金給付はあくまでも現物給付を補完する位置にある)か、である。一方で福祉の提供を市場や個人の努力に委ねつつ、その結果生じる格差や「市場の失敗」を是正するために諸個人に所得再配分的な均等現金給付を行いさえすればいいというのが、新自由主義的な福祉政策である。ちなみに、昨今、一部の左派のあいだでもてはやされている「ベーシック・インカム」論も、この種の「福祉の均等現金給付主義」の延長上(ただしその極端な延長上)にある発想であり、その右派的形態においては、福祉・医療・教育・住宅などにかかるすべての社会的・公的費用を均等現金給付としてのベーシック・インカムに還元したうえで、あとは個人の努力と市場原理に委ねようというわけであるから、ある意味で究極の新自由主義政策というべきだろう。

（6） 最近では、社長がその過激な新自由主義的言説で有名な「和民」が介護事業に積極的に参入している。この事実は福祉の提供を営利企業が担うとはどういうことかを、象徴的に示している。

（7）『ポリティーク』（旬報社）とは、二〇〇〇年から年三回程度の頻度で発行されていた左派系の政治理論誌であり（現在は休刊中）、その理論的中心になっているのは木下武男氏、後藤道夫氏、および渡辺治氏である。木下氏の理論は以前から典型的な日本後進性論（ないし市民社会の未成熟論）に基づいた企業社会論であり、世界で日本にのみ存在するとされている後進的な企業社会（その核心は年功賃金）のせいで労働組合が脆弱で福祉国家が成立しなかったと把握する。ここから、企業社会を支えている年功賃金や終身雇用を破壊する限りでは新自由主義は基本的に進歩的なものであって、したがって左派は、これに抵抗するのではなく、それを基本的に受け入れたうえで、その先においてのみ新自由主義と戦うべきだとする理論が成立する（木下氏はこの論理に基づいて、二〇〇九年四月三日付『朝日ジャーナル』において、政府側で新自由主義を推進してきた中心人物である八代尚宏氏と実に友好的な対談を行い、日本型システムたる年功賃金と終身雇用を解体するために、労使が「知恵を出しあう」ことを公言している）。それに対して、後藤、渡辺両氏の企業社会論はもともと、このような単純な後進性論ではなく、その反対の「資本主義の過剰貫徹」ないし「煮詰められた資本主義」論に基づくものであった。ところが、後藤氏が一九九〇年代から開発主義論に転じ、二〇〇〇年以降に渡辺氏もその後を追い、この開発主義論を軸心にして、両氏は木下理論へと著しく接近することになった。後藤、渡辺両氏のこの「転換」についてはいずれ別の機会に詳しく論じたい。

第9章

新自由主義に対抗する福祉国家論の条件

■社会政策学と「新福祉国家」論をめぐる批判的考察

◉はじめに

一九八〇年代から本格的に展開されてきた日本の新自由主義改革は、九〇年代後半には、それが「バブル崩壊」後の長期停滞から脱出するためには不可避の方策であるという財界と商業メディアの扇動をも受けて加速し、二一世紀に入ってからは小泉政権下で「構造改革」という名のもとにいっそう徹底化されることになった。こうした一連の流れのなかで、社会保障ないしは福祉国家政策もまた「持続可能性」や「効率化」といったシンボルのもとで相対的抑制ないしは縮小、および私有化・営利化による大きな質的変化を被ってきた。

こうした政策展開のなかで、新古典派理論に基づく経済学研究がこれに理論的根拠を提供し、あるいはそれをバックアップする役割を担ってきたのに対して、(1)マルクス経済学・政治経済学ないしは制度学派経済学の流れをくんで展開してきた日本の社会政策学は、基本的には、それに対する批判的スタンスからの研究や政策提言を担う役割を果たしてきた。さらに、「新福祉国家」を嚮導理念として、社会保障および労働分野を中心に日本の社会システムの構造的変革を提起する研究動向も、社会保障の新自由主義改革に対する有力な批判的学問潮流を形成してきた。

本稿は、これまで社会保障分野における新自由主義批判を展開してきたこれら諸学説の意義と限界について検討し、その作業を通じて、新自由主義へのより有効な対案となりうる生存権保障と福祉国家を構想する理論を構築するための条件について考察することを目的としたものである。

1　新自由主義的社会保障改革と生存権保障

今世紀初頭の日本では、社会政策の領域全般においても新自由主義ないしは市場主義的「構造改革」が急進展してきたが、とりわけ社会保障分野における抜本的「改革」は、労働分野に先駆けて二〇世紀末から大きな展開をみせていた。なかでも最大の制度改革のひとつが公的介護保険の導入である。同制度の導入は、高齢者医療保障制度の一部を分離し、かつ、基本的に公費を財源とする対人社会サービスである「社会福祉」制度の一部として行われていた「老人福祉」(措置制度)を解体することを通じて医療・福祉への市場原理・競争原理の大幅導入を意味するものであり、まさに新自由主義的社会保障「構造改革」の中核をなす政策であった。

そして、新古典派の経済学者や一部の政治学者は、この制度改革に対する積極的・肯定的評価を与えてきた。経済学分野においては、公的介護保険制度の導入は、「規制緩和」「供給主体の多様化」を通じて競争が促進されることにより介護サービスの質の改善をもたらすが、さらなるサービス供給の改善のためには介護報酬の公定制撤廃が必要であり、社会福祉法人など非営利団体と営利企業との競争条件も同一化すべきであるといった主張が提示され[2]、また政治学の領域においては、介護保険制度は「社会への分権」であって、「行政の一方的裁量から利用者の意向とそれに応じる提供者の参入の程度」による決定へという枠組みの転換であり、換言すればそれは「住民の参加」の拡大である、といった議論が展開されたのである。(3)

しかしながら、われわれはこうした論考にはらまれた重大な陥穿を見逃すことはできない。すなわち、このような主張の前提には、介護サービスの供給量増大のためには「保険」というシステムと市場競争が不可欠であるという命題がアプリオリに存在しており、公費支出の増大という選択肢は初めから排除されている。そして、介護サービス提供が従来の社会福祉（措置制度）から社会保険方式に転換し、さらに一律一〇％という応益負担が利用者に課せられることによる、特に低所得層や重度の要介護者の負担増と「介護市場」からの排除といった問題も視野の外におかれている。さらには、介護サービスの供給主体の範囲を営利法人にも拡大するという介護保険のもつ市場主義的性格から、供給主体間によるコスト削減競争が介護・福祉労働者の労働条件・雇用の安定性の顕著な低下をもたらしているといった実態についても、(4)こうした議論はこれを等閑視している。これらの問題の存在は、公共政策（社会政策）が最低限の目標として実現すべき、高齢者・障碍者等を含むすべての人々の生存権を保障する機能が、保険原理と市場メカニズムの導入によって危機に瀕していることを示すものであるが、先にみたような諸研究は、このような公共政策の機能不全という現実を把握し損なっているといわねばならない。

だがこのような、生存権原理に立脚しつつ社会保障のあり方を評価する立場に対しては、実は早くも八〇年代から、社会学分野における有力な社会政策学者によって「権利主義的社会保障論は、社会保障をめぐる財政負担論にうちかつことができない」という批判が加えられてきた。[5] しかしながらこうした議論も、社会保障を含む日本財政の歳出構造の特異性（国民経済規模比での社会保障給付費および中央・地方あわせた政府支出に占める社会保障費の占める割合を国際比較したときの低さと公共事業費の突出した高さ等）や、社会保障に対する企業負担の、西欧福祉国家と比較した際の低さなどを問わないという点で、説得的なものとは言いがたい。そもそもこの批判は、日本の社会保障給付が「一定の水準」を達成したという前提に立つ議論であるが、たとえば、社会保障のなかでも生存権保障という点で「最後の砦」という意義を有する公的扶助の制度運用の実態をみれば、受給資格のある世帯のうち実際に保護を受けている割合を示す捕捉率が二〇％にすぎず、政府が公式に認めた最低生活ラインを下回り、「生存の危機」に瀕する層の八割が社会保障制度の網からもれているといった事実を前にしたとき、[6] 説得力をもちえない。

かくのごとく、公共政策が実現すべき目標・理念と、そうした政策のもとで生起している実状との乖離を直視することなく、公式の政策理念や政策担当者によるプロパガンダと軌を一にする学説が有力なものとして流通している状況を鑑みたとき、日本国憲法第二五条を根拠とする生存権原理を基礎として社会保障制度をめぐる現状や政策動向に対する批判的考察を試みる法学（憲法学および社会法学）ならびに社会政策学的アプローチは、今日なお重要な意義を有しているといえよう。[7]

2　社会政策論における生存権アプローチの限界

だがその一方で、生存権原理に基礎づけられた現代社会保障への批判的研究、特に社会政策学分野におけるそれも、今日ある意味での限界を呈示しつつある。そのことについて検討を加える前提として、日本の社会政策論の史的展開を簡潔に振り返ってみよう。

周知のごとく、日本の社会政策学は、一九世紀のドイツ新歴史学派経済学および「講壇社会主義」の流れから生まれたドイツ社会政策学を輸入する形で生成した。やがて、そうした伝統的ドイツ社会政策学を「道義論」「政治論」と批判し、マルクス『資本論』のフレームワークとM・ウェーバーの方法論によりつつ、経済学としての社会政策学の体系化をめざした大河内一男の学説が形成され、戦時社会政策論、戦後における服部英太郎・岸本英太郎らの大河内批判に始まる社会政策本質論争を経て、マルクス経済学を基礎とする標準的理論として確立することになる。こうして戦後日本の社会政策学の主流を形成することとなった大河内の理論においては「社会政策すなわち労働（力）政策」という命題が定式化され、その後社会政策研究は労働問題研究・労働経済学へとその内容が実質的にスライドする傾向を帯びるにいたったことは、ここで詳述するまでもなく広く知られていよう。(8)

こうして、その後六〇年代にかけて、大河内およびその後継者らによる研究グループなどの手によって、労働者調査・労働組合調査など各種の大規模な実態調査と、それらに基づき日本の賃労働・労働者社会の特質を剔抉せんとする実証研究が、社会政策学における中心領域として分厚く蓄積されていくこととなった。こうした諸研究が日本の労働研究になしえた貢献の重要性ははかりしれないものである一方で、こうした研究動向の進展が、社会政策学において本来的にはもうひとつの主要な柱であるべき社会保障論の「周辺領域」化をもたらすという重大な帰結をもたらしたこともまた否定しがたい事実であった。[9]

しかし、時代が下り、やがて日本が高度経済成長下での大きな社会変動を経験していくなかで、こうした学界動向にも重要な変化が現れることとなる。その重要な契機のひとつとなったのが、五〇年代後半から、公的扶助（生活保護）のあり方をめぐる行政訴訟の提起を重要な契機として、社会運動としての社会保障運動が、労働組合運動と強力に結びつく形で展開され始めたことである。[10]さらに社会政策学界のなかからも、江口英一・籠山京らを中心に独自の展開をみせてきた、組織労働者ないしは賃労働者という枠を超え、広く貧困層を対象とする実態調査の成果の蓄積が、ようやくこの頃からまとまった形で発表され始めた。[11]こうして、時代が高度成長のただなかに入ってゆくとともに、労働組合運動と結合した社会保障運動の展開といった現実の動向が、伝統的に労働問題研究の一環として労働組合運動を重要な関心領域のひとつとしてきた社会政策学の領域においても社会保障への関心の高まりをもたらし、さらに貧困調査の成果が社会保障研究の基礎を形成し始めたのである。

しかし、このように浮上してきた社会保障への関心が、公的扶助、すなわち文字どおりの「最低限の生活」を保障する制度をめぐる運動の展開と、「貧困」への眼差しを契機とするものであったことが、日本の社会政策学分野における社会保障研究に、ある種の刻印を打つこととなった。それが、「社会保障の理論的基礎としての生存権原理」という認識枠組みである。[12] 生存権原理を基礎とする社会保障研究が、その後今日にかけても政策論のなかで一定の意義を有し続けていることは、前述したような介護保険や公的扶助、さらには社会保障総体をめぐる研究状況や制度実態をみれば明らかであろう。しかしながら、それが社会保障論にある種の限界を付与する役割を果たしたこともまた否めない。

すなわち、高度経済成長により実質賃金や平均的な消費生活の水準が一定の向上をみたことを背景として、高度経済成長期の後半からポスト高度経済成長期にかけて、国民の社会保障要求は単なる「最低限度」ないしは「ミニマム保障」というものから、「安定」といった要素を織り込んだより高次なものへと変化していき、そして高度経済成長末期における「高度成長の歪み」意識の拡大をも背景として保守支配が動揺するなかで、政権の安定化のためにも、国民の高度化する福祉・社会保障要求を取り込む形で、社会保障をめぐる国家の政策目標もまた相対的に高次化してきたのである。

こうした変化のなかで、社会保障をめぐる旧来的な生存権論アプローチに内包される限界も露呈されることとなる。そのことを最も典型的に示す例として、公的（老齢）年金に関する議論について考えてみよう。公的年金はいうまでもなく現代社会保障の根幹をなす制度の一つであり、高齢化の進展に伴いその制度設計や財政運営等のあり方が国民的論議の焦点となっていることは周知の事実である。こうした状況のなかで、財政学・公共経済学さらには政治学といった領域においても年金問題は強い関心の的となっているが、当然のことながら、社会政策学の研究者によっても公的年金をめぐる数多の論考が発表されている。しかしながら、社会政策学者による年金論の関心は、老後の「最低生活保障」のための制度という観点からの年金論、すなわち、空洞化する基礎年金制度の再建（税方式化）あるいは新しい制度構想としての「最低保障年金」に偏りをみせているといわねばならない[13]。

日本における現行の公的年金制度においては、基礎年金（国民年金）が「全ての国民の老後の最低生活を保障する」という理念を掲げながらも、そもそもその給付水準の絶対的低さや、保険原理の強い規定性から脱却することができず、かつ、きわめて逆進的な性格を帯びる定額保険料方式を採用していることから、現実には給付対象から排除される高齢者を多数生み出す制度となっているという問題が存在する。それゆえ、現行年金制度における基礎年金の実態がその理念から乖離している状況への批判的研究、そして真に「最低保障」を実現する年金制度の提言などが喫緊の重要性を有する課題であることは否定しえない。だが現実問題として、引退後における生活水準を就労時のそれから急激に低下させることなく維持するための手段としての所得比例年金が、この社会の多くの構成員、とりわけ正規雇用・フルタイムの労働者にとって重要な関心の対象であることもまた間違いない。

ところが、前述したごとく、社会政策学界における年金論は、基礎的・最低保障部分への関心の「偏向」を示す一方で、所得比例年金に関する議論についてはある種の混迷状況にあると言わねばならない。たとえば、社会政策学分野における社会保障研究者の中心的存在の一人である伊藤周平の研究は、近時における社会保障「構造改革」への体系的な批判的研究の代表的業績として位置づけうるものである[14]。ここで伊藤は、生存権原理を基礎とするアプローチによりつつ、介護保険導入をはじめ医療制度改革・社会福祉基礎構造改革など、社会保障制度の「構造改革」全般に目配りし、その問題点に対し原理的レベルから実態として生じる問題にいたるまで的確な批判的考察を加えている。ところがここで年金に関しては、基礎年金の税方式化による無年金・低年金者解消と同時に、所得比例部分の民営化が主張されるのである[15]。

こうした主張は実は、新古典派経済学の年金改革論とその方向性をほぼ一致させるものといわねばならない[16]。もちろん、新古典派の政策論と同様の指向を有することがただちに否定的な評価につながるものとは限らない。しかしながら、本来、医療や老後の所得保障といった諸制度と市場原理との関わりをめぐって新古典派とは大きく隔たる視点を有していたはずの、社会政策学の一分野としての社会保障論が、こと年金、しかも現代社会においてはそのなかでもきわめて大きな比重を占め、現実の政策論争の場においても焦点化している所得比例年金（厚生年金）の「改革」についてはその方向性を一にしているということは、それ自体きわめて奇妙な現象であると思われるし、そもそもそうした新古典派的議論に基づく政策論にはらまれた重大な問題点をも共有しているといわねばならない。

すなわち、年金の中で均一・最低保障給付を超える部分を民営化することは、必然的に、現役時に拠出金を積み立て、それを市場で運用したものを引退後の給付原資とするというシステムをとることになる。このような年金制度のもとでは当然のことながら、給付原資の安定性や、場合によっては老齢年金の給付水準までもが市場変動によって大きな影響を受ける。これは、生産活動からの引退後の生活水準を市場変動のリスクにさらし、しかも勤労者はそれをも「自己責任」として引き受けねばならないという制度への転換を意味するものにほかならない。そして同時に、国家が年金給付の責任のきわめて大きな部分から撤退することを可能にすることにより、より「小さな政府」の現出をも意味するものとなる。すなわち、年金制度のなかから所得比例部分を切り離して民営化するという政策は、市場主義ないしは新自由主義的な社会保障改革の典型といわねばならない。そのような年金制度改革は、市場指向型といわれるアングロサクソン諸国を含め国際的にも（少なくとも先進国では）、ときに提唱されこそすれ、老後の所得保障を解体するものであるとする国民の強い抵抗によっていまだほとんど実現をみてはいない政策でもある。[17]

3 「新福祉国家」論の問題点

実は、公的年金制度をめぐるこうした議論状況は、社会保障体系ないしは「福祉国家」をめぐる構想という、より大きなテーマをめぐるさらに大きな問題の所在をも示唆している。そもそも、生存権・「最低生活」保障を実現する制度としての均一額給付の基礎年金・最低保障年金を超えた所得比例年金の公的な維持に関して最も重大な利害関心を有するのは中間層、特に被雇用者のなかの中上層（新中間階級）である。そもそも資本家・経営者層を中心とする、きわめて高い所得や資産をもつ階層にとって、引退後の生活費用を公的制度に依存する必要性は小さい。また、きわめて低い所得しか得られない人々、貧困層にとっては、最低生活を保障する基礎的な年金を均一に給付されることこそ最大の利害関心となるに違いない。貧困層よりは相対的に高い所得と生活水準を享受しつつも、引退後においてもそうした生活水準を維持するに足る所得確保や資産形成については、私的な形では安定的な見通しをもちえない中間的な所得階層こそ、老後における所得比例的な年金が公的に保障されるという制度の形成・維持に対して最も切実な関心を寄せる蓋然性を帯びているのである。

してみれば、年金論として最低保障年金・基礎年金をめぐる議論に特化することは、階層ないし階級的利害としては労働者階級下層・零細自営業層および貧困層（アンダークラス）の利害に関心を集中させることにほかならない。こうした姿勢は道義的・倫理的に共感をよぶところであろうし、格差拡大と貧困問題が深刻化しつつある今日、そうした問題意識のありよう自体はいっそう意義を増しつつあるといえるであろう。だが、社会政策論がそうした最下層あるいは貧困層にもっぱら焦点を当てる一方で、所得比例年金に象徴される中間層の利害を等閑視することは、トータルな社会保障体系の今後を展望するうえでいかなる意味をもつことになるのであろうか。このことを、「福祉国家」をめぐる議論状況に絡めて考えてみよう。

かつて「福祉国家」という概念は、社会政策学者のなかの相当部分を含めて、古典的マルクス主義的スタンスから否定的に捉えられることも多かった。しかし八〇年代、本格的には九〇年代以降、拡大する社会政策学と関連領域において、「福祉国家」概念に対して一転して肯定的・積極的または価値中立的な意味を付与しつつ、多くの先進国においては現実化しているとされるその具体的内実を吟味し、その今日的状況からのさらなる発展への道筋を究明しようとする研究動向が顕著に台頭してきた。そうした動向のひとつが「比較福祉国家論」と呼ばれる一群の研究であり[18]、いまひとつの流れが「新福祉国家」論と呼びうる潮流である[19]。

このうち後者は、生存権保障とその実定法的基盤を提供する憲法との関わりという面ではより重要な意義を有している。この学派にみられるのは、マルクス主義、とりわけ「帝国主義論」的認識枠組みに基づき、従来の福祉国家がもっていた一国主義的限界、別言すれば福祉国家の経済基盤が内包する「第三世界」「周辺諸国」からの収奪的性格に対して批判的な視点を堅持しつつも、そのことを「福祉国家」に対する否定的評価へと直結させるのではなく、現実の特に欧州福祉国家が国内的に実現してきた社会保障や労働条件が日本のそれに対してもつ優位性を承認して、それらを日本においても現実化することを目標とし、さらに平和主義・多国籍企業規制・「企業社会」解体・ジェンダー平等といった諸要素の上に立つ福祉国家の再編を構想する議論である。そして同時に、こうした「福祉国家」の新展開は、生存権のみならず平和主義や平等権・幸福追求権などの人権原理、さらには前文の理念なども含む、日本国憲法理念の全面的具体的展開を意味するといえるし、そうした論陣を張る研究者自らもまたそうした立場を闡明《せんめい》している[20]。

だがこの「新福祉国家」論がはらむ問題として指摘しなければならないのは、その新しい福祉国家の実現へ向けての中心的な政治的「担い手」たる社会集団として想定されているのが、労働者階級の最周辺（底辺）部分であり、「精神的労働部分を受けもつ上層労働者」や民間大企業男性正規雇用の「年功労働者」はそうした国家構想実現へ向けての運動の中心的な担い手たりえないと規定されていることである。[21]というのも、近年における福祉国家研究のなかでも、世界的にはより有力な動向である比較福祉国家論の提唱するところによれば、普遍性・平等度において最も高い指標を示し、労働力の「脱商品化」を高水準で実現している福祉国家（社会民主主義型福祉国家）の成立要因は、労働者階級と中間階級の強固な同盟関係の形成にあることが明らかにされているからである。[22]このことは、とりもなおさず、中間層（新中間階級）すなわちホワイトカラー正社員層の利害・要求を無視ないしはそれと対立することによる「新福祉国家」形成への困難を示唆している。[23]

新自由主義的諸「改革」に対置されるべき社会改革の構想として、革命的社会主義ないしは、かつて存在した「社会主義体制」のようなあり方ではなく、現行日本国憲法の理念の全面化という要素を内包した、ある種の「福祉国家」という方向性がめざされるのであれば、当然ながら議会内多数派とその基盤となる社会的多数派の形成ということがその前提条件とならざるをえないのはいうまでもない。そうしたときに、民間ホワイトカラーや公務労働者を中心とする「上層労働者」「年功労働者」を、そうした構想実現へ向けての政治的担い手から除外する発想は果たして現実的なものといえるのであろうか。[24]

4　生存権原理の再構築と福祉国家構想

第1節で論じたように、生存権原理に基づく社会政策論の今日的意義はけっして失われたわけではない。それどころか、経済的・社会的格差の拡大、それに伴う「貧困」問題の再顕在化や貧困層の生存の危機といった現実がさまざまな事象を通じて浮かび上がってきつつある今日、むしろその意義は再び重要性を増しつつあるとさえいえる。

しかしながら、第2・3節で述べたように、生存権原理の旧来的な理解の枠組みにのみ依拠した社会保障制度論は、今日的に焦眉の争点、たとえば所得比例年金の役割・意義についての認識をめぐってある種の混迷状況をもたらしており、さらにいえばかかる議論の方向性は、そうした制度に重要な利害を見出す社会階層、具体的には上層労働者ないしは新中間階級の立場の等閑視に結びつくものといえる。市場原理重視・新自由主義的立場から社会保障機能の事実上の縮小をもたらす政策論に対して、「福祉国家」の建設・維持ないしは拡充といった方向性での社会保障政策論を、生存権原理をベースとしつつ対置しようとするならば、古典的な生存権原理を超えた権利論の再構築が必要とされているのではないだろうか。

実は、社会保障の権利論的基礎として、単なる「最低生活の保障」を超えた理念を模索し構築しようとする動きは、たとえばイギリスでは六〇年代からは政策決定レベルにおいても明瞭な形をとって現れており、そうした動向はすでに少なくとも部分的には日本においても紹介されていたのである。周知のごとく、イギリスにおける現代社会保障制度の出発点となり、世界的にも、そして戦後日本の社会保障の制度設計にも大きな影響を与えた一九四二年のベヴァリッジ報告は、社会保障の制度理念ないしは目的の主眼をナショナル・ミニマムとしての最低生活水準を確保することにおき、それゆえ、たとえば社会保障制度の主要な柱となる老齢年金に関しては、均一拠出に基づく均一給付という原理に立つ制度を提唱するものであった。ところが、こうしたベヴァリッジ報告の原理に基づく均一給付制年金制度は、一九六〇年代から大きな変容を遂げることとなる。イギリスでは一九六一年に始まる制度改革によって、年金制度が均一制から所得比例制を基本とする制度へと転換を遂げ、こうした動きがやがて漸次北欧諸国にも波及していくことになるのである。

それまで、所得比例型の年金制度は、(「サッチャー改革」以前の)イギリス・北欧のような普遍主義・平等主義的性格の強い福祉国家(前出のエスピン＝アンデルセンの類型に依拠するなら「社会民主主義型」福祉国家)ではなく、ドイツ・フランスなど大陸欧州的な職域別社会保険を柱とする社会保障体系を有する国(同じく「保守主義型」福祉国家)に特有の年金制度であるとされていた。そして、かかる制度の背景には、扶助原理に対する保険原理の優位、さらには生活保障・生存権原理よりもある種の「能力主義」の強い作用が存在すると考えられていた[25]。

それゆえに、六〇年代イギリスおよび北欧諸国における年金制度の所得比例制への転換は重大な意味をもつものであったといえる。なぜならば、これらの国々では、社会保障体系の基盤となる福祉国家理念への国民的合意を変更することなく、年金の所得比例制への移行を実現したからである。つまりこうしたプロセスは、日本国憲法における生存権に相当する原理と、従来「能力主義」あるいは「保険原理」に基づくと考えられていた所得比例的な給付制度とが整合しうることを示唆している。

ここで老齢年金の所得比例制への移行を根拠づける基礎となったのは、社会保障の原理を「最低生活の保障」から「生活維持原則」へと発展させる考え方であった。すなわち、人々は離職後所得が就労時所得に比較して低下しても、居住環境をはじめとする日常的生活条件の維持や地域活動への参加といった社会生活から生じるさまざまな出費をそれにあわせて調整することには自ずと限界があり、急激な生活水準低下の心理的・社会的苦痛や負担を考慮して就労時の生活レベルを可能な限り維持することをも社会保障の目的・理念とする考え方である。[26]

たしかに、こうした考え方に対しては、イギリスにおいても、就労時における不平等を老後にまで拡延するものであるとの批判が存在する。[27] 日本における現行の所得比例年金（厚生年金）の制度設計が極端な給付格差を生む業績主義であるとの批判も、こうしたイギリスにおける批判的議論と視角を共有するものといえよう。[28] だが、年金の所得比例部分における給付額の格差を生み出すものは、現役時における企業間・職種間および雇用形態間の、そして「能力」や「成果」あるいは「職務」の違いを根拠として算定される個人間の、生涯賃金格差であることが看過されてはならない。ゆえにそれは、最低賃金制の改善や、能力主義・成果主義の排除による、より平等な（競争的性格の薄い）賃金制度の形成、さらには春闘の再構築などを通じた企業間・職種間賃金格差の縮小などによって改善されるべき問題なのである。

何よりも、離職後における就労時生活水準の維持を、完全に「自己責任」「リスク管理」の問題として、公的に保障されるべき権利の埒外におくという考え方は、前述したように、そのことによって経済的な不安定（絶対的水準の低さではない）に最もさらされることになる中所得階層を市場での「生き残り」を目標とする行動へと駆り立て、社会保障あるいは生存権保障への無関心、さらにはそこからの離反を招くこととなるであろう。

このように考えたとき、われわれはすでに六〇年代イギリスにおいて生成してきた、社会保障の原理としての「生活維持原則」が福祉国家を支える理念として果たす重要な役割を改めて認識しうる。すなわち、今日なお社会保障制度の基本的原理として生存権を位置づけようとするならば、「生活維持原則」をも内包した理念として、その内容を豊富化してゆくことが求められているのである。それは、生存権原理を「貧困」や「ハンディキャップ」を抱える人々の問題を考えるうえでの嚮導概念にとどまらせず、中所得層などをも含めた多数の労働者・勤労市民にライフコース全体にわたっての経済的社会的安定を保障するための概念として、換言すれば、生存権原理を単に「最低生活保障」を超えた「生活の質」の保障をもたらす理念として内容的に発展させ、あるいは再構築してゆくことにほかならない。[29] それを通じてこそ、生存権原理に立脚する政策や、それを実現するものとしての「福祉国家」構想へのより多様な社会階層の支持が、ひいてはそうした構想の実現へ向けての不可欠な条件である社会的多数派の形成が実現するといえるのではないだろうか。[30]

(1) 典型例として、小塩隆士ほか「高福祉・高負担か低福祉・低負担か」(岩本康志他編『現代経済学の潮流二〇〇五』東洋経済新報社、二〇〇五年)など。
(2) 木村陽子「介護費用の推計とその経済効果」(八田達夫・八代尚宏編『社会保険改革』日本経済新聞社、一九九八年)
(3) 原清一「介護保険制度をめぐる政策過程の集権性」(出水薫・金丸裕志ほか編『先進社会の政治学』法律文

化社、二〇〇六年）

（4）参照、青山彰久「介護保険を現場から見つめる」（金子勝・神野直彦編『住民による介護・医療のセーフティーネット』東洋経済新報社、二〇〇二年）、伊藤周平『社会福祉のゆくえを読む』（大月書店、二〇〇三年）、門野晴子『介護保険 不幸のカラクリ』（講談社、二〇〇一年）、横山純一「介護保険の問題点と公的介護制度の将来展望」（金子勝・神野直彦編著『住民による介護・医療のセーフティーネット』東洋経済新報社、二〇〇二年）ほか。

（5）福武直「社会保障と社会保障論」（社会保障研究所編『社会保障の基本問題』東京大学出版会、一九八三年）一一頁。

（6）駒村康平「生活保護改革・障害者の所得保障」（国立社会保障・人口問題研究所編『社会保障制度改革―日本と諸外国の選択』東京大学出版会、二〇〇五年）

（7）近年におけるそのような研究業績として、憲法学分野においては、相澤直子「基本的人権と介護保障に関する序論的考察」（『九大法学』八二号、二〇〇一年）、社会法学分野においては菊池馨実『社会保障の法理念』（有斐閣、二〇〇〇年）、社会政策学分野では横山寿一『社会保障の市場化・営利化』（新日本出版社、二〇〇三年）等をあげることができる。

（8）参照、佐野稔「現代日本の社会政策論の展開と背景」（石畑良太郎・佐野稔編『現代の社会政策〔第3版〕』有斐閣、一九九六年）、下山房雄「社会政策学の一世紀と賃労働の理論の半世紀と」（池田信ほか『社会政策学会一〇〇年』啓文社、一九九八年）、高田一夫「本質論争から労働経済学へ」（同前）、武川正吾『社会政策のなかの現代』（東京大学出版会、一九九九年）一〇～一六頁。

（9）高藤昭「社会保障の研究史」（『大原社会問題研究所雑誌』五〇一号、二〇〇〇年）、ならびに武川・同前、一一三～一二四頁。

（10）五七年に起こされた朝日訴訟に対して全日自労などがただちに支援を開始し、六〇年には総評・日教組・全日自労などが参加する朝日訴訟中央対策委員会が結成、翌五八年には総評等を中心に社会保障推進協議会が結成されている。

（11）参照、江口英一編『日本社会調査の水脈』（法律文化社、一九九〇年）

(12) 近年におけるこうした視角に基づく研究業績の代表的なものとして、真田是『社会保障論』(かもがわ出版、一九九八年)、相澤與一編『社会保障構造改革』(大月書店、二〇〇二年)、工藤恒夫『資本制社会保障の一般理論』(新日本出版社、二〇〇三年)、金澤誠一「憲法二五条『生存権』の具体的内容とは何か」(『労働総研クォータリー』六四号、二〇〇六年) などがあげられる。ただこのなかでも工藤の作品は、後述するように「生存権」原理の今日的発展という課題との関連で重要な問題を提起している。

(13) たとえば、里見賢治「公的年金制度の動向と論点」(『大原社会問題研究所雑誌』五四二号、二〇〇二年)、唐鎌直義「公的年金改革の論点と課題」(相野谷安孝ほか編『二〇〇五年 日本の福祉 論点と課題』大月書店、二〇〇五年)、小越洋之助「年金制度とナショナル・ミニマム」(『労働総研クォータリー』六二・六三合併号、二〇〇六年) 等を参照。

(14) 伊藤周平『「構造改革」と社会保障』(萌文社、二〇〇二年)

(15) 同前、一八二頁。

(16) たとえば、八田達夫「厚生年金の積立方式への移行」(八田達夫・八代尚宏編『社会保険改革』日本経済新聞社、一九九八年) 参照。

(17) そうした制度改革が実現した数少ない国の一つが、かつてのピノチェト軍事独裁政権下のチリであり、政権のブレーンとしてそれを遂行したのがM.フリードマン率いる「シカゴ・ボーイズ」であった。

(18) 日本人研究者による代表的成果としては、岡沢憲芙・宮本太郎編『比較福祉国家論』(法律文化社、一九九七年) 等がある。

(19) 代表的研究としては渡辺治・後藤道夫編『日本社会の対抗と構想』(大月書店、一九九七年) などをあげることができる。

(20) 参照、二宮厚美『日本経済の危機と新福祉国家への道』(新日本出版社、二〇〇二年) 九～一四頁等。

(21) 後藤道夫「新福祉国家論序説」(渡辺治・後藤道夫編『日本社会の対抗と構想』大月書店、一九九七年) 四七〇～四七二頁、木下武男「日本型新福祉国家戦略と社会労働運動」(同前) 二二九～二三二頁。

(22) G・エスピン＝アンデルセン (岡沢憲芙・宮本太郎監訳)『福祉資本主義の三つの世界』(ミネルヴァ書房、二〇〇一年、原著一九九〇年) 一六～三六頁。

(23) ちなみに、少なくともホワイトカラー労働者についてみれば、欧米においてもその賃金カーブは、日本における「年功的」労働者の賃金と同様、「経験年数」を基準とした賃金決定方式の結果として、事実上勤続ないしは加齢とともに上昇する曲線を描く。
(24) ただし「新福祉国家」論に連なる論考のなかでも、二宮厚美『日本経済の危機と新福祉国家への道』(新日本出版社、二〇〇二年)はこの新中間階級の役割という点に着目する必要性を示唆している(一八二頁)。
(25) 高藤昭「近年における社会保障法の発展の動向と生存権原理の進展」(『社会労働研究』法政大学、第一八巻第九号、一九七二年)
(26) 同前、および美馬孝人『イギリス社会政策の展開』(日本経済評論社、二〇〇〇年)二一二～二一三頁。
(27) 高藤・注(25)前掲論文。
(28) たとえば唐鎌・注(13)前掲論文。
(29) 高藤・注(25)前掲論文や工藤・注(12)前掲書にみられるように、ナショナル・ミニマムを実現する理念として均一主義を掲げるベヴァリッジ・プランから出発したイギリスの社会保障制度に対して、「相対的保障」や「最低生活保障」の二重構成といった理念を組み込んだラロック・プランに基礎づけられたフランス社会保障制度への関心から発した研究は、「生存権」原理の二段階性・二重性といった形で、ここで述べたような生存権原理の発展・豊富化へ向けた作業を早くから提唱していたことにも注目すべきである(ラロック・プランについては、廣澤孝之『フランス「福祉国家」体制の形成』(法律文化社、二〇〇五年)をも参照)。
(30) 伊藤周平『権利・市場・社会保障』(青木書店、二〇〇七年)は、「シティズンシップ」概念を手がかりとして、やはり「生存権理念の再構築」の必要性を提起しているが(三六一～三六九頁)、その問題意識は本稿とは異なり、主な視線は貧困層や「社会的排除」を受けつつある人々に向けられている。とはいえ、グローバライゼーション下におけるヨーロッパでの福祉国家的合意の困難化といった情勢や、ベーシック・インカム構想など新しい社会政策の構想をも組み込んだ「再構築」提起は重要な含意を有するものといえ、本稿における問題提起と併せ検討されるべき課題であろう。

あとがき

まず、本書に収められた諸論文の原題と初出を以下に示しておく（それぞれの論文は、第1章をのぞき、本書に収録するにあたって一定の加筆・修正が施されている）。

第1章　原題：「野蛮な横断的労働市場」の可能性――木下武男『日本人の賃金』の検討（『労働科学』第七八巻三号、二〇〇三年）

第2章　原題：『新時代の「日本的経営」』における構想と実践（『労働科学』第七九巻四号、二〇〇三年）

原題：格差社会の中の労働組合（『労働の科学』六三巻六号、二〇〇八年）

原題：日本型経営の来し方行く末（『労働の科学』六三巻一〇号、二〇〇八年）

第3章　原題：格差問題を逆手にとる「労働ビッグバン」推進論――「ジェンダー・フリー」を掲げる八代尚宏氏の主張を読み解く（『前衛』二〇〇七年三月号）

第4章　原題：男女賃金差別と年功賃金――森ます美『日本の性差別賃金』の検討（『労働科学』第八一巻四号、二〇〇五年）

第5章　原題：「脱格差」の名で解雇自由化となえる〝労働ビッグバン論〟――福井秀夫・大竹文雄編著『脱格差社会と雇用法制』批判（『前衛』二〇〇八年二月号）

第6章　原題：日本における新自由主義の性格規定について――福祉国家と「開発主義」（『賃金と社会保障』二〇〇七年七月下旬号）

第7章　原題：官僚主導国家観の大いなる幻想を斬る！（『別冊宝島』一九九八年一〇月号）

第8章　原題：開発主義論と新自由主義との政治的親和性——『情況』新田論文の教訓（『情況』二〇〇八年七月号）
第9章　原題：社会政策論と憲法原理——社会保障と生存権をめぐる問題状況を中心に（同時代史学会編『日本国憲法の同時代史』日本経済評論社、二〇〇七年）

見られるように、ここに収めた諸論文の初出は古いもので一九九八年、最も新しいもので二〇〇八年である。だが大部分は二〇〇二年以降に集中している。二〇〇〇年頃を境に、新自由主義をめぐる日本の思想状況、イデオロギー状況に大きな変化が生じたことを、このことは反映している。発表直後から最近にいたるまで、研究者、労働組合活動家などから、ぜひ著書として出版してほしいとの励ましや注文を直接間接にいただく機会に恵まれた。これは、序章で述べたような問題意識が少なからぬ人々によって一定共有されていたことを物語っているのではないだろうか。ここで一々お名前を挙げることはしないけれども、それまで直接に面識のなかった方々も含めて、多勢に無勢のなかでこの問題に取り組んでいた私たちを叱咤激励し、本としてまとめることを強く薦めて励ましてくださった方々に深く感謝している。

今回ようやく論文集の形が見えてきたところで、執筆者の一人がここに収録した原稿を法律文化社の田靡純子さんに持ち込んだところ、世に問う意義あり、と評価していただき、こうして出版の運びとなった。出版界の苦境はしばしば耳にするところであり、そうしたなかでお力を貸してくださった田靡さんに深くお礼を申し上げたい。私たちはこの著作に続いて第二弾をと思っている。読者のみなさんからの忌憚のないご意見、批判、感想をお待ちしている。

編者を代表して

赤堀正成

岩佐卓也

【執筆者紹介】（＊は編著者）

＊赤 堀 正 成（あかほり　まさしげ）　序章・1章・2章

1967年生まれ
労働科学研究所主任研究員　社会政策
共著：『現代労働問題分析』（法律文化社、2010年）

＊岩 佐 卓 也（いわさ　たくや）　序章・3章・4章・6章

1970年生まれ
神戸大学大学院人間発達環境学研究科准教授　社会政策
共著：『現代労働問題分析』（法律文化社、2010年）

平 井 治 郎（ひらい　じろう）　5章

労働問題研究家　労働問題

菊 池 信 輝（きくち　のぶてる）　7章

1968年生まれ
都留文科大学文学部社会学科准教授　現代史
単著：『財界とは何か』（平凡社、2005年）

森 田 成 也（もりた　せいや）　8章

1965年生まれ
駒澤大学非常勤講師　経済学
単著：『資本と剰余価値の理論』（作品社、2008年）
共訳：デヴィッド・ハーヴェイ『新自由主義』（作品社、2007年）

兵 頭 淳 史（ひょうどう　あつし）　9章

1968年生まれ
専修大学経済学部教授　社会政策
共著：『現代労働問題分析』（法律文化社、2010年）
　　　『新自由主義と労働』（御茶の水書房、2010年）

Horitsu Bunka Sha

2010年9月15日　初版第1刷発行
2011年7月15日　初版第2刷発行

新自由主義批判の再構築
— 企業社会・開発主義・福祉国家 —

編著者　赤《あか》堀《ほり》正《まさ》成《しげ》
　　　　岩《いわ》佐《さ》卓《たく》也《や》

発行者　田靡純子

発行所　株式会社　法律文化社
〒603-8053　京都市北区上賀茂岩ヶ垣内町71
電話075(791)7131　FAX075(721)8400
URL:http://www.hou-bun.com

印刷：西濃印刷㈱／製本：㈱藤沢製本
装幀　前田俊平
ISBN 978-4-589-03281-2